현대 中國의 世界戰略 Ⅱ
'천하주의'와 대국화, 서구사회의 인식

일러두기

- 이 책은 2019년도 동북아역사재단 기획연구 수행 결과물임(NAHF-2019-기획연구-32).
- 중국과 일본 사이 영토 갈등 지역의 지명 표기는 각국 학자가 표기한 원문을 그대로 옮겼음.
- 외국학자 글의 각주는 국내 독자에게 출처를 정확히 알리고, 후속 연구에 도움을 주고자 원어 그대로 처리하였음.

동북아역사재단
연구총서 98

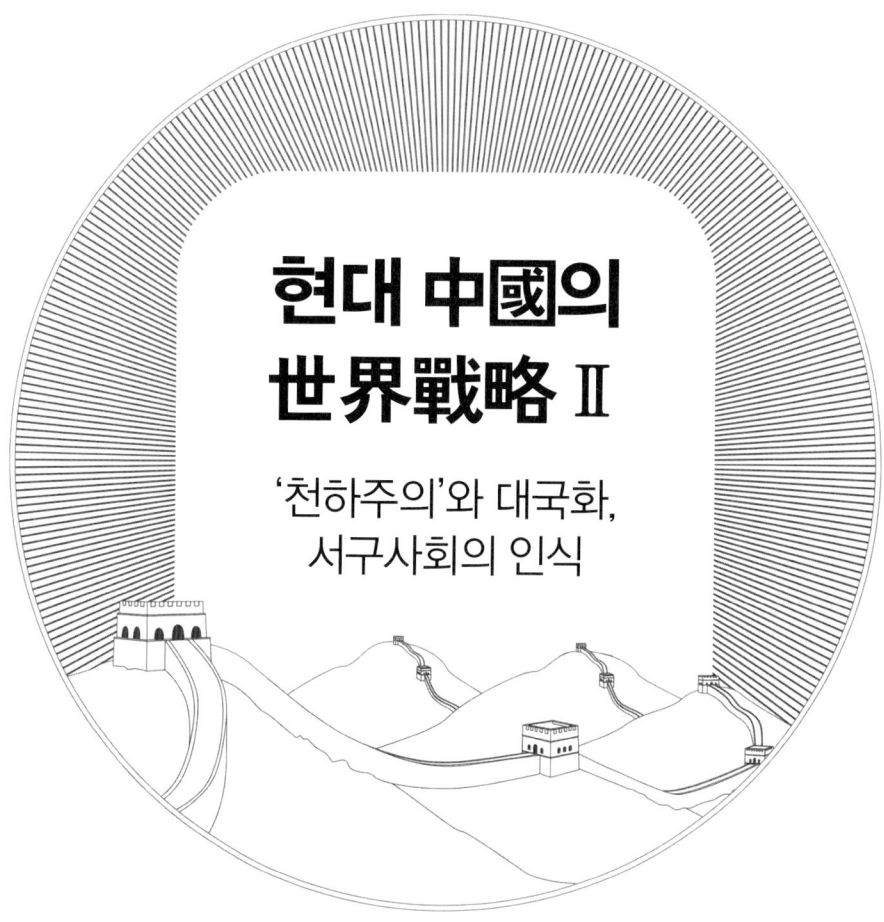

현대 中國의 世界戰略 II

'천하주의'와 대국화,
서구사회의 인식

차재복 편

동북아역사재단

책머리에

중국공산당은 창당 이후 두 차례의 국공내전을 거치고 1949년 '신중국'을 건국했다. 그리고 최고지도자 마오쩌둥은 대약진(1958~1962년) 당시 15년 내에 서구사회, 즉 미국과 영국을 따라잡겠다고 선언했다. 마오가 주창한 '15년'의 시간은 개인숭배 강화를 위한 정치적 선언의 허상에 그쳤으나, 공산당 창당 100년을 맞이한 현대 중국의 미국 따라잡기는 이미 가시권에 들어왔다. 후진타오 정부는 21세기 중국의 부상으로 미중 간 '신형대국관계'를 설정하였고, 게다가 시진핑 정부는 한 걸음 더 나아가 국제사회를 향해 '중국몽', '일대일로', '신형국제관계', '중국 특색의 대국외교', '인류운명공동체' 등 굵직굵직한 세계전략과 이념을 내세우고 있다. 시진핑 주석을 '핵심' 지도자로 설정한 중국공산당은 '시진핑 사상'을 전면에 앞세우고 역사 서술에서도 중국의 시각에서 본 세계사 인식, 즉 '중국' 중심의 세계질서(천하질서)를 논하기 시작했다.

시진핑 정부는 중국의 경제적 '부상(崛起)'을 넘어서 세계를 상대로 '일대일로' 정책을 구상하고, 궁극적으로 (중국 중심의) '인류운명공동체' 건설을 목표로 하는 '신중화주의' 논리로 세계적 '팽창'을 도모하고 있다. 시 주석이 국제사회를 향해 발신하는 정치적 메시지에도 '신중화주의' 홍색의 색채가 강렬해지고 있다. 일례로, 그는 2014년 유럽 방문 당시 "중국은 잠에 빠진 한 마리 사자이며 그 사자가 잠을 깨면 모든 나라가 떨게 될 것"이라는 나폴레옹의 말을 인용하며 "이미 중국이라는 사자는 깨어났다"고 말한 바 있다. 그리고 그는 2021년 7월 1일 중국공산당 100주년 연설에서는 국제사회를 향해 "누구라도 중국을 압박하려는 망상을 품는다면 만리장성에 부딪쳐 머리가 깨지고 피를 흘릴 것"이라며 노골적이고 강렬한 메시지를 발신했다. 중국은 이제 '강대국' 반열에 올랐고, 큰 국가와 작은 나라 사이에는 ('동등'보다는) '등급'을 중요시한다. 중국의 부상을 '위협'으로 간주하는 서구사회는 '중국몽'에 내포된 '중화주의 회귀'를 걱정한다. 중국과 국경을 맞대고 있는 한국은 '중국몽'의 목표 달성을 위해 '애국주의+신중화주의' 이념이 짙게 몸에 밴 중국인과 어떻게 대화할 것인가. 이 책은 강대국화를 추동하고 있는 중국이 던지는 이들 물음에 대하여 국내외 관련 전문가들이 학술적으로 답한 결과물이다.

이 책의 발간을 위해 많은 분들이 도움을 주셨다. 수차례의 회의와 토론에 참여하고 매회 토론한 내용을 수정·보완하여 제출해 주신 공동연구원 선생님, 회의를 준비하고 회의자료 번역 등 번거로운 일을 도맡아 주신 우리 재단의 연구정책지원팀과 외국어 논문 번역을 맡은 김지훈 선생님께 감사한 마음을 전한다.

공동연구원들을 대표하여

차재복 씀

| 차례 |

책머리에　4

1장　총론: 현대 중국의 '천하주의'와 '대국화'에 대한 서구사회의 인식　　　차재복

Ⅰ. 중국의 '천하질서' 담론　10
Ⅱ. 중국의 '대국화'에 대한 미국과 유럽의 인식　14
Ⅲ. 중국의 '대국화'에 대한 일본의 인식과 한·중 역사갈등　21
Ⅳ. 한반도와 한중관계에 주는 시사점과 정책과제　26

2장　21세기 중국의 천하주의와 미래담론　　　강진석

Ⅰ. 머리말　32
Ⅱ. 중국굴기 시대의 대국사유　35
Ⅲ. 21세기 천하주의와 미래담론　48
Ⅳ. 맺음말　82

3장　중국의 '대국화'에 대한 미국의 인식　　　김동길

Ⅰ. 머리말　90
Ⅱ. 미중 경쟁의 배경과 현황　98
Ⅲ. 최근의 미국학계 인식:
　　중국은 미국과 패권 경쟁할 능력이 없다　104
Ⅳ. 맺음말　110

4장　중국의 부상에 대한 유럽의 인식　　　　　　　　　　　강수정

　Ⅰ. 머리말　122
　Ⅱ. 중국의 부상과 EU의 대중국 인식의 변화　127
　Ⅲ. 중국의 일대일로 이니셔티브와 EU 회원국들 간 인식의 분화　142
　Ⅳ. 맺음말　157

5장　중국의 부상과 일중관계의 구조적 특징　　　　　　아오야마 루미

　Ⅰ. 머리말　172
　Ⅱ. 일중관계의 사실관계 점검　173
　Ⅲ. 일본의 중국인식과 대중정책　182
　Ⅳ. 중국의 대외전략과 대일정책　193
　Ⅴ. 일중관계의 전망　197

6장　중국의 국가정체성 변화와 한중 역사갈등　　　　　　　이석우

　Ⅰ. 머리말　204
　Ⅱ. 중국의 부상과 정체성의 변화　205
　Ⅲ. 중국의 변강역사 편입작업　216
　Ⅳ. 언어계통과 언어유형학적, 민족적 이질성　229
　Ⅴ. 맺음말: 고위험 진행형 '동북공정'　234

찾아보기　241

1장

총론:
현대 중국의 '천하주의'와 '대국화'에 대한 서구사회의 인식

차재복(동북아역사재단 연구위원)

I. 중국의 '천하질서' 담론
II. 중국의 '대국화'에 대한 미국과 유럽의 인식
III. 중국의 '대국화'에 대한 일본의 인식과 한·중 역사갈등
IV. 한반도와 한중관계에 주는 시사점과 정책과제

I. 중국의 '천하질서' 담론

2021년은 중국공산당 성립 100주년이다. 중국은 이제 전면적 소강(小康)사회를 이루었다고 내외에 선포하고, 신중국 건국 100년(2049년) 때는 '사회주의 현대화 강국'을 실현하겠다고 한다. 중국공산당은 1921년 상하이에서 창당을 선언할 당시에는 미국과 서구사회를 향해 '반제국주의' 깃발을 들었다. 그로부터 100년 후 공교롭게도 미국을 비롯한 서구사회는 강대국 반열에 오른 중국에 대하여 '중화주의 회귀'를 염려하고 있다. 특히 미국은 '중국위협론'을 앞세워 미일동맹을 강화하고, 오커스(AUKUS, 호주-영국-미국)동맹 협정을 선언하며, 게다가 인도·태평양 4개국 '쿼드(Quad)' 협의체를 만들어 첫 정상회의를 개최하는 등 2중·3중·4중으로 대중국 견제를 강화하고 있다. 미국을 중심으로 한 서구사회의 대중국 메시지의 공통점은 중국은 국제사회의 '규범'에 반하는 사회주의 국가로 (오바마 미국 대통령에 의하면) 중국 중심의 국제질서를 쓰게 할 수는 없다는 것이다.

제임스 매티스 전 미국 국방장관은 2017년 2월 도쿄에서 가진 아베 총리와의 회담에서 "(중국의 남중국해 움직임에 대해) 지금의 중국은 명(明)왕조의 책봉체제를 부활시키려고 하는 것 같다. 주변을 전부 자신의 세력권으로 만들 계획일지도 모른다"고 말했다. 그리고 그는 3월 미국 상원 세출위원회 산하 국방위원회에서도 중국이 주변국들을 마치 과거 중국 역대 황실의 조공국(tribute-nation) 다루듯 하고 있다며 시진핑 주석의 대외정책을 '조공외교'라며 강하게 비판했다.[1] 미국이 '중화주의 회귀'를 염려

---

1 차재복 편, 2019, 『현대 中國의 世界戰略(I)』, 동북아역사재단, 66쪽.

하듯, 한국인은 '중화주의', '조공책봉'과 같은 단어에 불편함을 느낀다.

시진핑 정부는 2015년 9월 전승절 70주년 기념 천안문(天安門) 열병식에서 중국의 군사적 하드파워 실력을 내외에 보여 주었고, 시진핑 주석은 '중국몽(中國夢)', '인류운명공동체' 등 '신중화주의' 이데올로기를 강화하고 있다. 이러한 중국의 현실을 반영하여 이번 연구 과제는 "현대 중국의 '천하주의'와 '대국화'에 대한 서구사회의 인식"으로 설정하여, 국제사회에서 점증하는 중국의 영향력에 대하여 서구사회는 어떻게 생각하고 있는지 학술적으로 진단해 보았다. 매티스가 언급한 '중화주의'와 '조공책봉'에 대하여 현대 중국은 큰 나라와 작은 나라의 역할 차이(등급)를 인정하면서 호혜적인 구도로 가자는 담론으로 해석하나, 미국과 유럽은 이미 익숙한 근대 국제질서에 대한 도전으로 생각하고 있다.

조경란에 의하면, 중국학계에서 논하고 있는 천하질서 담론은 시진핑 주석이 주창한 '중국몽'의 국가적 목표와 무관치 않다고 한다. 그에 의하면, 천하질서 담론의 과잉은 자유주의적 세계질서를 대체하고 중국 주도의 새로운 질서를 모색하는 과정이다. '천하질서는 이런 것이다'라고 정립된 설명을 할 수 있는 단계는 아니나, 자오팅양(趙汀陽)이 쓴 '천하체계'에 따르면 서구의 근대적 체계는 국가 간 영토성, 경계성을 기본으로 하는 반면, 중국의 전통적 천하질서는 경계가 없다는 점을 강조한다. 그리고 중국이 논하는 천하질서는 시 주석이 제안한 '일대일로', '인류운명공동체'와도 같은 맥락에서 해석할 수 있다고 한다. 예로, 현대 중국의 외교 논리에는 의로울 의(義)와 이로울 리(利)의 '정확한 의리관(正確的義理觀)'을 넣고 있다. 이는 "신형국제관계를 구축해 인류운명공동체를 건설하자"는 시진핑 외교사상의 하위 개념의 하나인 '정확한 의리관'을 확립하자는 것이다. 중국적 생각에는 국가 간에 의와 리를 정확하게 처리해야 국제질서의 모범을 만들 수 있다는 뜻이다.

신좌파인 왕후이(汪暉)는 조공체계 대신 과체계사회(跨體系社會, trans systemic society)'를 구축하는 차원에서 일대일로가 만들어져야 한다고 주장한다. 즉, 조공체계는 외교 관계 측면에서 문화와 경제가 모두 포함된 개념으로, 중국은 조공체계를 통해 경제적 이득을 취한 게 아니라 주변국에 이익을 나눠주고 그 대신 조공을 받는다는 명분을 얻었다. 조경란은 중국은 현재 '일대일로'도 그렇게 만들려는 것 같은데 현실적으로는 굉장히 다르게 구현되고 있다고 지적한다. 그리고 그는 중국은 이웃을 강압하는 패도(覇道)가 아닌 도덕과 인의의 왕도(王道)로 구축되는 세계 질서를 강조한다면서 천하사상과 왕도주의를 연결한다고 한다. 왕도를 실현하면 그것이 본보기가 되어 밖으로 감화된다는 것이다. 중국에서 천하질서를 말하는 사람들과 서구가 만든 근대질서에 익숙한 사람들의 생각은 평행선일 수밖에 없다며, 패러다임의 충돌로 보고 있다.[2]

강진석은 위와 같은 중국학계의 천하질서 논의에 착안하여, '21세기 중국의 천하주의와 미래담론'을 다루었다. 필자는 우선, 시진핑 집권기 중국인은 '중국몽'을 외치고 정부 대변인의 담화 속에는 '중국의 핵심이익'이 주된 내용을 구성하고 있지만, 중국의 지식인 그룹에서는 점차 민족국가의 논리로 현대 중국을 조망하는 시대는 지나갔다는 인식을 하고 있다고 지적한다. 중국의 굴기(崛起)와 더불어 중국 지식인들은 더 이상 고대 제국에 대한 회고나 현대 중국에 대한 비판의 역할에 머물지 않

---

[2] 조경란, 2018, "중국이 재해석한 천하질서는 조공체계와 어떻게 다른가", 『신동아』 710호, 170-187쪽.

고, 미래 중국을 대망하고 답을 찾기 위해 고대 중화문명의 역사적 경험에 눈을 돌리기 시작했다고도 지적한다. 그러면서 중국에서는 1990년대에 대세를 이루었던 자유주의, 사회주의, 애국주의 사조는 2000년대에 접어들면서 국학열, 전통문화복원운동 등의 문화보수주의, 『앵그리 차이나(中國不高興)』(2010) 유의 민수주의(民粹主義, populism), 중국몽과 중국모델(China model) 유의 민족주의(또는 국가주의), 그리고 신천하주의(新天下主義), 신아시아 상상으로 대표되는 미래담론 등에 서서히 그 자리를 내주기 시작했다고 분석한다.

　필자는 그중에서 자오팅양의 '천하체계'와 쉬지린(許紀霖)의 '신천하주의' 미래담론을 다루고, 두 학자에 대해선 미래 중국의 가능성을 새로운 문명과 세계에 주목한 보편세계의 탐색에서 찾고 있다는 공통점을 발견한다. 반면 이들과는 사상적 체계가 다른 왕후이의 '신아시아 상상'에 대해선 아시아 지역의 연대와 새로운 정치체제의 모색을 도모한다는 측면에서 또 다른 차원의 미래담론이라고 소개한다.

　필자는 결론에서 이들이 주장하는 시공간적 함의는 각자 다른 특징을 지니고 있다고 보았다. 자오팅양의 '천하체계'는 서구 패권주의와 미국 제국주의를 거부하는 차원에서 새로운 보편으로서의 세계주의를 말하고 있고, 왕후이의 '신아시아 상상'은 세계자본주의 체제를 초극하고 서구 패권질서에 대항하는 차원의 신아시아 정치체제를 꿈꾸고 있다고 설명한다. 반면, 쉬지린은 민족국가 시대로 접어든 지구촌이 야기할 수밖에 없는 위험과 충돌을 경고하며, 그 대안으로 내세운 '신천하주의' 구도하에서 중국부터 먼저 자국중심주의를 해체해야 한다고 주장한다. 필자는 이렇게 서로 다른 주장들의 저변에는 중국의 전통질서가 지닌 이상향(자오팅양의 천하체계)을 희구하거나, 근대적 중국사유가 지닌 이중적 탄력성(왕후이가 지적한 쑨원의 왕도사상)을 드러내거나, 또는 태양이 둘일 수 없다는, 즉 역사상대주의를 거부하는 보편주의(쉬지린이 EU를 하나의 롤 모델로 삼은)적인 사유의 강이 도도히 흐르고 있다고 진단한다.

필자의 진단을 요약하면, 현재 중국학계에서 전개되고 있는 '천하주의' 사유는 오늘날 중국이 대내적으로는 민족국가의 한계를 극복하고 대외적으로는 새로운 국제질서를 구축해야 한다는 현실적인 요구에 나름대로 대응하고 있다. 다만 우리가 관심을 갖고서 지켜봐야 할 부분은 현대 중국이 현재의 모습을 넘어서기 위해서는 고대 중화제국의 역사적 경험을 끌어와야 한다는 생각에 동의하고 있다는 부분이다.

II. 중국의 '대국화'에 대한 미국과 유럽의 인식

김동길 교수는 중국의 '대국화' 정책과 중국이 국제사회에서 차지하는 '현실적 지위'에 대해 미국은 어떻게 생각하는가를 다루었다. 그 과정에서 그는 워싱턴 정가의 생각과 미국학계의 분석이 다르다는 점에 주목하고 있다. 1979년 미중 수교 이후, 미국은 중국에 대한 포용정책(Engagement policy)을 통해 중국의 경제발전에 협력하고, 중국의 국력을 신장시켜 소련을 견제하고, 경제적으로 성장한 중국을 미국의 가치를 존중하는 국가로 변화 시킬 수 있을 것으로 생각했다. 미국의 대중국 포용정책은 1980년대 말 동유럽 사회주의 국가의 몰락과 1991년 소련 연방의 해체 이후에도 계속되었다. 그리고 미국이 9.11 테러를 계기로 대테러전쟁을 선포한 이래 중동과 아프가니스탄에서 20년 동안 기나긴 전쟁을 치르는 사이, 중국은 미국의 포용정책에 힘입어 경제발전에 주력할 수 있었던 것도 사실이다.

필자에 의하면 미국은 2000년 이전까지는 중국을 라이벌로 인식하지 않았기 때문에 미중 간 우호적 관계는 계속될 수 있었다고 한다. 하지만 2008년 미국의 금융위기를 계기로 워싱턴 정가에서는 중국을 미국의 이익과 가치를 위협할 수 있는 경쟁자로 인식하여 포용정책을 포기하는 대신 '견제'를 본격화하기 시작했다고 한다. 그 예로, 2011년 미국의 오바마 대통령은 '아시아 회귀 전략(Pivot to Asia)'을 발표하고, 일본, 인도, 호주와 군사적 협력 강화를 통해 '아시아판 나토(NATO)'를 조직하여 중국의 영향력 확대를 억제하고, 미국에 의해 형성된 아시아의 기존 질서 수호에 나설 것을 분명히 했다고 한다.

한편, 중국은 21세기에 접어들면서 급성장한 경제력을 앞세워 아시아 지역뿐만 아니라, 세계적 범위에서 자신의 영향력을 확대해 나가기 시작했다. 특히 2015년 5월에는 '중국제조 2025'를 발표하면서 제조업의 질적 강국으로 발돋움할 것을 선언했다. 중국은 제조업 분야에서 2025년에 한국, 프랑스 및 영국을 추월하고, 2035년에는 독일과 일본을 그리고 2049년에는 미국을 추월하여 제조업 세계 1위 국가가 되겠다는 계획이라고 한다. 중국은 이를 위해 2016년 1월, 미국과 일본 중심의 아시아개발은행(ADB), 세계은행(WB) 등을 견제하기 위해 아시아인프라투자은행(AIIB) 설립을 주도했다. 이 은행의 설립 목적은 신중국 건국 100주년이 되는 2049년까지 중국 중심의 '팍스 시니카(Pax Sinica)' 실현을 위해 재정적으로 지원하기 위해서라고 한다.

미국은 중국의 영향력 확대에 즉각 반응했다. 트럼프 행정부는 2017년 12월 '국가안보전략 정책보고서'에서 중국은 미국의 가치와 이익에 반하는 세계건설을 지향하고 있다면서 중국을 '전략적 경쟁자

(Strategic competitor)' 및 '수정주의 세력(Revisionist power)'으로 규정했다. 2018년 미국국방부 보고서 또한 '중국의 부상'을 억제하는 것이 국방의 가장 중요한 임무임을 분명히 하였고, 미국 중앙정보국 산하 '국가정보협의회(National Intelligence Council)'는 미국 중심의 일극 체제(Unipolarity)는 해체되었고 세계는 다극 체제로 변하였다고 주장한다. 워싱턴 정가의 정책결정자들 또한 미국은 더 이상 패권적 지위에 있지 않으며 세계의 권력 지형에 변화가 발생하기 시작했고, 미래세계는 다극, 양극, 혹은 무극(Apolarity) 체제로 변할 것이라고 주장한다.

하지만 필자는 워싱턴 그룹의 판단, 즉 중국의 종합국력이 가까운 시일 내에 미국을 능가하여 전 세계 범위에서 미국의 이익을 억제할 수 있다는 생각과 달리, 최근 미국학계에서는 중국의 종합국력은 가까운 시일 내에 미국에 근접할 수 없으며 따라서 미국 중심의 일극 체제는 상당 기간 계속될 것이라는 주장에 동의하고 있다. 그리고 그는 중국의 현실적 '지위'에 관해서는 일본, 영국, 프랑스, 인도, 러시아와 같은 '강대국'을 넘어 '잠재적 초강대국 후보국'의 지위를 부여할 수는 있지만, 초강대국은 요원하고 아직 잠재적 초강대국도 아니라고 강조한다. 그 이유로, 세계의 패권국이 되기 위해서는 바다, 하늘, 우주에 대한 통제권 즉 지구공역통제(Command of Commons)권을 확보해야 하지만, 중국의 현 군사력은 물론 지구공역통제권 확보에 필수적인 군사력이 미국과 비교할 수 없을 정도로 약하다고 지적한다.

그러면서 그는 중국이 초강대국 반열에 오르기 위해서는 다음의 3가지 기준을 충족시켜야 한다고 주장한다. 첫째, 중국은 미국의 일극 체제를 위협할 수 있는 충분한 경제적 자원을 보유해야 한다. 미국 국민총생산의 60%에 도달한 중국은, 이 부분에서 이 기준을 충족시켰다고 할 수 있다. 둘째, 충분한 기술적 능력 없이 단순한 경제적 자원의 보유만으로는 초강대국이 될 수 없다. 중국이 충분한 자원과 기술력을 확보하여, 최소한 미국과 동등한 수준에 도달하거나 넘어서야 한다. 그러나 현실은 이 점에서 중국은 미국에 극복할 수 없는 큰 격차로 뒤지고 있다. 셋째 기준은, 중국이 경제능력과 기술능력에서 초강대국이 될 수 있는 조건을 구비했다 하더라도, 이 시스템을 종합적으로 운용할 수 있는 인프라를 구축해야 한다는 것이다. 현실은 중국이 이 분야에서도 미국과 현격한 격차를 보이고 있다고 한다. 중국은 초강대국이 되기 위한 필수적인 3가지 기준 중에 2가지 부분에서 미국에 큰 격차로 뒤처져 있다. 아직도 중국의 갈 길이 매우 멀고 험하다고 할 수 있다. 따라서 필자는 미국 중심의 일극 체제는 상당기간 계속될 것으로 전망하고 있다.

그렇다면 서구사회의 다른 한 축인 유럽의 대중국 생각은 어떠한가. 강수정 교수는 코로나19 이전의 중국-유럽 관계를 배경으로 "중국의 '강대국화'에 대한 유럽의 인식"을 다루었다. 필자는 유럽연합(EU)과 유럽 국가들은 유럽-중국 관계에서 중국의 '강대국화'가 어떠한 기회와 도전을 제공하고 있는지, 유럽의 대중국 대응방식을 통하여 현재의 한중관계에 유의미한 시사점을 주고 있다.

필자는 먼저 중국의 유럽 끌어안기를 위한 적극적인 정상외교에 주목했다. 2019년 3월, 시진핑 주석은 이례적으로 유럽 3개국(이탈리아, 모나코, 프랑스)을 순방하며 중국의 '일대일로' 참여를 통한 공동발전을 강조하였다. 이어서 4월에는 리커창 총리가 벨기에(브뤼셀)에서 열린 제21차 '중국-EU 정상회의'에 참석하고, 이어서 크로아티아에서 개최된 중국과 중동부 유럽 16개국의 '16+1' 정상회의에도 참석하여 이들 국가들과 일대일로 관련 협력 사업을 체결했다. 중국의 수뇌부가 유럽을 상대로 적극적인 정상외교를 펼친 것은 미중 간 무역 갈등이 격화되고, 미국이 5세대(5G) 통신망 구축 사업에서 중국의 화웨이를 배제할 것을 유럽 동맹국들에 노골적으로 요구하는 등, 미국의 대중국 견제가 강화되고 있기 때문이다. 따라서 필자는 중국으로선 유럽 국가들과 협력관계를 강화하고, 유럽이 미국의 보조에 맞춰 대중국 견제를 취하는 것을 막고, 중국의 '일대일로'에 대한 유럽 내 지지와 협력을 이끌어 내는 것이 더 긴요해졌다고 분석했다.

필자의 분석에 의하면, 유럽 중에서도 중동부 유럽 국가들은 중국과 비교적 협력적 관계를 유지하고 있다고 한다. 그 이유로, 앞서 언급한 제8차 중동부 유럽과 중국의 '16+1' 정상회의(2019, 크로아티아)에 그리스가 회원국으로 정식 가입하여 '17+1'로 협의체의 외연이 확대되었고, 여기에 참여하는 16개 중동부 유럽 국가들은 11개 EU 회원국들(헝가리, 슬로바키아, 슬로베니아, 폴란드, 체코, 크로아티아, 불가리아, 루마니아, 라트비아, 리투아니아, 에스토니아)과 비EU회원국인 발칸 5개국(알바니아, 보스니아 헤르체고비나, 마케도니아, 몬테네그로, 세르비아)이며, 이들 국가들은 하나로 묶기에는 다소 이질적이지만 대부분 냉전 시기 구소련의 위성국가로 공산주의체제를 경험했다는 공통점을 들었다.

남부 유럽 국가들(이탈리아, 그리스, 포르투갈 등)의 경우는 2008년 글로벌 금융위기의 여파로 큰 타격을 입고 재정위기를 겪고 있으며 장기적인 경제 침체에서 벗어나기 위해서 대규모 투자가 절실한 상황이라고 한다. 이들은 중국의 유럽에 대한 투자 확대를 침체된 유럽 경제를 활성화할 수 있는 기회로 보고, 일대일로 사업과 연계한 중국의 대규모 인프라 투자를 환영하는 입장이라고 한다. 이에 반해, EU 집행부와 독일, 프랑스 등의 서유럽 강대국들 사이에서는 중국의 유럽 내 영향력 확대를 경계하고 있다고 한다. 이들은 중국이 중동부 유럽 국가들('16+1' 협의체)과 개별 국가 차원에서의 양해각서 체결을 통한 일대일로 참여는 EU의 결속력을 약화시키고, 유럽 내 중국의 영향력 확대를 초래하여 EU의 분열로 이어질 수 있다고 경계하고 있다.

필자가 인용한 '유럽외교협회(European Council on Foreign Relations)'의 대중국 평가에 의하면, 중국은 이미 유럽 안에 깊숙이 들어와 있으며 막대한 무역 흑자와 수많은 중국 관광객들의 유입뿐만 아니라 재정능력을 바탕으로 한 투자와 대출, 공공외교, 군사안보협력의 확대를 통해 유럽 사회에 대한 영향력을 확대하고 있고, 중국의 영향력 확대가 실제로 유럽의 '분열'을 야기하는 정치적 위협이 될 수 있다고 한다. 일례로, 중국의 동부 유럽 국가들에 대한 투자는 전체 유럽 투자의 8% 정도에 불과하나, 헝가리와 폴란드는 2016년 기준 전체 투자 유치 규모 중 중국에서 유치한 비율이 각각 40%와 20%를 차지했다. 그리고 이들 동부 유럽 국가들의 중국에 대한 경제적 의존도 증가는 결국 중국의 영향력 확대로 이어지고 있다고 한다. 예를 들면, 2016년 7월 네덜란드 헤이그 상설중재재판소가 중국의 남중국해 영유권 주장이 유엔해양법을 위반했다며 필리핀의 손을 들어 주었고, 미국과 일본은 중국에 국제법을 존중하라는 성명을 발표했다. 하지만 EU는 성명에서 중국을 직접 거명하지 않은 채 분쟁의 평화적 해결만을 강조해 미·일의 성명서와 대조를 이루었다고 한다. 필자는 구체적으로 중국의 투자가 절실한 헝가리, 폴란드, 그리스 등은 중국을 거명하는 데 반대하였고, 일부 EU 국가들은 중국의 인권 문제, 남중국해 영유권 문제 등에 대한 EU의 결의안에 참여를 거부하는 등, 유럽 단합에도 균열이 생기고 있다고 진단했다.

한국의 언론에 의하면, 최근 유럽의 주요 국가들의 군함이 일본으로

기항하고 있는 횟수가 유난히 잦아졌다고 한다. 유럽연합 탈퇴를 단행한 영국은 인도·태평양 지역을 가장 중요한 협력 지역으로 보고 동쪽으로 시선을 집중하고 있다. 2021년 5월 인도·태평양 지역에 파견한 영국 항공모함 퀸 엘리자베스호(6만 5천 톤급) 전단은 남중국해 등에서 미국, 일본과 각각 연합훈련을 한 뒤, 8월에는 한국의 남해에 진입하여 한영(韓英) 해군 연합훈련도 실시했다.[3] 뿐만 아니라, 5월에는 프랑스, 9월에는 영국과 네덜란드 함선이 일본에 기항한 바 있고, 11월에는 독일이 19년 만에 일본에 군함을 파견하면서 일본과 군사상 협력 기조를 과시했다. 일본 방위성 간부는 이에 대해 "유럽 각국의 중국을 향한 경계심이 최근 2, 3년 사이 크게 달라졌다"고 한다.[4] 중국은 전통적으로 군사력 사용에 신중했던 독일이 아시아·태평양 지역으로 눈을 돌리는 것을 우려하고 있다. 유럽의 주요 국가에서는 코로나19 이전에는 중국의 '일대일로'가 유럽의 분열을 초래할 것이라 걱정하였고, 코로나19 이후부터는 미국의 대중 견제에 편승하여 동아시아에 크게 관심을 갖기 시작하고 있다. 유럽의 대중국 이미지도 코로나19 전과 후로 나누어지고 있다.

---

3 『월간조선』(2021.8.30), "미군 F-35 전투기 탑재 英 항공모함 퀸 엘리자베스호, 내일부터 한국군과 연합훈련", http://monthly.chosun.com/client/mdaily/daily_view.asp?idx=13330&Newsnumb=20210813330(검색일: 2021.9.10).

4 『국민일보』(2021.11.6), "19년만에 日에 군함 파견한 獨…함의는 '중국 견제'", http://news.kmib.co.kr/article/view.asp?arcid=0016440939&code=61131211&cp=nv(검색일: 2021.11.7).

III. 중국의 '대국화'에 대한 일본의 인식과 한·중 역사갈등

　근현대 시기 일본은 서구의 강대국과 '동맹(영일동맹, 3국동맹, 미일동맹)'의 방식으로 '일본의 부상(崛起)'을 도모해 왔다.[5] 일본은 전전(戰前)에는 군사적 부상을, 전후에는 경제적 부상으로 세계 제2의 경제대국의 반열에 올랐으나 2010년 그 지위를 중국에게 넘겨주었다. 그리고 2012년 일본의 자민당 총재선거에서 아베가 총리로 당선되어 '일본 부흥'을 외치고, 이어서 헌법9조 개헌을 도모하여 보통국가(군사대국화)의 길을 열고자 하는 전략이 현재까지 진행되고 있다. 이러한 일본이 시진핑 시기에 진행 중인 중국의 '대국화'에 대해서는 어떠한 생각일까.

　역사상, 중·일 간 국력의 변화를 짚어 보면 흥미롭다. 중강일약(中强日弱) → 일강중약(日强中弱) → 중강일강(中强日强)의 세 시기로 구분된다. 고대 수·당 시기부터 근대 청일전쟁까지는 '중강일강'의 구도이었다. 일본이 대규모로 중국에 견수사(遣隨使)를 파견하여 문화와 과학기술을 배우는 등 일본은 중화(中華)질서 체제하에 있었다. 그리고 메이지 유신(明治維新, 1868년)으로 근대화에 앞선 일본은 '대일본제국헌법(明治憲法)'으로 국가체제를 정비하여 청일전쟁·러일전쟁·만주사변·중일전쟁으로 끊임없이 주변국을 침략하였다. 중국은 1915년 일본의 '21개조

---

[5] 李广民, 2006, 『與强者爲伍: 日本結盟外交比較硏究』, 人民出版社, 1-4쪽. 중국학계에 의하면, 일본은 전전 영일동맹(1902년)을 맺고 러일전쟁을 단행하였고, 독일·이탈리아와 3국 동맹으로 아시아에서 공산주의 확장을 억제하고 아시아의 주도권을 확립하였고, 전후에는 일미동맹으로 중국을 견제하고 있다. 중국의 일본연구 학계는 일본의 전전, 전후 부상은 서구 강대국과의 '동맹'에 의한 것이며, 일본은 앞으로도 세계 최강과 동맹을 맺을 것이라고 인식하고 있다.

요구'를 받아들이고 이를 기점으로 국력이 점점 쇠퇴하여 서구사회의 '반식민지'로 전락했다.[6] 그로부터 약 100년이 지난 현재의 중일관계는 역사상 처음으로 맞이하는 '중강일강'의 대칭형 구도를 형성하고, 아베 신조-시진핑 시기, 양국의 지도자는 역대 여느 지도자보다 강한 민족주의 성향을 갖고 있는 것이 특징적이다. 2012년 9월 일본 자민당 총재 선거에서는 아베가 '일본 부흥, 강한 일본'을 외치며 총재로 당선되었고, 중국에서는 같은 해 11월 제18차 중국공산당 대회에서 시진핑 국가부주석을 총서기과 중앙군사위 주석으로 선출하였고, 시진핑 총서기도 중국의 꿈이라며 '중화민족의 부흥'을 설파하고 있다.

아오야마 루미(青山瑠妙) 교수는 현재 대칭형의 중일관계 구도하에서, '중국의 부상과 일중관계의 구조적 특징'을 다루었다. 필자는 2012년 9월, 일본 정부에 의한 센카쿠열도 3개 섬의 국유화를 계기로 일중관계는 크게 악화되었지만, 2018년 5월 리커창 총리의 방일, 2018년 10월 아베 수상의 방중을 계기로 근래의 양국관계는 점진적으로 개선되고 있다고 보았다. 그 변곡점은 2014년 11월, 베이징에서 열린 아시아태평양경제협력회의(APEC)에 참석한 아베 수상과 시진핑 주석과의 정상회담 결과 도출된 '4항 합의'[7]이고, 이를 계기로 양측은 역사 갈등과 영토 분

---

6 차재복 외, 2015, 『한중일 3국 관계: 새로운 협력을 향하여』, 동북아역사재단, 231-232쪽.

7 ① 쌍방은 일중 간의 4가지 기본문서의 모든 원칙과 정신을 존중하고, 일중 전략적 호혜관계를 계속해서 발전시켜 나갈 것을 확인했다. ② 쌍방은 역사를 직시하고 미래를 향해 나아간다는 정신에 따라 양국관계에 영향을 미치는 정치적 곤란을 극복할 것에 약간의 인식의 일치를 보았다. ③ 쌍방은 센카쿠열도 등 동지나해 해역에 있어 최근 몇 년간 긴장 상태가 발생하고 있는 점에 대해 상이한 견해를 가지고 있다고 인식하고, 대화와 협의를 통해 정세 악화를 방지함과 함께 위기관리 메커니즘을 구축하여 예기치 못한 사태발생을 회피할 것으로 의견의 일치를 보았다. ④ 쌍방은 여

쟁을 보류하고 관계 개선으로 방향을 전환했다고 한다.

2017년 5월, 니카이 도시히로(二階俊博) 자민당 간사장은 베이징에서 개최된 '일대일로' 국제포럼에 참석한 바 있다. 이 포럼에서 니카이 간사장은 '일중 정상의 상호방문을 촉구하는' 아베 수상의 친서를 시진핑 주석에게 직접 건네고, 일본은 '일대일로' 구상에 참가할 의향이 있음을 함께 전달했다고 한다. 2018년 4월에는 '일중 고위급 경제대화'가 일본에서 개최되었고, 일본은 중국 내 수요가 커지고 있는 요양보호와 복지 분야, 그리고 예방의료 및 스포츠 분야 등에서 일본기업의 중국 시장 진출을 가속화하기 위해 중국 측에 규제완화를 요청했다고 한다. 그리고 리커창 총리가 2018년 5월 일본을 방문하고 아베 수상이 답방 형식으로 2018년 10월 중국을 방문하여, 일중 양국은 하이테크 및 지적재산권 보호를 협의하는 '일중 이노베이션협력대화' 채널 신설에 합의하였다. 또한 아베 수상의 방중에 맞춰 베이징에서는 '일중 제3국시장협력포럼'이 개최되었고, 이 포럼에서 양측은 약 50건의 협력 사항에 합의했다고 한다.

필자는 센카쿠열도 국유화 이후 일중관계가 '사상 최악의 상태'에 빠져들었지만, 양국은 정상 간 상호 왕래를 통하여 경제적 협력 사항에 합의하는 등 '정랭경열'의 기조는 변화 없이 지속될 것이라고 한다. 하지만 양국의 정치적 해빙, 즉 2008년 후진타오-후쿠다 정상이 도쿄에서 합의한 '전략적 호혜' 관계로 돌아가기에는 어려울 것으로 전망했다. 필자는 그 이유로, 첫째 중국 요인으로, 시진핑 체제는 '사회주의 현대화 강국'

러 다국 간·양국 간 채널을 활용하여 정치, 외교, 안보 대화를 재개하여 정치적 상호 신뢰관계 구축을 위해 노력할 것에 대해 의견의 일치를 보았다.

을 목표로 '역사 허무주의'를 강하게 비판하는 캠페인을 전개하여 '(애국주의)역사교육'에 한층 힘을 쏟고 있다. 또한 2018년 6월부터는 양국 사이에 '해공 연락 메커니즘' 운용이 시작되었으나 센카쿠열도 주변의 상황은 (자위대 간부에 의하면) "현장 활동과 부담은 변함없다"고 한다. 둘째, 일본 요인으로, 2018년 일본 방위백서는 "중국은 투명성이 결여된 군사력을 강화함과 동시에 동지나해, 남지나해 해공역에서 기존의 국제질서에서 반하는 독자적인 주장에 따른 힘을 배경으로 한 현상 변경 시도를 계속하고 있으며, 우리(일본) 주변 해공역에서의 활동을 일방적으로 강화하고 있다"고 강한 우려를 표명하고 있다. 이러한 안전보장상의 우려를 배경으로 일본 정부는 2018년 12월에 2019~2023년도 방위비 총액을 이전 계획에서 약 3조 엔 증액하여 역대 최대인 27조 4700억 엔으로 결정하였다.

필자가 일본의 방위비 예산이 대폭으로 증가한 것을 강조하는 데는 앞으로 '중국의 위협과 팽창'에 사전적 준비가 필요하다는 기타오카 신이치(北岡伸一)의 대중국 인식을 뒷받침하기 위한 것으로 보인다. 2006년 가동된 '중일역사공동연구회'의 일본 측 좌장이었고, 현재 나카소네평화연구소장을 맡고 있는 보수학자 기타오카는 "중국의 발전은 국제법의 질서를 존중하지 않으며 자유롭고 열린 국제질서를 위협하고 있다. 일본의 외교·안보에 있어 최대의 우려는 중국의 팽창"이라고 강조하고 있다.

결국, 일본은 앞서 언급한 일중 정상의 왕래에 의한 양국관계의 개선은 '잠정적인 것'으로 보고, 이러한 관계를 더욱 안정화시키기 위해서는 일본의 방위력을 강화해 두는 것이 바람직하며, 일본의 군사력은 중국에 있어 더 이상 위협이 되지 않는다는 입장이다. 또한 중국의 해양진출에 대응하기 위해서 일미관계 강화의 필요성이 강하게 인식되고 있으며 아세안(ASEAN) 국가 및 서방 선진국을 비롯한 일본 우호국과의 관계 강화의 필요성도 강조하고 있다.

일본의 중국에 대한 우려 입장은 한국도 마찬가지다. 한국은 이미 중국의 대국화에 따른 새로운 역사논리의 '팽창(동북공정)'을 경험한 바 있다. 이석우 박사는 '중국의 부상에 따른 국가정체성 변화와 한중 역사갈등'을 다루었다. 필자는 우선 신중국 이후 마오쩌둥의 사회주의 국가정체성에서, 덩샤오핑 시기의 '사회주의 플러스 자본주의' 즉, 흑묘백묘론이 중시된 중국 특색의 사회주의로의 정체성 변화에 주목하였다. 그리고 그는 중국이 새로운 (정체성) '중국 특색의 사회주의'를 기치로 추동하는 '강대국화'의 과정에서 이른바 '동북공정', '서북공정', '서남공정'으로 역사인식을 확대하고 몽골의 중국화까지 시도하고 있다고 조명한다. 필자는 근래 중국 변강지역에서 현지인들과의 인터뷰에서 얻은 논거를 통해, 기존의 역사적 사실 접근 연구와 달리 중국과 주변국 사이의 언어적 분석을 통해 '다름'을 강조하고 있다.

필자는 중국이 얘기하는 '통일적 다민족국가'는 '중화민족' 논리의 확산 속에서 국내통합과 대외입장 강화 그리고 영토 문제 등 제반 갈등에 대처하기 위해 강화되었고, '동북공정'은 한중 양자 관계 사이에서 발생한 문제이기보다는 중국의 국력 신장과 국제적 지위 격상에 따른 중국과 주변국 사이의 '관계 조정'을 위한 시도라고 분석한다. 그리고 그는 중국의 '지명 바꾸기'에 관해서, 1965년 단둥(丹東)으로의 개명(安東→丹東), 1929년 선양(瀋陽)으로의 개명(奉天→瀋陽), 1991년 압록강변 호산산성(虎山山城)으로의 개명(泊灼城→虎山山城)을 예로 들어, 그 시점부터 '신중화주의' 색채가 짙게 묻어 있었다고 보았다. 그리고 그는 '만리장성 늘리기'에 관해서는, 중국이 "'통일적 다민족국가'를 완성하려면 역설적으로 먼저 만리장성의 경계부터 다 허물어 버려야 가능하다"고 꼬집었다. 필자는 결론적으로 중국과 주변국가 사이의 문화와 민족성 외 더 중요한 것이 언어라며, 중국과 주변국은 언어적 계통을 완전히 달리한다는 점이 중국의 (동북, 서북, 서남) 공정에 효과적으로 대응하는 전략적 방안이라고 주장한다.

IV. 한반도와 한중관계에 주는 시사점과 정책과제

오늘날 중국과 한반도를 둘러싼 국제정세는 한중수교 당시와 비교해 판이하다. 2017년 10월 '사드' 관련 3불 정책과 2018년 4월 '판문점 선언'을 계기로, 중국은 한반도와의 관계 설정에서 북한과는 '신시대 중조 관계'로 설정하고, 한국과는 3불 정책과 연계시켜 그저 관계 '회복 중'이라는 의미만 부여하고 있다.[8] 이번 연구결과 향후 대중국 관련 연구와 정책 수립 시에 참고할 수 있는 몇 가지 시사점과 정책과제를 도출할 수 있었다. 정리하면 다음과 같다.

첫째, 현재 중국에서 논의되고 있는 '천하주의' 미래담론이 중국-한반도 관계에서 어떠한 역사해석으로 도포(塗布)해 갈 것인지 지속적 관찰이 필요하다. 시진핑 집권기, 중국은 4차 산업혁명 시대에서는 지금까지

---

8   王巧榮 主編, 2019, 『中華人民共和國外交史 (1949-2019)』, 當代中國出版社, 413-415쪽.

서구사회가 주도해 온 기존의 국제질서와는 차별되는 독자적인 '중국의 힘'에 의한 '중국의 길'을 개척하려 하고 있다. 중국의 국가주의, 과학기술문명을 토대로 우주굴기를 향해 가고 있는 중국의 현실을 감안하면, 중국에서 논의되고 있는 천하주의와 미래상상의 담론이 앞으로 어떻게 발전하고 변모하는지에 대해 국경을 맞대고 있는 한국으로선 지속적인 관찰이 필요하다.

둘째, 냉전과 탈냉전 시기, 한반도의 지정학적 입지는 다르다. 근래 미·중 간 갈등을 '신냉전' 구도로 단정하는 것은 시기상조이다. 앞에서 김동길 교수는 중국의 실력에 대한 과대평가를 지적하며 중국의 대국화는 아시아에 국한될 것이라고 전망했다. 그는 패권국의 조건으로 "자신이 속한 대륙이 아닌 한 곳 이상의 지역에서 지속적으로 정치-군사적 작전을 벌일 수 있는 능력"을 들었다. 그리고 미국은 5대륙 68국과 안보조약을 맺고 있으며, 전 세계 인구의 4분의 1, 전 세계 경제력의 4분의 3을 차지하는 국가들과 안보 네트워크를 형성하고 있는데, 중국은 미국이 보유하고 있는 수준의 안보 네트워크를 확보하고 지속할 수 있는 능력이 없다고 분석했다. 지금으로서는 오직 미국만이 세계적 범위에서 깊숙한 개입(Deep engagement)이 가능하며, 중국의 굴기는 오직 아시아 지역에서만 작동될 것이며, 세계적 범위에서는 작동할 수 없는 구조적 모순을 가지고 있다고 덧붙였다.

셋째, 근래 유럽의 주요 국가들은 중국과 중국경제에 대한 '환상'을 버리고 실용적, 현실적 대중국 접근을 시도하고 있다고 한다. 유럽외교협회는, 중국은 자국의 직접적인 이익에 초점을 맞추어 선택적으로 EU의 규범들을 수용하고 때론 무시한다고 지적하면서, EU와 그 회원국들이 차이나머니에 대한 환상과 중국을 변화시킬 수 있을 것이라는 환상에서 벗어나 현실을 직시할 것을 당부하고 있다. 한국도 '사드'에서의 경험을 토대로 '중국경도'에서 벗어나 교역의 다변화를 아무리 강조해도 지나치지 않다.

넷째, 21세기 초, 중국의 대국화에 따른 중국과 일본 관계의 추이를 면밀히 모니터링할 필요가 있다. 아오야마 교수는 탈냉전 이후의 일중 관계는 '정랭경열'의 기조를 유지할 것이고, 정치적 긴장 관계는 좀처럼 회복되지 않을 것으로 전망했다. 일본은 미국의 대중국 인식과 결을 같이하고, 특히 '공산당의 일당독재'와 '중국 특색의 사회주의'를 원칙으로 하는 중국의 부상은 자유와 민주주의 이념을 중시하는 서구사회 주도의 국제질서에 대한 중대한 도전이라고 생각하고 있다.

참고문헌

조경란, 2018, "중국이 재해석한 천하질서는 조공체계와 어떻게 다른가", 『신동아』 710호.
차재복 외, 2015, 『한중일 3국 관계: 새로운 협력을 향하여』, 동북아역사재단.
차재복 편, 2019, 『현대 中國의 世界戰略(Ⅰ)』, 동북아역사재단.

李广民, 2006, 『與强者爲伍: 日本結盟外交比較硏究』, 人民出版社.
王巧榮 편, 2019, 『中華人民共和國外交史(1949-2019)』, 當代中國出版社.

"19년만에 日에 군함 파견한 獨…함의는 '중국 견제'", 『국민일보』, 2021.11.6, http://news.kmib.co.kr/article/view.asp?arcid=0016440939&code=61131211&cp=nv (검색일: 2021.11.7).
"미군 F-35 전투기 탑재 英 항공모함 퀸 엘리자베스호, 내일부터 한국군과 연합훈련", 『월간조선』, 2021.8.30, http://monthly.chosun.com/client/mdaily/daily_view.asp?idx=13330&Newsnumb=20210813330 (검색일: 2021.9.10).

2장
21세기 중국의 천하주의와 미래담론

강진석(한국외국어대학교 중국외교통상학부 교수)

I. 머리말
II. 중국굴기 시대의 대국사유
III. 21세기 천하주의와 미래담론
IV. 맺음말

I. 머리말

2020년 오늘, 우리는 '미중 무역전쟁' 또는 '중미대전(中美大戰)'이라는 기사를 일상처럼 접하는 시대에 살고 있다. 중국의 위상은 21세기 들어서 급속도로 높아졌고 규모 면에서도 유일하게 미국과 대립할 수 있는 강대국(global power)으로 발돋움하였다. 덩샤오핑이 '도광양회(韜光養晦)'를 외치고 남중국해에서 공동개발(共同開發)을 외쳤던 시기가 얼마 지나지 않았건만, 오늘의 중국은 이미 '중국굴기(中國崛起)'를 전면에 내세우고 주변국에 정치경제적 힘을 과시하고 있다.

2000년대에 들어서면서 중국의 국제적 위상은 그야말로 상전벽해(桑田碧海)처럼 변모하였다. 중국이 더 이상 '아시아 네 마리 용'을 좇을 필요가 없게 되면서 '유교자본주의' 모델도 자연히 그들의 관심 밖으로 사라지게 되었고, 1990년대까지 중국 지식인들을 매료시켰던 자유주의와 사회주의 이념도 '과세기(跨世紀)'를 변곡점으로 그 기세가 한풀 꺾이었으며, 문혁(文革)과 6.4 천안문 사태를 겪으며 누적된 비극적 역사의 기억도 점차 그들의 뇌리 속에서 옅어지고 있다. 시진핑 정부의 출범 이후 중국 인민은 '중국몽(中國夢)'을 외치고 정부대변인의 담화 속에는 '중국의 핵심이익'이 주된 내용을 구성하고 있지만, 지식인 그룹에서는 점차 민족국가의 논리로 당대(當代) 중국을 조망하는 시대는 지나갔다는 인식이 대세를 이루고 있다. 오늘의 중국을 놓고 볼 때, 국가경영의 차원에서 구사되었던 사회주의 이데올로기, 민족국가의 핵심이익, 공산당

---

* 이 글은 『중국연구』 82권, 2020에 「21세기 중국의 천하주의와 미래담론」이란 제목으로 게재되었음.

영도의 다원일체격국 등의 구호를 제창하는 것만으론 대내외적으로 팽창하는 중국의 위상과 규모를 견인할 수 없다는 사실에 대체로 동의하고 있다.

이러한 문제의식과 대세인식은 중국지식인을 기존 이데올로기의 틀 밖으로 끄집어내면서, 자국의 문화 및 역사적 자원의 발굴을 통한 새로운 사유를 촉발시키게 되었다. 사유는 여러 학문 영역을 넘나들고 동서고금의 경계를 착종하면서 자유롭게 전개되었다. 21세기, 그들의 학문적 분위기는 1980년대 사상해방적 분위기 속에서 일어났던 5.4신문화운동에 대한 동경이나, 1990년대 인문정신 상실을 고발했던 형태의 사조와는 사뭇 다른, 중국 고금(古今)의 역사가 회통(會通)하고 동서 보편의 가치가 대화하며 고대의 계시로 미래를 설계하는 것과 같은 매우 특이한 형태로 표출되고 있다.

이러한 시대적 요구에 부응하여 2000년대 들어 중국의 각 집단에서는 다양한 사유와 출로를 탐색하기 시작했다. 민간에는 '독경열(讀經熱)'이 일어났고 대중매체는 〈백가강단(百家講壇)〉이라는 TV프로그램이 개설되어 큰 반향을 불러일으켰다. 전통문화의 부활과 학습의 열풍 속에서, 학계도 문화보수주의 사조가 하나의 큰 주류를 형성하게 되었다. 그리고 2008년 베이징 올림픽 직전에 CCTV에서 잇달아 방영된 다큐멘터리는 전에 없던 규모와 심도를 보여 주었는데,[1] 주로 중국 인민에게 과거의 영광을 되새기고 미래의 중국을 설계하는 메시지를 담고 있었다.

2008년 베이징 올림픽의 성공적 개최는 중국 전역에 '긍정의 에너지

---

[1] 2006년 중국 CCTV에서는 총 12부작 다큐멘터리 〈대국굴기(大國崛起)〉가 방영되었고, 2007년에는 총 6부작 다큐멘터리 〈부흥의 길(復興之路)〉이 방영되었다. 당시 중국의 시대적 요구에 부합하는 '대국'과 '부흥'의 주제를 다루어 많은 호응을 얻었다.

(正能量)'를 불러온 중대한 전환점이 되었다. 포스트 올림픽의 분위기 속에서, 중국에는 '중국굴기', '중국몽'과 같은 민족주의 사조가 쏟아져 나왔고, 이와 더불어 '전통문화'와 '소프트파워'를 강조하는 문화주의 서적도 서점을 가득 메우게 되었다. 이 무렵 학계에서는 일개 국가단위를 넘어서 중국의 미래를 기획하고 상상하는 사조가 속속 등장하기 시작했다. 이 사조들은 과거 중국이 문혁(文革)을 반성하고 개혁개방 노선하에 중국의 현실(中國國情)을 직시하고 WTO에 가입하여 국제표준(global standard)에 신중하게 다가섰던 행보들과는 사뭇 다른 양태를 띠었다. 그들의 생각은 국가발전이란 범주를 넘어선 일종의 제국 설계에 관한 것이었고, 서구에 의해 틀 지워졌던 보편가치에 대한 회의와 연관되었으며, 중국역사에 대한 반성(檢討)적 사유에서 벗어나 미래 중국에 대해 상상의 나래를 펴는, 거대한 전환을 꿈꾸기 시작했다.² 오랜 세월 동안 구미(歐美)를 동경했던 사유에서 벗어나 중국이 자신을 '재중국화(再中國化)'하는 사유로 전환하는 거대한 문명사적 실험이 펼쳐진 것이다.³

필자가 이 글에서 다루는 중국의 '천하주의'와 '미래담론'은 이러한 시대적 분위기 속에서 본격적으로 제기되었다. 청제국이 아편전쟁의 패배로 몰락한 이후 줄곧 수세로 내몰렸던 중국의 사유가 2000년대로 접어들면서 비로소 '중국본위(中國本位)'의 본래적 궤도에 안착하게 된 것이

---

2 자오팅양 저, 노승현 역, 2010, 『천하체계』, 도서출판 길, 15쪽: "100년 동안 중국인이 소극적인 관점에서 엄중하게 자아를 비판한 것은 '중국을 비판한[檢討中國]' 운동이라고 한다면 중국에 대한 긍정적인 반성은 '중국을 다시 생각하는[重思中國]' 운동으로 간주할 수 있는 동시에 '중국을 다시 세우는[重構中國]' 운동으로 이해할 수 있다."
3 전인갑, 2016a, 「지식패러다임의 반전과 '제국몽': 중화의 재보편화」, 『현대중국의 제국몽: 중화의 재보편화 100년의 실험』, 학고방, 336쪽.

다. 21세기 중국의 미래담론은 이러한 궤도 수정과 사유 전환의 지평 위에서 새롭게 등장하였다. 이 변곡점은 마치 외면 받고 방치되었던 아름드리 옛 동산에 다시 물을 대고 거름을 주어 새로운 꽃들이 막 피어나기 시작한 영화의 한 컷으로 묘사될 수 있겠다.

중국에서 천하주의와 미래담론이 본격화한 사실은 중체서용에서 서체중용으로 이어진 이른바 서구-보편과 중국-특수의 결합이라는 사유가 그 수명을 다한 것을 의미하고, 민족국가의 틀 내에서 구사된 사회주의 이데올로기가 더 이상 성공적으로 작동하지 않을 수 있다는 경고의 신호이며, 근대시기 봉건잔재로 인식되었던 중화제국의 치리경험이 미래기획의 계시로 새롭게 대두될 수 있음을 알리는 것이다. 지식인 그룹이 사유의 방향을 돌리자, 중국의 지식패러다임은 그 거대한 전환을 시작한 것이다.

II. 중국굴기 시대의 대국사유

1. 중국굴기와 2000년대 사조로의 이행

2000년대로 진입하면서 중국 사상계에 불어닥친 가장 큰 변화는 과거를 돌아보는 반성(反思)적 사유에서 미래를 상상하는 중건(重建)적 사유로의 전환에서 찾을 수 있다. 중국 지식인들은 더 이상 고대 제국을 회고하거나 당대 중국을 비판하는 역할에 머물지 않고, 아직 도래하지 않은 중국의 미래를 대망하고 이 해답을 찾기 위해 고대 중화문명의 역사적 경험에 눈을 돌리기 시작했다.

1949년 중화인민공화국이 수립되면서 중국 엘리트들은 중국식 사회주의 건설에 매진하기 위해 과거 중국문명의 유산을 부정하고 역사적 단절을 통해 공산주의 사회로의 도약을 꿈꾸었다. 그러나 대약진과 문혁의 실패로 인한 재앙적 경험들 속에서 1980년대 지식인들은 5.4 시기의 계몽주의적 시각을 빌어 황색문명(중국문명)을 외면하고 쪽빛문명(서구문명)을 열망하기도 하였다. 이처럼 신중국 수립 이후 1980년대에 이르기까지 중국을 주도했던 사조는 중국식 사회주의 이데올로기의 기반 위에서 중국 전통가치에 대한 부정과 서구 보편가치에 대한 긍정이라는 양자대립적 사유가 하나의 주류를 형성했다.

1990년대는 개혁개방 노선의 후유증이 누적되면서 중국 전역에 자본주의 세속화의 증대, 중국식 민주화의 좌절, 중국 인문정신의 상실 등의 문제가 제기되었고, 1980년대와는 또 변해버린 시대적 당혹감 속에서 지식인의 독립정신, 계몽가치에 대한 동경, 신좌파적 사유를 통한 중국사회 비판 등이 중국 지식인들의 주된 관심사가 되었다. 1990년대 초반 발생한 국학열 현상은 대학 강단 내에서 통용된 학문 탐색 수준의 전통회귀 모색에 불과하였다. 그러나 1990년대 말, 중국이 세계화(globalization)의 대열에 합류하고 동서양 교류의 폭이 증가하면서 그들의 사유는 지식인 그룹의 시야에서 이탈하여 민간과 매체의 영역에서 새롭게 중국의 정체성을 조망하는 사조가 생겨나게 되었다. 이러한 변화의 움직임은 민간, 학계, 매스미디어 영역을 막론하고 거의 동시적으로 일어났는데, 2001년 중국이 WTO에 가입하고 후진타오 정부가 출범하면서 더욱 두드러졌다. 1990년대에 서구의 유명 학술서들이 대거 번역되고 이와 함께 국학(國學) 관련 연구서의 출간 붐이 있었다면, 2000년대에는 동서고금을 넘나들며 창의적인 글쓰기를 구사하는 학술에세이 유의 서적들

〈표 1〉 키워드로 읽는 현대 사조의 변천

분류	1990년대	2000년대
지식인 / 공간	▶ 지식인의 독립 ▶ 인문정신 상실, 세속사회	▶ 지식인의 세계주의 기획 ▶ 천하공간
이데올로기	▶ 자유주의, 사회주의 ▶ 애국주의	▶ 문화보수주의 ▶ 민족주의, 중국굴기, 천하주의
원형적 자원	▶ 5.4의 계몽서사 ▶ 마오쩌둥사상	▶ 고대 중화제국, 조공시스템 ▶ 복합체제사회(跨體制社會)
사유방식	▶ 역사의 반성(反思), 현실의 비판	▶ 역사의 재사유(重思), 미래 상상

이 봇물을 이루었고, 미디어 영역에서 〈백가강단(百家講壇)〉류의 TV교양프로그램이 개설되어 문사철(文史哲)에 관한 해박한 지식을 선보이는 매체지식인이 등장하게 되었다. 이뿐 아니라 지방과 도시를 막론하고 중국경전을 낭송하는 독경운동도 큰 유행을 타게 되었으니, 이처럼 1990년대 말부터 2000년대 초반까지 이른바 '문화보수주의'는 하나의 대세로 주목받게 되었다.

1990년대에 대세를 이루었던 자유주의, 사회주의, 애국주의 사조는 2000년대에 접어들면서 국학열, 전통문화복원운동 등의 문화보수주의, 『앵그리 차이나(中國不高興)』(2010)류의 민수주의(民粹主義, populism), 중국몽(中國夢, China dream)과 중국모델(中國模式, China model)류의 민족주의(또는 국가주의, nationalism), 그리고 신천하주의(新天下主義), 신아시아 상상으로 대표되는 미래담론 등에 서서히 그 자리를 내주기 시작했다.

문화보수주의, 민족주의, 천하주의는 가히 21세기 들어 중국을 대표하는 신사조라고 말할 수 있다. 이 사조들은 사실상 그 영역이 상호 중첩되거나 결합되는 혼종(hybrid)적인 특징을 보였는데, 예를 들어 문정

일치(文政一致)를 주장하는 '정치유학' 사조는 문화보수주의 성향을 띤 민족주의의 한 유파로 볼 수 있고, 리우밍푸(劉明福)가 쓴 『중국몽』(2010)은 국가주의적 성향을 지닌 미래기획서라는 점에서 제국을 꿈꾸는 미래담론의 영역과 중첩되는 면이 엿보인다. 또한 미래 대국을 상상하는 '신천하주의'는 그 원형(archetype)적 사유를 고대 중화제국의 치리경험에서 끌어온다는 점에서 문화보수주의와 긴밀히 연관되고 있다.

이 사조들의 약진은 1990년대 중국에서 맹위를 떨쳤던 인문정신 담론, 자유주의, 신좌파주의적 사유가 후퇴하고 그 자리에 대국사유, 민족주의, 천하주의의 사조가 들어차게 된 것을 의미한다. 이를 달리 말하면 지식인의 독립과 계몽서사를 외쳤던 5.4신문화운동의 한 전통이 쇠퇴하고 그 자리에 한동안 은폐되거나 소외되었던 5.4의 또 다른 유파, 즉 중국본위적 사고[4] 또는 전통의 비판적 재구성[5] 그리고 세계주의[6] 등을 지

---

4 전인갑, 2016b, 「중국 엘리트의 '제국몽': 문화논쟁의 정치학」, 『현대중국의 제국몽: 중화의 재보편화 100년의 실험』, 학고방, 314쪽: 5.4신문화운동 시기 학형(學衡) 그룹은 당시 계몽주의 진영의 '국고정리(國故整理)'가 추구한 방향과는 다른 지향점을 가졌다. 그들은 중화의 정수를 보존, 계승, 확충하는 데 더 주력했을 뿐만 아니라, 그 정수를 일면 재창조하고 일면 재구성하는 과정을 거쳤다. 즉 그들은 '중화'의 지속이 궁극적인 목표였다.

5 전인갑, 2016, 『현대중국의 제국몽: 중화의 재보편화 100년의 실험』, 학고방, 11쪽: 전인갑은 5.4신문화운동 시기 크게 보아 4부류의 사조가 존재했다고 말한다. 첫째는 자신들의 역사성을 철저히 부정하는 방식-陳序慶의 전반서화론, 둘째는 역사성을 비판적으로 재구성하는 토대 위에서 시대성(서구의 근대)을 흡수하는 방식-學衡 그룹의 국고신지(國故新知)론, 셋째는 서구 근대를 통해 역사성을 재평가하는 방식-호적의 國故運動, 넷째는 역사성과 시대성의 절충에 주목하는 방식-장동손(張東蓀)의 다원문화론 등.

6 진관타오·류칭펑 저, 양일모 외 역, 2011, 『관념사란 무엇인가 1』, 푸른역사, 199쪽: 진관타오는 과학, 민주, 세계주의 등 계몽적 가치는 1915년에 진행된 신문화운동의 주된 경향이었다고 말한다. 5.4운동을 촉발시킨 것은 애국주의와 반제국주의(민족주의)였고, 계몽과 반제국주의는 서로 다른 별개의 가치체계라고 말하며, 신문화운동과 5.4정치운동을 분리하고 있다.

향했던 사조 등이 새롭게 부활한 것이다.

이로써 2000년대의 사조는 1990년대에 이어서 여전히 강세를 띠는 애국주의 또는 국가주의 사조와 더불어, 상대적으로 매우 차분하고 거시적이며 중국의 고대와 미래를 함께 조망하는 담론이 한 축을 이루게 되었으니, 이것이 바로 필자가 다루려는 '천하', '미래' 담론의 현주소이다.

2. 중국 지식인의 대국사유

21세기 초엽 중국에서 과거를 청산하고 미래를 설계하는 시대적 분위기가 무르익었을 때, 중국 사상계도 이에 맞추어 여러 사유방식이 서로 조우하고 대화하는 움직임이 일어나기 시작했다. 그들은 대체로 중국의 미래를 논한다는 큰 방향성에는 동의했지만 이를 풀어내고 구상하는 내용들은 제각기 다른 양태로 제시되었다. 기존 이데올로기의 틀에서 벗어나 혹자는 제국적 면모를 갖춘 강대국의 설계를 주장하였고, 혹자는 서구 보편주의의 한계를 지적하면서 이를 초극(超克)하는 또 다른 보편을 논하기 시작했다. 전자는 '중국모델'로 지칭되는 그룹을 중심으로 민족국가의 범주를 확장시켜 제국적 위상으로 발돋움할 미래 중국을 사유했다고 본다면, 후자는 중국이 대국으로 성장하리라는 점에 동의하면서도 서구를 대체하는 제국의 출현이 아니라 지구촌 속에서 전 세계인이 공감할 수 있는 새로운 '보편' 모델을 찾고자 하였다. 이 두 입장은 크게 보아 '중국모델'과 '천하주의'라는 양대 사조로 양분될 수 있다.

중국모델 사유는 서구의 보편주의를 대체해야 할 대상으로 여기거나, 그 병폐를 지적하고 패권적 요소를 고발하여 이를 중국모델과 대립적으로 그려내는 경향이 두드러졌다. 반면 천하주의 사유는 서구 보편주가 지니는 병폐를 지적하지만 이를 대립구도로 설정하기보다는 다원 세계 중의 한 타자(他者)로 간주하여, 상호 간의 대화와 존중을 통해 새로운 보편을 도출하는 어떤 공간을 기획하고 있다. 이 두 그룹은 중국이 국가단위를 넘어 미래의 대국으로 변모하리라는 점에 모두 동의한다는 점에서, '대국사유'를 하나의 공통분모로 지니고 있다.

그러나 필자는 이 '대국사유'를 좀 더 세분화할 필요가 있다고 생각한다. 21세기 중국 지식인들의 '대국사유'는 국가주의와 문명대화론이라는 양대 사조의 장력 중에 형성된 것이다. 그리고 이 가운데 이른바 '천하주의' 또는 '아시아 상상'의 사유가 교섭하고 있다. 이를 다시 설명하면 '천하주의'와 '아시아 상상'을 포괄하는 미래담론은 21세기 중국의 국가주의와도 교섭하고 문명대화론과도 호응하는 중첩적 특성을 지니고 있다. 이를 세분화하여 보면, 미래 대국을 전망하는 중국의 대국사유는 중국모델, 문명대화, 천하주의, 아시아 상상 등의 4대 영역으로 나눌 수 있다.

그중에서 『중국몽』(2010)을 쓴 리우밍푸는 '국가주의'적 대국사유의 전형을 보여 준다. 그는 21세기의 새로운 대안으로 '중국모델(中國模式)'을 제시한다. 이 중국모델은 서양모델과 북방모델의 병폐와 한계를 극복하는 차원의 일종의 '동방모델(東方模式)'이다. 서양모델이 미국모델을 말하고 북방모델이 소련모델을 말한다면, '동방모델'은 개혁개방 30년 이래 창조된 '중국 특색의 사회주의' 모델을 지칭한다. 이 중국모델은 미국모델과 소련모델 이후에 등장한 제3의 모델이란 점에서 후쿠야마가 말했던 『역사의 종말(The End of History)』(1992)'을 극복하는 의의를 지닐 뿐만 아니라, 이미 폐기된 소련모델과 구분되면서 소련모델의 실패가 곧 사회주의의 종결이 아님을 시사하고 있다. 다시 말해 이 중국모델

<표 2> 대국사유 모델양식

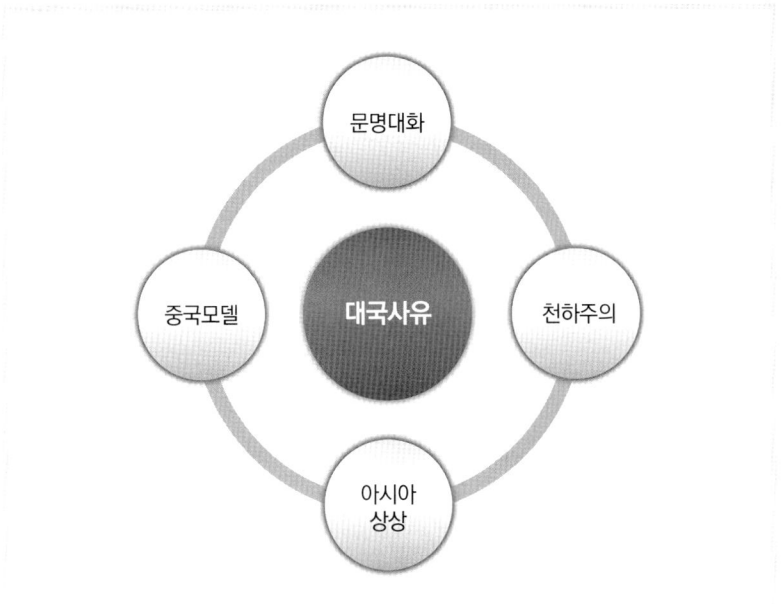

은 한편으로는 소련모델이 미처 해결하지 못한 '사회주의'의 문제를 해결하려는 것이고, 다른 한편으로는 미국모델이 조성한 세계화로 인해 야기된 금융위기와 국제관계에서 드러난 패권주의의 문제를 해결하자는 것이다.[7]

중국굴기는 급팽창하는 중국의 정치경제적 역량과 밀접한 관계가 있다. 그것은 서방굴기와 소련굴기에 이어 떠오르는 새로운 대세로 인식된다. 서방의 대국굴기가 세계의 첫 번째 전환모델로서 봉건세계로부터 자본주의세계로의 이행을 의미하였고, 소련의 대국굴기는 자본주의세계

---

[7] 劉明福, 2010, 『中國夢』, 中國友誼出版公司, 87쪽; 강진석, 2011a, 「체용과 당대 중국의 대국사유」, 『체용철학』, 문사철, 337쪽.

로부터 '일구양제(一球兩制)' 체제로의 전이를 불러왔다면, 그 뒤를 잇는 중국의 대국굴기는 미국으로 대표되는 패권세계로부터 '무(無)패권세계'로의 이행을 꿈꾸고 있다는 것이다. 중국굴기는 패권주의를 반대한다는 점에서 당대 패권주의의 조류와 구별되고, 나 홀로 굴기하기보다는 전세계 발전도상국가와의 연합 속에서 함께 굴기하기를 꿈꾸며, 타국을 착취하는 식민굴기(植民崛起)가 아닌 화평발전을 꾀하는 '화평굴기'의 형태를 지향한다고 리우밍푸는 강조한다.[8] 이러한 사유양태는 이론적 엄밀성에 호소하기보다는 제국-중국을 향한 미래적 열망과 이데올로기적 투영의 면모가 잘 드러나고 있다.

왕후이(汪暉)의 '신(新)아시아 상상'은 리우밍푸 유의 중국모델적 사유방식과 일면 호응하는 성격을 지닌다. 그는 근대시기의 서구 제국주의를 대체하는 차원에서 아시아 지역의 새로운 대안체제를 제시하고 있다. 아시아구상이 민족국가를 초월하는 사회공동체에 대한 상상이라면, 이는 또한 역사적 되돌림 즉 일종의 초민족국가 상상을 이용하여 민족국가를 중심으로 하는 19세기의 초(超)제국 또는 반(反)제국 상상을 대체하는 것이다.[9] 아시아 지역의 연고를 중심으로 서구의 패권주의와 일방주의를 대체하는 대안적 의미의 아시아모델을 상상해야 한다는 것이다.

이 아시아 상상은 크게 두 가지 방향으로 진행되는데, 그 하나는 아시아 내부의 문화공존적 제도경험을 취하여 민족국가 범위 내에서 그리고 아시아 지역 내부에서 상이한 문화, 종교 및 민족의 평등을 구현할 수 있는 민주적 모델을 발전시키는 것이고, 다른 하나는 지역적 연계를

---

8   劉明福, 2010, 앞의 책, 67-69쪽.
9   왕후이, 2003, 「아시아 상상의 계보」, 이욱연 역, 『새로운 아시아를 상상한다』, 창비, 180쪽.

매개체로 하여 다층적, 개방적 사회조직을 형성하여 경제발전에 협력하고 이익충돌을 없애며 민족국가 체제의 위험성을 약화하는 것 등이다.[10] 반서구패권주의를 기치로 중국과 아시아의 연대를 통해 새로운 정치모델을 구축하고 이로써 서구의 패권주의를 대체하는 길을 모색한다는 점에서, 왕후이의 사유는 '중국모델' 사유의 연장선상에 걸쳐 있는 일종의 '아시아모델'로 볼 수 있다.

이처럼 '중국모델'과 '아시아모델'을 기획하는 사유는 대체로 먼저 서구모델과의 대척점을 설정하고, 그로부터 자기동일성을 확립하고 있다. 이들은 사회주의를 중심이데올로기로 삼고 중국 및 아시아 지역을 하나의 대체 블록으로 설정한다는 점에서도 공통점이 있다.

이와 달리, 제3의 대안모델이나 아시아 대체 블록으로서 미래 중국을 상상하기보다는 전 세계 보편문명 간의 대화와 소통의 시각에서 중국의 미래를 모색하는 그룹이 있는데, 그중에는 '문명 간의 대화'를 강조한 현대신유학자 뚜웨이밍(杜維明, Tu Weiming)을 들 수 있다. 그는 새뮤얼 헌팅턴(Samuel P. Huntington)이 일찍이 예견하였던 '문명의 충돌(The Clash of Civilizations)'을 반박하면서 그 대응담론으로서 '문명의 대화(Toward a Dialogical Civilization)'를 주장하였다. 그는 문명 간의 대화 목적은 바로 생태환경보호, 테러, 핵전쟁 등 여러 분야에서 현대인들이 맞닥뜨리고 있는 곤경에 지혜롭게 대처하고, 축 시대 문명(Axial Age Civilization)의 지혜가 보다 넓은 영역으로 발전되어 나가도록 돕되, 패권을 지향하지 않도록 하는 데 있다고 말한다.[11] 세계 보편문명 간의 대

---

10 왕후이, 2003, 위의 글, 222쪽.

11 뚜웨이밍 저, 김태성 역, 2006,『문명들의 대화』, 휴머니스트, 89쪽.

화는 인류문명의 다원성을 전제로 하며, 동일성과 차이를 동시에 인정하는 것이다. 동일성이 없다면 공동의 기초가 부족하게 되고 차이가 없다면 교류의 필요성이 사라지게 된다. 동일성이 문명 대화의 기초를 확립해 준다면 차이는 이 공동사업의 필요성을 더해 주고 의의를 극대화해 준다는 것이다.[12]

보편문명이 대화하고 소통하는 공간은 첨예하게 대립하기 쉬운 두 영역의 틈새에서 발로하는데, 오늘날 이 틈새는 곧 몰개성적인 보편주의와 자민족우선주의 간의 괴리로 볼 수 있으며, 바로 이 틈새가 문명의 대화가 시작되는 장소라는 것이다. 따라서 인류는 문명의 다양성을 제창하는 동시에 각 나라에 포진되어 있는 각종 극단적인 자국우선주의를 함께 질책해야 하며, 이런 의미에서 뚜웨이밍은 상이한 문명들이 서로 대화하고 어우러져야 한다는 이른바 문명 간의 '합류(合流)'를 주장했다. '합류'의 공동의식 속에서 인류는 타자(他者)를 모방하고 학습함으로써 더욱 넓은 시야를 확보할 수 있고, 상호 간에 다양성을 드러내고 공동체에 복을 더해 주는 진정한 의미의 세계화를 구현할 수 있다. 그리고 그것은 몰개성적인 보편주의와 패권주의의 통제와 독점주의적 행위를 반대하는 동시에 협애한 민족중심주의와 종교적 배타주의와 자문화우선주의도 거부하는 하나의 지향점을 갖는다고 주장한다.[13]

쉬지린(許紀霖)이 제시한 '신천하주의(新天下主義)'는 보편문명 간의 대화와 소통을 강조한다는 점에서 뚜웨이밍의 논리와 맥락을 같이 하고 있다. 뚜웨이밍이 몰개성적인 보편주의와 자민족우선주의를 모두 극복

---

12 뚜웨이밍, 2006, 위의 책, 111쪽.
13 뚜웨이밍, 2006, 위의 책, 108, 115쪽.

하는 차원의 '합류'를 말했다면, 쉬지린은 중국의 전통적인 천하주의와 민족국가를 모두 초극하는 차원의 '신천하주의'를 말하고 있다. 그것은 한편으로는 전통적 천하관의 중국중심주의를 초극하여 보편주의를 확보하고, 다른 한편으로는 민족국가의 주권평등원칙을 흡수하면서 동시에 민족국가의 이익중심주의를 극복하여, 보편주의로써 특수주의와 균형을 이루는 것을 지향한다. 민족국가의 자기동일성과 주권은 절대적일 수 없고 외재적인 한계를 지닌다. 이 한계를 지적하는 것이 바로 신천하주의의 보편문명 원칙이라는 것이다. 중심을 제거하고 등급화를 없애는 것은 신천하주의의 소극적인 면에 불과하고, 적극적인 면으로 말하면 새로운 천하의 보편성을 세우는 것인데, 이것이 바로 함께 누린다는 뜻의 '공향(共享)의 보편성'이다.[14]

쉬지린은 21세기 중국이 처한 대내외적인 문제 현실을 직시한다. 대내적으로 중국은 어떻게 민주화를 추진하면서 동시에 민족분리주의가 초래한 국가해체를 방지할 것인가의 문제에 봉착해 있다. 대외적으로는 중국이 오직 민족주의에 기반하여 대국의 성장을 꾀한다면 인류사회에 행복을 가져다주기보다는 오히려 재난적인 위험을 불러올 수 있는 위험성이 있다는 것이다. 쉬지린은 이런 대내외적 난제를 풀 수 있는 실마리를 중국문명이 본래적으로 구비했던 '천하주의' 전통에서 찾고 있다. '천하(天下)'는 이상적인 문명질서이자 중원을 중심으로 하는 세계공간의 상상으로 이해된다. 중국이 처한 난제를 해결할 수 있는 방법은 현대 민족국가 의식과 대척점을 이루는 사유를 발굴하고, 고대 중화제국의 다

---

14 許紀霖, 2015a, 「新天下主義與中國的內外秩序」, 許紀霖 劉擎 主編, 『新天下主義』, 世紀出版社, 7-8쪽.

원종교와 치리체제의 성공적 경험을 재해석하여, 이로써 현대문명의 병폐를 해소하는 것이다.[15]

앞선 사유들을 종합하여 정리하면, 리우밍푸의 중국모델론과 왕후이의 신아시아 상상은 서구 제국주의와 대척점을 이루는 대안모델을 구상한다는 점에서 공통점이 있다. 그러나 리우밍푸는 민족주의의 틀을 기초로 하여 이를 확대시키는 사유에 주안점을 두었다면, 왕후이는 민족국가의 한계를 극복하는 '복합체제사회(跨體系社會, trans-systemic society)'[16]와 같은 대안모델을 제시한다는 점에서 이 둘은 차별된다. 반면 왕후이는 청제국이 지니는 이중적 정체성, 즉 민족국가와 제국질서의 모델이 당대 중국에서 통용될 수 있다고 본 점에서 볼 때, 그의 이론은 이른바 '중국모델'이 지니는 국가주의 성향에서 완전히 자유로울 수는 없다.[17] 이와 달리 뚜웨이밍의 '문명대화론'과 쉬지린의 '신천하주의'는 모두 보편 문명을 매개로 상호 간의 대화와 소통을 강조하다는 점에서 공통점이

---

15 許紀霖, 2015a, 위의 글, 3, 4, 16쪽.
16 왕후이가 말한 '跨體系社會'는 본래 왕멍밍 교수의 '超社會體系'에 대한 이론적 수정의 배경을 갖는다. 왕후이는 처음에는 이를 '복합사회'로 명기했다가 이를 다시 '跨體系社會'의 용어로 바꾸었다. '跨體系社會'를 한국어 번역하는 문제에 있어서, 기존의 영어음역('트랜스시스템사회')이나 '초체계사회' 등의 번역어가 개념의 본래적 취지를 잘 반영하지 못하므로, 필자는 이를 왕후이가 말한 본래적 취지를 살리고 개념의 한국적 의미를 살려 '복합체제사회'로 번역하기로 한다(왕후이 저, 송인재 역, 2011, 『아시아는 세계다』, 글항아리, 410쪽 참조).
17 왕후이의 이러한 논리의 복잡성은 자유주의자들의 맹렬한 공격을 받게 되는데, 쉬지린과 첸리췬(錢理群)은 왕후이의 논리가 카를 슈미트(C. Shimit)류의 국가사회주의로 흐를 수 있는 위험성을 시종 경고하고 있다. 리쩌허우(李澤厚) 역시 중국모델론이 만약 민족주의에 민수주의(populism)가 결합되면 국가사회주의로 치달을 수 있는 위험성을 지적하고 있다(쉬지린 저, 송인재 역, 2013, 『왜 다시 계몽이 필요한가』, 글항아리, 486-494쪽; 마리청 저, 박영순·최은진 역, 2015, 『현대 중국의 8종 사회사조』, 학고방, 114-115쪽; 李澤厚, 2011, 『該中國哲學登場了?』, 上海譯文出版社, 167-185쪽 참조).

〈표 3〉 중국 지식인 그룹의 대국사유

분류	뚜웨이밍	쉬지린	리우밍푸	왕후이
사조분류	현대신유학	신천하주의	중국모델론	신아시아 상상
사유방식	문명 간의 대화	보편의 공향(共享)	중국모델로 대체	복합체제사회 구축
미래설계	다원문명 공존	세계주의	제3의 중국모델	신아시아 정치체제
보편추구	유교가치	다원문명 공향	중국식 모델 구축	초민족국가체제
이념성향	계몽주의, 유교사상	계몽주의, 천하주의	국가주의, 민족주의	반(反)자본주의, 중국모델

있다. 그러나 뚜웨이밍의 '문명대화론'은 중국의 대국 부상에 초점을 맞추기보다는 중화문명을 하나의 '축 문명'으로 인정하고 이를 바탕으로 세계문명 간의 대화를 모색하는 지향점을 갖는다면, 쉬지린의 '신천하주의'는 중국이 미래의 제국적 위상으로 부상할 것을 준비하는 차원에서 고대 천하주의의 현대적 재해석을 꾀한다는 점에서 양자는 차이가 있다.

앞선 네 지식인의 사유모델은 미래의 중국이 대국으로 부상할 것이라는 점에 대체로 동의한다는 면에서 광의의 대국사유로 볼 수 있다. 그러나 리우밍푸의 중국모델론은 민족국가의 틀에서 크게 벗어났다고 보기 어렵고 단지 민족국가의 확장적 개념에 의존하고 있다는 점에서, 민족국가를 초극하는 개념이라고 말하기 어렵다. 그리고 뚜웨이밍의 문명대화론은 몰개성적인 보편주의, 폭력적인 패권주의, 협애한 민족주의를 싸잡아 비판하면서 이를 상쇄하는 차원의 문명대화론을 피력하였으나 중국의 부상이 지니는 대국적 상상을 구체적으로 기획하고 있다고 볼 수 없으므로 대국사유와는 단지 느슨한 형태로 연결된다고 볼 수 있다.

필자가 이 글에서 다루는 '천하주의'와 '아시아 상상'으로 대표되는 담론은 민족국가의 개념을 넘어서는 대국의 개념을 다룬다는 차원에서 민족주의 또는 국가주의와 동일시될 수 없다. 또한 이 담론은 미래 중국의 시공간적 범주를 상상하고 이를 구체화하는 지향점을 지닌다는 차원에서 축 문명론에 기원을 두는 문명대화론과도 구별되고 있다. 따라서 엄밀히 말하자면 앞의 네 사상가 중에서 쉬지린과 왕후이의 사유모델이 본 글에서 논하는 미래담론에 속한다. 이 사유모델들은 대체로 고대 중화제국의 치리경험에 주목하고 있으며, 이를 미래 지평으로 끌어오는 사유를 전개하며, 기존 민족국가의 틀을 넘어서는 일종의 네트워크 또는 소통의 교섭을 중시하고 있다는 점에서 공통점을 갖는다.

III. 21세기 천하주의와 미래담론

2000년대에 들어서자 중국굴기의 시대적 분위기에 부응하는 대국사유의 담론들이 속속 등장하였다. 그중에서 '천하(天下)'를 키워드로 내세우며 중국의 미래담론을 제시하는 학자들이 등장했는데, 그 대표적인 인물로 자오팅양(趙汀陽)과 쉬지린을 꼽을 수 있다. 이들은 미래 중국의 가능성을 새로운 보편세계의 탐색에서 찾고 있다는 점에서 공통점이 있다. 반면 이들과는 사상적 색채가 다른 학자로 왕후이를 들 수 있다. 앞선 두 사상가가 문명과 세계에 주목했다면, 왕후이는 아시아 지역의 연대와 새로운 정치체제의 모색을 도모한다는 측면에서 또 다른 차원의 미래담론을 말하고 있다.

1. 자오팅양의 천하체계

자오팅양에 따르면, 중국 사상계에는 1990년대로 접어들면서 새로운 형태의 사유가 본격적으로 등장했다. 1990년대에 이전까지 약 100여 년 동안 중국의 사유가 수세적인 면에서 자아를 비판했던 '중국검토(檢討中國)'의 시기였다면, 1990년대 이후에는 중국을 다시 생각하자는 '중국재사유(重思中國)'와 중국을 다시 세우자는 '중국재구축(重構中國)' 운동이 시작되었다고 말한다.[18] 동시에 그는 1990년대의 사조 속에서 '중국재사유' 운동이 그 막대한 상징성에 비해 과연 얼마나 심도 있게 진행되었는가에 대해서도 되묻고 있다.

'천하체계(天下體系)'로 대표되는 자오팅양의 사상은 1990년대 사조에 대한 타진 속에서 제기되었다. 그는 1990년대 이전까지 은폐되었던 중국인의 사상적 욕구가 '중국 다시 생각하기'의 양태로 현시된 점에 주목하고, 이를 중국사상계의 중대한 전환점으로 보고 있다. 그러나 동시에 이 '중국 다시 생각하기'가 전문성이 결여되었다는 점을 냉철하게 지적한다. 그는 세 가지 관점에서 기존 학설의 문제점을 지적하였는데, 이 비판작업은 그의 '천하체계'를 간접적으로 드러내는 일종의 부정이론으로서 중요한 내용을 차지한다.

먼저 그는 현대신유가(現代新儒家)를 정면으로 비판하였다. 모우쭝산(牟宗三)으로 대표되는 현대신유가는 도덕형이상학을 제창하고 심성지학(心性之學)을 강조하면서 20세기 유학사상을 주도해 왔다. 자오팅양은 현대신유가의 사상적 협소함을 공격한다. 현대신유가의 시야는 지나치게 좁아 거의 '독존유술(獨尊儒術)' 내지는 독존심성지학(獨尊心性之學)으로 치부될 정도이며, 이들이 비록 중국문화의 어떤 특징을 표현했다고는 하지만 중국사상이 지니는 고유의 완전성을 구현하는 데 실패했다

---

[18] 자오팅양, 2010, 앞의 책, 15쪽.

는 것이다. 중국사상이 지니는 우수성이 종합성과 전체성이라고 볼 때, 현대신유가는 이를 드러내기에 지나치게 협소하고 독단적이다. 따라서 이들 이론은 실패할 수밖에 없었다고 말한다.[19] 현대신유가에 대한 비판은 심성지학이나 도덕형이상학에 치중하는 사유로는 '중국을 다시 생각하고', '중국을 다시 세우는' 미래담론을 제시할 수 없음을 말한 것이다.

둘째, 자오팅양은 현대 사회철학자 리쩌허우(李澤厚)의 사상을 평가절하하고 있다. 한때 사제관계였던 이들의 사상적 결별은 서구-보편과 중국-특수를 결합하는 체용적 사유모델의 거부로 연결된다. 리쩌허우의 서체중용(西體中用) 이론이 중국사회가 당면한 문제를 조정하고 사유의 융통성과 역사적 감각을 발휘한 점은 인정되지만, 이는 단지 절반만 옳았다는 것이다. 리쩌허우의 근본적 오류는 서양의 보편성을 중국의 본체로 삼았다는 사실이다. 바로 이 '이서위체(以西爲體)'는 서구를 보편적 준칙으로 삼은 오류였고, 결과적으로 중국 사상이 본래적으로 지니는 창조성과 유연성을 억누르게 되었다는 것이다.[20] 서체중용론에 대한 폄하는 서구 보편성이 곧 세계 보편성이라는 도식을 거부한 것이고, 서구의 보편성과 중국의 특수성을 결합하는 사유방식이 그 수명을 다했음을 말한 것이다.

셋째, 자오팅양은 '관용(寬容)'의 사유방식을 중국적 사유로 인정하지 않았다. 그에 따르면, 중국에는 관용의 태도가 존재하지 않았다. 관용은 중국의 사유방식도 아니고 방법론도 아니라는 주장이다. 더 정확히 말하면 중국에는 일찍이 관용의 마음은 존재했지만 관용의 사유는 존재하

---

19 자오팅양, 2010, 위의 책, 18-19쪽.
20 자오팅양, 2010, 위의 책, 20쪽.

지 않았다는 것이다. 중국의 사유방식은 '대도(大度)' 즉 '큰 도량'이지 '관용(寬容)'이 아니다. '큰 도량'은 타자를 미워하지 않는 것인 반면, '관용'은 타자를 미워하면서 이를 인내하는 것이다. 만약 중국식 '대도(큰 도량)'를 일종의 '개방(開放)'이라고 말하면 관용의 뜻에 근접할지 모르나 여전히 정확히 부합하는 개념으로 보기는 힘들다는 것이다. 오히려 중국의 기본정신은 '변화시킴', 즉 '교화(化)'에 있다. 그것은 기본적으로 나로써 타자를 변화시키고 타자를 변화시켜 자기화 하는 것을 포함한다. 따라서 이 교화 또는 변화는 다양성의 수용을 전제하지만 이 '다양성'은 '통일성(一)'으로부터 포섭되는 의미가 강하다. 다양성은 어떤 전체로서 틀 지어진 범주의 통제하에서만 받아들여지는 다양성이다. 그렇지 않으면 다양성은 통제를 잃고 혼란해질 수 있다는 것이다.[21]

개념상으로 볼 때, '대도'와 대립되는 '관용'의 사상은 현대신유가인 뚜웨이밍이 그의 저서『대화와 창신』(2005)[22]에서 비중 있게 다룬 바 있다. 그는 문명 간의 대화는 용인(관용)으로부터 시작되며, 용인이야말로 대화의 출발점이고 타자의 존재를 받아들이는 것이라고 주장했다. 즉 문명의 대화는 인류문명의 다양성을 전제로 해야 하며 이로부터 평등과 차이를 인정하는 것이다. 뚜웨이밍은 다양성을 제창하면서 동시에 민족중심주의와 자국우선주의를 경계해야 한다고 말한다.[23] 자오팅양의 관용 비판은 뚜웨이밍 유의 문명대화론을 겨냥한 것으로 볼 수 있다. 그가 설정한 '대도(큰 도량)'와 '관용'의 대립도식은 기존 학계에서 보편적 사

---

21 趙汀陽, 2011,『天下體系』, 中國人民大學出版社, 9쪽.
22 杜維明, 2005,『對話與創新』, 廣西師範大學出版社; 뚜웨이밍, 2006, 앞의 책.
23 뚜웨이밍, 2006, 위의 책, 63, 86쪽.

유로 다루어졌던 '관용' 사상을 중국적 입장에서 비판한 것이다. 그는 '다양성'을 '통일성'의 하위 개념으로 설정함으로써 문명 간의 대화보다는 중국이라는 '천하'의 통일성 속에서 타자를 개방적으로 수용하는 차원의 '큰 도량(大度)'을, 그리고 다원문명을 앞세우기보다는 전체로서의 큰 체계(天下體系)를 먼저 전제하고, 그 위에서 다양성을 수용하는 이론적 작업을 시도하고 있다.

동시대 사조들에 대한 자오팅양의 세 가지 비평은 그가 구상한 '천하체계'에 대한 일종의 홍운탁월(烘雲托月)적 기법의 윤곽잡기로 이해될 수 있다. 그는 '중국 다시 생각하기'의 시대에 도덕형이상학을 외치는 현대신유가의 입장에 동의할 수 없었고, 중국의 사유가 다시금 천하를 논하고 문명을 설계하는 거대담론으로 회귀할 것을 주장한다. 서체중용론의 비판은 서구적 보편성이 곧 전 지구적 보편성으로 간주되는 이론적 전제에 반기를 든 것이며, 이제는 중국본위의 근본적인 설계가 필요함을 말한 것이다. 그리고 '관용'보다는 '대도(大度)'를, '다양성'보다는 '통일성'을 강조한 것은 '천하'라는 총체성을 다양성에 앞서 먼저 설정해야 한다는 그의 이론적 성향을 잘 반영하고 있다.

이러한 동시대 사조의 비판 위에서 그는 '천하체계'와 대조를 이루는 '제국주의'에 대해 말하고 있다. 서구 제국주의는 중국의 천하체계와 대립되는 개념이다. 제국주의는 19세기 후반에 생성된 개념으로 현대화, 자본주의, 식민주의 등의 개념과 밀접히 연관되어 있다. 이는 민족-국가제도의 초대형 군사-경제적 힘에 근거하여 세워진 규제 정치와 착취 경제의 세계체계로 인식된다. 전통적인 유럽제국과 제국주의의 공동 이념은 모두 '한 나라가 세계를 지배하는 것'이다.[24] 따라서 그 속성상 작은 것에서 큰 것에 이르는 확장구조를 지니는데, 이는 큰 것에서 작은 것에 이르는 천하 개념과 상반된다.[25] 서구의 제국주의는 오늘날 세계화(globalization) 시대를 거치면서 전 지구적인 제국주의로 변모하였고, 모든 영역에 걸쳐 세계의 지배와 패권을 형성하게 되었다는 것이다.

자오팅양에 따르면 오늘날 세계화된 제국주의의 화신은 바로 미국이다. 미국은 세계적인 정치권력 체계, 시장 체계, 문화지식 체계를 갖추었는데, 이 '세계체계'는 오직 미국의 이익을 최대화하고 그 문화와 가치를 보편화하는 방향으로 움직인다는 것이다.[26] 따라서 오늘날 미국의 이름으로 행해지는 행위는 근대시기 유럽의 제국주의 폭력과 크게 다르지 않다고 말한다. 즉 미국은 평화의 이름으로 전쟁을 일으키고, 자유와 민주의 이름으로 자유와 민주를 파괴하며, 인권의 이름으로 타자를 박해하고, 온갖 도덕적 이유로 도덕을 부정한다는 것이다. 이러한 제국의 모순은 좋은 이름이란 허울 속에 제멋대로 무슨 일이든 할 수 있다는 환각으로부터 발생한다고 보았다. 자오팅양은 세계화된 제국주의의 문제를 패권주의와 비도덕적 행위에서만 찾을 것이 아니라, 세계 자체를 기준으로 삼아 세계의 문제를 생각하려는 철학이 부재하게 된 현실에서 보다 근본적인 문제의식을 가져야 한다고 말한다.[27]

그는 이러한 사상구도 위에서 제국주의와 대비되는 '천하(天下)'의 개념을 피력하였다. 그의 '천하체계'는 대체로 네 가지 사상구도로 형성되어 있다.

첫째, 자오팅양이 말하는 천하는 '국가'가 아닌 '세계'에 관한 개념이

---

24 자오팅양, 2010, 앞의 책, 54-55쪽.
25 자오팅양, 2010, 위의 책, 109쪽.
26 자오팅양, 2010, 위의 책, 147쪽.
27 자오팅양, 2010, 위의 책, 161, 168쪽.

다. 천하가 인정한 세계는 개념적으로 이미 완성된 세계(conceptually completed world)이자 완전한 구조를 완성한 세계이다. 그것은 어떤 선험적으로 설정되어진 완전한 세계로 인식된다. 천하가 선험적으로 완전성을 갖춘다는 것은 그 범주 내에 존재하는 구성원의 조화를 보호하고 지키려는 의미가 함축되어 있다. 천하의 세계는 선험성과 완전성의 두 개념으로 구성된다. 큰 것에서 작은 것에 이르는 구조인 천하-제국 이론은 먼저 세계의 선험적 완전성을 긍정한 후에, 그 속에서 다시 각 지방이나 국가와의 관계를 따지는 구조를 지닌다. 이 선험성은 먼저 전체로부터 특수로 나아간다는 순차적 의미를 지니고, 완전성은 그 내부의 개별자 간의 조화를 중시하는 의미를 지닌다.[28] 따라서 '천하'는 그 공간 내 개별자 간의 교섭이나 조응을 독려하는 역동성이 부각되기보다는 선험적이고 우선적인 권위체계 또는 완결구조가 부각되고, 개별자 간의 도전과 응전 속에서 화해의 실마리를 찾는 과정보다는 전체로서의 완결구조하에서 조화를 도모하는 측면이 강조되고 있다.

둘째, 천하는 지리, 사회, 제도, 문화 등의 범주를 포괄하는 복합개념으로서의 세계 개념이다.[29] 먼저 지리 개념으로 볼 때 천하는 중국식 3차원인 '하늘, 땅, 인간' 중 '땅'에 해당하며 인류가 거주하는 세계 전체와 유사한 개념이다. 또한 천하는 이 땅에서 생활을 영위하는 모든 사람의 마음, 즉 '민심(民心)'을 가리킨다. 따라서 '천하를 얻었다'는 것은 모든 영토를 얻었다는 것이 아니라 백성의 마음을 얻었다는 뜻이다. 이와 더불어 천하는 세계가 한 가족이라는 이른바 '사해일가(四海一家)'의 이상

---

28 자오팅양, 2010, 위의 책, 107-109쪽.
29 자오팅양, 2010, 위의 책, 58쪽.

을 추구하는 윤리-정치학적인 의미를 지닌다. 다시 말해 천하는 지리, 심리, 사회제도 등의 요소가 하나로 합쳐진 '세계'이다. 이는 '제도가 있는 세계'이자 카오스에서 코스모스에 이르는 전환이 이미 완성된 세계를 가리킨다.[30] 세계 개념으로서의 천하는 결국 지리공간, 사회제도, 윤리-정치공동체를 포괄하는 어떤 완결구조를 의미한다.

셋째, 천하는 세계를 하나의 문화공동체로 인식한다. 이것은 고대 천하-제국의 역사적 경험으로부터 얻은 것이다. 고대시기 천하는 나누어질 수 없는 공동의 공간이자 공유의 자원과 같은 것이었으므로, 본질적으로 타자를 적대 관계나 정복의 대상으로 보지 않았다. 이러한 한집안 공동체 의식은 고대 중국의 천하-제국이 군사화되는 제국으로 발전하는 추세를 억제했다는 것이다. 고대 천하-제국이 추구한 것은 정복하는 군사제국이 아니라 문화제국이었고, 이 문화제국은 '예의'를 기본 원칙으로 삼아 자신의 한계를 설정했다는 것이다. 천하세계에서 통용되는 국제관계는 법보다 예의가 우선된 '자발적인 조공체계'였다. 조공의 자발성은 세계를 다스리는 데 있어서 한계가 있어 보이지만, 예의를 중시했던 천하질서 속에서는 예의를 국가와 국가 간의 상호관계를 처리하는 보편 원칙으로 생각했다. 또한 고대 중화제국은 영토의 정복이라는 공간적 개념보다 제국의 영속성을 우선 고려하는 시간적 개념이 더 상위에 있었다. 이로 인해 그들은 경제적 효율과 속도보다는 안정적인 생활과 사회 조화를 더 우선시했다는 것이다.[31]

넷째, 천하의 구상은 서구식 민주주의의 활용을 포함하지 않는다. 자

---

30 자오팅양, 2010, 위의 책, 61-63쪽.
31 자오팅양, 2010, 위의 책, 112-115쪽.

오팅양은 서구식 민주주의의 효용과 결과에 대해 회의적 시각을 갖는다. 예를 들어 민주 선거로 뽑힌 히틀러의 독일이나 미국제국의 민주주의는 세계에 온갖 재난만 불러왔다는 것이다. 오늘날 드러난 민주주의는 결코 어떤 필연적인 정의, 선, 미적 가치를 포함하는 것이 아니므로 신뢰할 만한 것이 아니며, 이보다는 사전에 규정된 어떤 조건으로서의 공정하고 정의로운 세계가 전제되는 것이 더 중요하다고 보았다. 고대 중국의 개념으로 볼 때 민주(民主)는 민심(民心)을 효과적으로 표현하지 못했고 필연적으로 표현해 내지도 못했다. 중국에서는 줄곧 사유의 주안점이 민주가 아닌 민심에 있었으므로, 민심이 실질적인 내용이었고 민주는 민심을 표현하는 부수적인 방식에 불과했다는 것이다. 따라서 이를 뒤바꾸어 민주로써 민심을 정의 내릴 수는 없다고 주장한다.[32]

자오팅양의 천하 사상은 중국굴기의 시대에 발맞추어 중국지식계에 사상적 전환을 요구하는 시론적 글쓰기로 평가될 수 있다. 2005년 무렵 출간된 그의 저작 『천하체계』는 철학적 깊이 면이나 정치학적 심도에서 모두 부족함이 느껴지는 게 사실이다. 그의 '천하체계' 구상은 기실 주대 봉건체제를 하나의 원형적 사유로써 끌어온 것이다. 주나라가 강대한 중심이나 무력 없이 다양한 구성원이 공동체를 이루었다는 점에 계시를 받아 이를 현대적으로 재해석한 것이다.[33] 그러나 그가 구사했던 동시대 사조들에 대한 비판은 엄밀함이나 정확도에서 선뜻 동의하기 어려운 내용들이 다소 존재한다. 필자가 보기에 이보다 더 심각한 문제는 그가 설정한 '천하' 개념이 지니는 범주적 교착성에 있다.

---

32 趙汀陽, 2011, 앞의 책, 102쪽.
33 송인재, 2015, 「21세기 중국의 '천하' 재해석과 신보편 탐색」, 『인문과학연구』 44집, 481쪽.

〈표 4〉 자오팅양의 천하체계

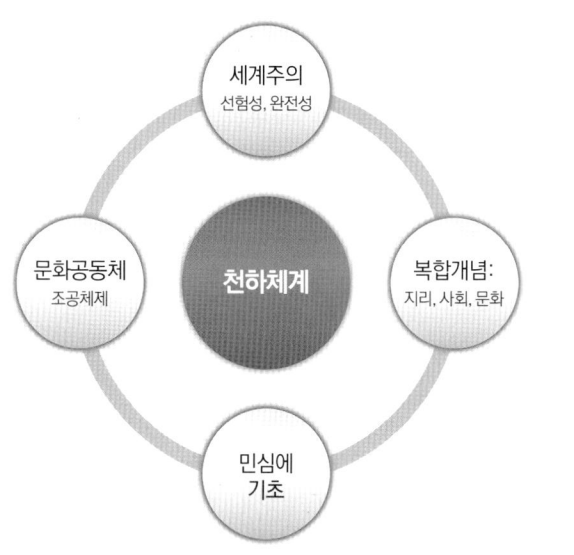

그의 천하체계 속에는 동서양 대립구도에서 도출된 천하 개념과 선험적 완결구도로서 제시된 천하 개념이 혼재되어 있다. 전자의 개념은 미국 제국주의와 대립되는 개념으로, 작은 것에서 큰 것으로 발전되는 제국주의 성격이 아닌, 하나의 완결구조로서 큰 것이 먼저 설정되고 그 속에서 작은 것들의 조화를 도모하는 구조를 지닌다. 그러나 여기서 우리가 쉽게 발견할 수 있는 것은 과연 이 완결구조가 범세계적인 범주와 동일시될 수 있는가의 문제이다. 자오팅양은 선험성과 완전성을 갖춘 세계로서의 천하를 전 지구적인 범주로 설정했다기보다 중국이란 공간에 국한된 범주로 간주했다고 볼 수 있다. 만약 그렇지 않다면, 선험성과 완전성을 구비한 이 천하를 어떤 경로와 방법을 통해 확보할 수 있는가의 문제가 곧바로 제기될 수밖에 없다. 후자의 천하 개념은 통일성과 교화를 우선시한다는 점에서 다분히 국가주의적 성향과 중첩되고 있다. 다원적 요소의 소통이나 타자와의 교섭을 통한 상호 학습이 아닌, 통일성 속에서의 조화와 나를 중심으로 타자를 변화시킨다는 주장은 근대 시기 이래로 중국에서 통용되었던 다원일체격국의 사유와 별반 차이가 없다. 이런 주장은 당대 중국이 주장하는 문화민족주의적 내용과 다분히 유사하다고 볼 수 있다.

이렇게 볼 때 그의 천하체계론이 지니는 사상적 의의는 천하체계 자체의 구조보다는 오히려 당대 사조를 비판했던 홍운탁월법식 부정 논리에서 찾을 수 있다. 심성지학이 아닌 세계담론으로의 회귀, 서체중용이 아닌 중국본위의 사유 찾기, 관용의 철학이 아닌 대도(大度)의 개방성을 주장한 그의 이론은, 마치 1990년대 인문정신론이 그 실체적 개념보다는 그 시대의 '부정역량'으로서 주목받았던 것처럼, 1990년대 사조에 대한 부정역량으로서 천하 개념을 내세웠다는 면에서 도리어 그 가치가 더 주목받을 수 있다.

2. 쉬지린의 신천하주의

쉬지린은 2000년대 들어 '신천하주의'를 표방하기 전, 중국에서 계몽주의를 표방하고 자유주의를 옹호하였던 사상가로 널리 알려진 인물이다. 그는 계몽주의의 입장에서 당대 중국에서 불고 있는 국가주의적 사상 경향을 비판해 왔다. 이런 성향의 그가 최근 중국굴기의 분위기 속에서 대두된 '천하' 담론을 본격적으로 표방한 것에 대해 일각에선 의외의 행보로 간주하는 분위기다.[34] 왜냐하면 일반적으로 '천하' 담론은 중국굴기, 중국모델, 중화제국론 등에 대해 이론적 동의를 전제한다고 보기 때문이다. 그러나 이와 다르게 '신천하주의'는 중국모델론 등에 대해 비판의 대립각을 세우는 지평 위에서 구축되고 있다.

당대 세계에 대한 쉬지린의 인식은 그의 천하사상이 지닌 이론적 차별성을 잘 보여 준다. 중국굴기와 중국모델을 주창하는 자들이 당대 중국을 긍정적으로 묘사하는 경향이 짙다면, 쉬지린은 당대 중국이 지닌 긍정과 부정의 양면을 냉정하게 직시하고 있다. 먼저 그는 오늘날 동아시아에 불고 있는 각국의 민족주의 정서가 충돌의 위험에 직면해 있다고 경고한다. 중국의 굴기는 주변국에게 불안감을 주고 있고 남중국해의 해도(海島) 분쟁은 동아시아에 상당한 위협 요소가 될 수 있다고 말한다. 이러한 충돌의 원인은 동아시아 각국의 민족주의 고조 현상에서 찾을 수 있다. 마치 19세기 당시 유럽의 정세처럼 동아시아에서 국소 전쟁의 가능성이 점차 증가하고 있다는 것이다.[35]

이러한 긴장고조 형국에 대해 쉬지린은 19세기 이래로 세계가 민족국가의 분립으로 발전되어 온 데서 그 원인을 찾고 있다. 민족국가를 형성하는 개념들 즉 국가주권 지상주의, 민족생존의 핵심이익, 육지부터 해양까지 설정된 정밀한 영토경계 등은 전통적 천하주의의 성격과 다른 것들인데, 이 의식이 중국과 동아시아에 깊이 뿌리내리게 된 것이다. 유럽이 두 차례의 세계대전을 겪으면서 피의 교훈을 얻어 국가주의를 약화시키고 유럽연합(EU)을 구축하여 세계주의의 길로 나아간 것과 달리, 오늘날 동아시아 세계는 민족주의, 국가주의가 전에 없이 팽창하였고, 군사충돌도 일촉즉발의 위기에 놓여 있다는 것이다.

---

34 전인갑, 2016, 앞의 책, 366쪽. 백영서는 신천하주의의 한계를 비판했고, 전인갑은 자유주의자들이 신천하주의를 주창하는 것이 흥미롭다고 평했다.

35 許紀霖, 2015a, 앞의 글, 3쪽.

이러한 현실 인식 속에서 쉬지린은 미국 정치학자 루시안 파이(Lucian Pye)가 거론한 바 있는 "중국은 민족국가로 위장한 문명제국이다"라는 명제에 주목한다. 이에 대해 쉬지린은 "오늘의 중국은 사실상 문명제국으로 위장한 민족국가이다"라고 하는 것이 더 어울린다고 말한다. 왜냐하면 중국은 여전히 민족국가의 방식으로 방대한 국가를 다스릴 뿐만 아니라 민족국가지상주의적 사고로 국제사무를 처리하고 이익충돌도 조정하고 있기 때문이다.[36] 루시안 파이가 말한 '민족국가로 위장한 문명제국'이란 명제와 쉬지린이 논한 '문명제국으로 위장한 민족국가'[37]라는 어법은 모두 당대 중국이 지닌 이중성을 지적한 것이고, 상반된 양 측면의 장력 속에 한쪽으로 쉽게 경도될 수 있는 구조적 결함을 논한 것이다.

그러나 다른 한편으로 쉬지린은 당대 중국이 지향하는 노선의 정당성을 말하고 있다. 즉 오늘의 중국은 '헌법애국주의'가 통과되어 법률상으로 다른 민족과 지역의 개인에게 국민으로서의 평등한 신분과 동등한 존중을 부여하였고, 각 민족과 족군(族群, ethnic)상의 개인이 속민신분으로서 갖는 국족(國族)정체성을 강화하였으며, 전통제국에서 군주를 상징부호로 하는 왕조정체성을 근대 민족국가가 헌법을 핵심으로 삼는 국가정체성으로 전환시켰다는 것이다. 또한 전통제국의 다원종교와 치리체제를 본보기로 삼아 유가(儒家)를 한 민족의 문화정체성 코드로 삼

---

36 許紀霖, 2015a, 위의 글, 17쪽.
37 쉬지린은 고대시기 존재했던 가국(家國)일체의 구조가 근대시기 이후 가(家)와 국(國)의 분리, 그리고 국(國)과 '천하(天下)'의 분리가 일어났고, 결과적으로 근대적 개인은 '가국'의 네트워크에서 이탈하여 국가와 연계된 국민(國民)이 되었다고 말한다 (許紀霖, 2015b, 「現代中國的家國天下與自我認同」, 『復旦學報』, 49쪽).

았으며, 각 소수민족의 종교, 언어, 문화의 독특성을 보호하고, 그들이 소수 족군으로서 갖는 집체적 권리를 인정하고 제도적으로 보장을 해 주었다는 것이다.[38] 이러한 긍정어법은 사실상 고대 중국이 지녔던 천하주의적 경험이 오늘날에도 적용되고 있음을 말하려는 것이다.

이러한 쉬지린의 긍정과 부정의 이중어법은 사실상 오늘의 중국이 지니는 불안과 희망의 두 얼굴을 입체적으로 조명하고 있다. 그렇다면 이 불안과 희망의 교차적 불안정성은 어디에서 기원하는가? 쉬지린은 그 원인을 중국 민족구성의 다원성과 동일성 간의 내재적 긴장에서 찾고 있는데, 곧 "청제국이 왕조정체성에 힘입어 중국을 세운 '일체(一體)'의 방식은 민족국가의 시대에는 적용될 수 없다. 오늘날 중국은 동일성을 갖춘 민족국가를 필요로 한다. 다원성과 동일성 간에 존재하는 내재적 긴장은 당대의 다민족국가들이 맞닥뜨린 공통적인 곤경이다"라는 것이다.[39] 자유주의 성향을 지녔던 쉬지린은 정치적 이데올로기로 당대 중국의 문제를 해결하는 데 한계가 있음을 일찌감치 감지하고 있었다. '보편적인 지방자치'나 '연방제' 등의 시행만으로는 중국이 직면한 민족 문제를 해결할 수 없다는 것이다. 동서고금을 막론하고 고도로 중앙집권을 이룬 국가들은 일단 민주화 과정에 돌입하면 중앙권력이 약해짐에 따라, 오랫동안 압박을 받았던 변강민족이 뛰쳐나와 독립을 요구하면서 통일국가는 해체의 위기에 직면하곤 하였다. 쉬지린은 중국이 처한 현실에 대해 다음과 같은 화두를 던지고 있다.

---

38 許紀霖, 2015a, 앞의 글, 16쪽.
39 許紀霖, 2015a, 위의 글, 16쪽.

그렇다면 어떻게 민주화를 추진하면서 동시에 민족분리주의가 초래한 국가 해체를 방지하고 나아가 소수민족의 문화 및 정치의 자치권을 구현할 수 있을까? 분명한 건 경제·정치·문화의 일체화를 지나치게 강조한 민족국가 일체화의 치리모델로는 이러한 난제를 풀어내기 어려울 것이고, 오히려 전통제국의 다원종교와 치리체제의 성공적 경험이 우리에게 역사적인 지혜와 계시를 줄 수 있다.[40]

민족국가의 도식을 그대로 밀고 나가는 것으로는 중국의 미래를 보장할 수 없으며, 그 해답의 열쇠를 오히려 고대 중국의 제국질서에서 찾아야 한다는 것이 '신천하주의'의 출발점이 된다. 그는 중화제국이 보유했던 '다원종교'와 '치리체제'가 중국의 미래를 제시할 수 있는 하나의 열쇠가 될 수 있다고 보았다.

그렇다면 고대 중국에 존재했던 '천하주의(天下主義)'란 무엇인가? 쉬지린은 이를 "중국의 문명전통 속에 존재하는 이상적인 문명질서이자 중원을 중심으로 하는 세계공간의 상상"이라고 정의한다. 중국의 문명은 본래적으로 민족주의가 아니라 천하주의였다. 천하는 보편적이고 휴머니즘적이기 때문에 특정 민족이나 국가에 귀속될 수 없다. 그것은 야스퍼스가 말한 축 문명이나 기독교문명 혹은 고대 그리스-로마문명과 같은 것으로, 모든 인류의 세계적 관심을 자기 출발점으로 삼고 인류의 가치로 자신을 가늠하는 것이다. 고대 천하주의는 보편적 가치 외에 지리공간적인 함의도 지니는데, 곧 중원을 중심으로 한 '차서격국(次序格局)'을 말한다. 천하는 세 개의 동심원 구조로 이루어져 있다. 중심에서

40　許紀霖, 2015a, 위의 글, 16쪽.

변방까지 한 개의 동심원이고, 그 다음은 내권의 교화 그리고 외권의 교화에 이르기까지, 고대 천하주의는 화하(華夏)를 중심으로 삼고 만이(蠻夷)가 중앙에 신복(臣服)하는 세 개의 동심원 체제로 구성되어 있다.⁴¹

쉬지린은 고대 천하주의로부터 개별 국가의 이념을 넘어서는 보편가치의 단초를 찾고자 했고, 동시에 보편적 가치를 지탱하는 어떤 지리공간적 함의를 발견하고자 했다. 현대적 용어로 말하면 전자는 하나의 '세계정신'을 찾는 문제이고, 후자는 개별 국가의 한계를 넘어서는 새로운 차원의 '천하공간'을 기획하는 문제이다.

이러한 문제의식 속에서 그는 고대 천하주의와 구별되는 '신천하주의(新天下主義)'를 주장한다. 신천하주의는 다음과 같은 특징을 갖는다.

첫째, 신천하주의는 '보편문명'을 기반으로 하는 '세계정신'을 지향한다. 만약 오늘날 중국의 목표가 일개 민족국가를 건설하는 데 머물지 않고 전 지구적인 사업에 영향을 끼치는 문명대국의 건설에 있다면, 그 언행과 실천은 반드시 보편문명을 출발점으로 삼아야 한다. 다시 말해 중국에서 통용되는 '좋은' 가치에 관계된 것이라면, 그것은 모든 인류에게도 보편적으로 '좋은' 것이어야 하다는 사유를 전제로 한다. 과거 철학자 헤겔이 말한 바 있는 '세계정신'을 짊어진 세계 민족의 입장에서 오늘의 중국도 세계의 문제에 책임을 지고 '세계정신'을 전승해야 한다는 것이다. '신천하주의'는 이 '세계정신'이 보편적 가치형태로 드러난 것이다.⁴²

쉬지린은 보편문명 수립을 통해 신천하주의를 건설하는 하나의 가능

41　許紀霖, 2015a, 위의 글, 16쪽.
42　許紀霖, 2015a, 위의 글, 6쪽.

성을 유럽공동체(EU)에서 찾고 있다. 유럽공동체의 수립은 그 이면에 이중적 가치의 보편성을 담고 있는데, 하나는 역사적으로 공유해 온 기독교 문명이고, 다른 하나는 근대 이후 지속된 계몽의 가치이다. 만약 기독교 문명과 보편적인 계몽 가치가 없었다면 오늘날 하나의 안정된 유럽공동체의 출범을 상상할 수 없다는 것이다.[43]

둘째, 신천하주의는 세계의 중심을 제거하고 등급을 없애는 방법을 추구한다. '신천하주의'의 '신(新)'은 민족국가의 주권평등의 원칙에 가입함을 의미한다. 고대 천하주의가 중국을 중심으로 하는 동심원구조를 이루었다면, 신천하주의 질서 속에는 중심은 없고 독립과 평등을 상호 존중하는 민족과 국가만이 존재하므로 지배와 피노역, 보호와 복종 등의 등급적 권력서열이 없고, 권력을 제거하고 제재를 없앤 평화의 세계만이 존재한다. 이로써 화화와 만이의 구분도 없고 주체와 객체의 구별도 없어지게 된다. 이렇게 볼 때 신천하주의는 고대 천하주의와 민족국가의 층위를 모두 초극함을 의미한다. 이는 곧 중국중심주의를 초극하여 새로운 차원의 보편주의적 속성을 담지하고, 동시에 민족국가의 주권평등원칙을 흡수하고 민족국가의 편협한 이익지상주의를 극복하여 보편주의로써 특수주의와 균형을 잡아 가는 것이다.[44]

중심을 제거하고 등급을 없애는 차원의 신천하주의는 고대 천하주의를 극복하고 민족국가의 한계를 넘어서는 것으로, 이를 달리 말하면 고대 역사의 자원 속에서 되살려야 할 것을 계승하고 동시에 현대 민족국가의 문제를 해소하는 것을 의미한다. 즉 신천하주의는 역사를 계승하

43　許紀霖, 2015a, 위의 글, 23쪽.
44　許紀霖, 2015a, 위의 글, 7-8쪽.

면서 동시에 초극하는 새로운 보편주의적 방안인 것이다. 이 방안은 제국전통으로부터 발전되어 나왔기 때문에 동일성과 보편성의 문화 특징을 함께 지니며, 동시에 제국의 중심화 및 등급화를 제거하고 그 내부에 존재하는 다원종교, 다원체제, 다원문화를 보존하는 것이다. 따라서 신천하주의는 제국화를 제거한 제국의 출현이자 내부적으로는 평등한, 민족과 국가를 초월하는 공동체를 지향한다.[45]

셋째, 신천하주의는 보편문명의 기초 위에서 이른바 '공향(共享)의 보편성', 즉 각 공동체가 함께 향유하는 보편성 수립을 목표로 한다. 중심을 제거하고 등급을 없애는 것이 신천하주의의 소극적인 면이라면, 새로운 천하의 보편성을 세우는 것은 신천하주의의 궁극적인 목표이다. 이 새로운 보편성의 수립이 바로 '공향(共享)의 보편성'이다. 고대 '축 문명'이 추구했던 역사적 경험과는 달리 '공향의 보편성'은 어떤 특정 민족의 특수성에서 발로한 것이 아니라 다수의 특수성에 기반한다. 따라서 이것은 고대 중국 천하주의가 지닌 초월적 성격을 드러내지 않을 뿐더러 천명, 신의 뜻, 도덕형이상학 등과 같은 어떤 보증어음도 필요치 않는다. 이 '공향의 보편성'은 첸용상(錢永祥)이 말한 바 있듯이 '타자를 인정하는 보편성'이다. 각종 상이한 문명, 문화, 민족, 국가 간에는 어떤 지배적 문명이 존재하지 않고 각 문명이 지니는 특수성도 무시되지 않는다. 문명 간 대화를 도모하고 대등한 독려 속에서 함께 누릴 수 있는 보편을 찾는다.[46] 쉬지린은 이러한 '공향의 보편성'이 현실 속에서 일종의 '중첩적 합의(overlapping consensus)'의 양태로 드러날 수 있다고

---

[45] 許紀霖, 2015a, 위의 글, 24쪽.
[46] 許紀霖, 2015a, 위의 글, 8-11쪽.

말한다.⁴⁷ 중첩적 합의는 현대 자유주의자 존 롤스가 언급했던 정치철학 개념인데, 쉬지린은 이 개념을 타자를 인정하고 더불어 향유하는 하나의 사유모델로 이해한다.

'공향의 보편성', '중첩적 합의', '타자 인정의 보편성'을 추구하기 위해서는 근대국가로 접어든 오늘의 지평에서, 다시금 고대 천하주의가 가졌던 가치와 방법에 주목해야 한다는 것이다. 그중의 하나가 조공체제이다. 조공체제의 우월성은 그 소프트파워(軟實力)적인 특징에 있다. 전통적인 중화제국이 만국으로부터 조공을 불러들였던 성대함에 비추어 볼 때, 그 매력은 선진문명과 그 제도에 이끌림인데, 이것이 곧 한 국가의 소프트파워이다. 조공체제의 또 다른 특징은 복합적인 네트워크로 볼 수 있다. 쉬지린은 동아시아의 운명공동체가 15세기에서 18세기에 이르기까지 동아시아의 조공네트워크에 의존했던 역사적 경험에 주목한다. 이 네트워크는 신천하주의의 지평 위에서도 여전히 적용 가능한데, 예를 들면 그것이 지닌 윤리, 정치 및 무역교류의 네트워크는 유럽 제국주의가 구사했던 착취와 피착취로 점철된 재제(宰制) 방식과는 달랐고, 국가 간의 상호 호혜와 상호 이익을 중시하여, 상업상의 '이익'뿐만 아니라 윤리적 의미가 담긴 '도의'를 준수했기 때문에, 이로부터 동아시아의 운명공동체를 형성하게 되었다는 것이다.⁴⁸

신천하주의는 쉬지린의 사상 경향을 입체적으로 드러내고 있다. 그는 민족국가의 팽창을 통한 강대국의 모색보다는 보편문명에 기초한 세계주의에 중국의 미래 명운을 걸고 있다. 또한 중국모델로써 서방모델을

---

47 許紀霖, 2015a, 위의 글, 10쪽.
48 許紀霖, 2015a, 위의 글, 19쪽.

〈표 5〉 쉬지린의 신천하주의

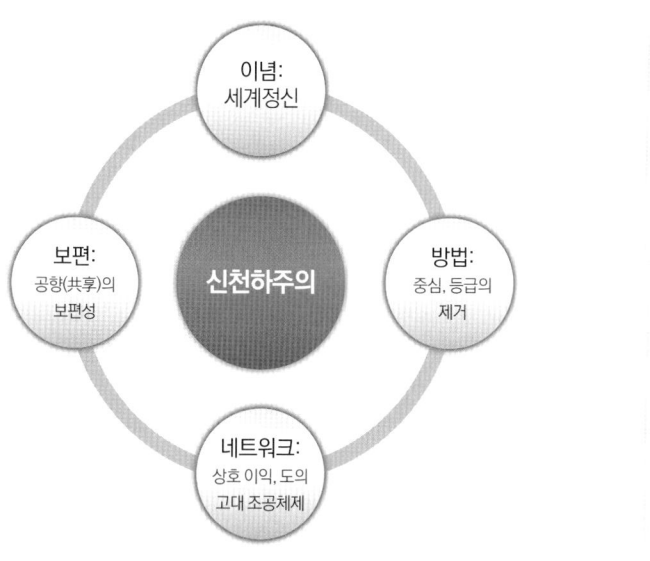

대체하자는 사유방식을 지양하고, 전 세계가 하나의 운명공동체가 되기 위해서는 먼저 중국이 자발적으로 중심을 제거하고 등급을 없애는 노력이 수반되어야 함을 강조한다. 그리고 이를 위해 오늘 중국에 필요한 것은 현대 정치이론이 아니라 오히려 고대 중화제국의 역사적 노하우라고 말하고 있다.

그는 민족국가의 이념과 천하주의의 사유를 대립적으로 설정하면서 결론적으로 이렇게 말한다.

이 전통제국이 보여 준 천하주의의 지혜가 오늘날 우리에게 주는 계시는 다음과 같다. 즉 지나치게 단일하고 균일한 형태의 민족국가적 사유로는 대내적으로 변강과 민족의 문제를 해결할 수 없을 뿐더러, 내외적으로도 주변 국가와의 주권 다툼에 아무런 도움이 되지 못할 것이라는 점이다. 민족국가가 동일성에 기초해 사유하는 것 외에 반드시 제국의 풍부한 탄성을 지닌 다양성과 다층체제를 보충하여, 이로써 평형을 이루어야 할 것이다. 이렇게 하여야만 신천하주의의 내부 질서와 외부 질서를 잘 수립할 수 있고, 중화 내부의 각 민족, 그리고 동아시아사회의 각 국가가 병존하고 함께 이익을 누리는 국면을 창조할 수 있을 것이고, 미래의 국제질서에 새로운 보편성을 창조할 수 있을 것이다.[49]

쉬지린은 당대 중국이 이미 민족국가의 규모를 넘어 과거 제국의 위용을 갖추기 시작했다는 사실을 인정하면서, 그 가운데 중국이 걸어가야 할 미래적 방향을 제시하고 있다. 그는 냉정한 눈으로 급성장한 중국에 내장된 위험성과 잠재력을 동시에 직관한다. 그 속에서 민족국가의 규모와 역량을 강화하는 것은 미래 중국이 걸어가야 할 길이 아님을 경고하고 있다.

1990년대 서구의 자유주의를 보편가치로 인정하고 중국에 계몽주의의 확장이 여전히 필요하다고 역설했던 쉬지린은 2000년대 들어서면서 신천하주의를 주장하고 있다. 그의 사상 속에서 계몽의 서사가 여전히 유효하다고 볼 때, 신천하주의는 서구의 보편가치와 중국의 천하주의가 만나는 접점을 찾으려는 이론적 고민으로 이해될 수 있다.

그가 내세운 신천하주의는 거창하고 웅대해 보이지만, 현실정치의 눈으로 들여다보면 막상 어디로부터 이 담론을 착수하고 어떤 경로를 거쳐 이른바 중심을 제거하고 등급을 없애서 국제질서를 확립할 수 있는

---

49 許紀霖, 2015a, 위의 글, 25쪽.

가와 같은 실질적 난관에 봉착하게 된다. 다시 말해 착수의 개시지점과 실제적 실천경로를 밝히지 않은 이론적 모호성이 그가 말한 신보편주의의 맹점이다. 그는 더 이상 고대 기축문명처럼 어떤 고정된 발상지가 필요치 않다고 역설하지만 현실 속에서 우리는 여전히 어떤 착수처를 찾게 되고 국제질서 속의 첨예한 대립과 차별에 맞닥뜨리고 있다. 어쩌면 신천하주의에서 숙제로 남겨놓은 착수처의 모색과 실천경로의 고민은 우리가 풀어 가야 할 현실정치의 몫일지도 모른다. 이 담론이 새로운 도약을 이루려면 이러한 현실적 문제에 대한 구체적 논의가 이루어져야 할 것이다.

3. 왕후이의 신아시아 상상

왕후이의 사상은 앞서 소개한 두 사상가와는 사뭇 다른 성격을 지닌다. 앞의 두 사상가들이 '보편주의'의 문제를 고민하고 그 해답의 길을 모색했다면, 왕후이의 '신아시아 상상'은 서구 제국주의에 대항하는 또는 이를 대체하는 차원에서의 '아시아 지역의 신구상'을 말하고 있다. '보편'을 공통분모로 삼고 미래의 문명세계를 상상한 천하주의자들과 달리, 왕후이는 아시아에서 통용될 수 있는 '정치체제' 또는 '민주모델'의 구축을 상상하고 있다.

'신아시아 상상'의 담론을 이해하기 위해, 우리는 먼저 이 사상이 담지하고 있는 사유의 변천과 분절의 특색을 들여다볼 필요가 있다. 필자가 보기에 그의 사상 변천 속에는 연속성과 불연속성의 이념이 함께 흐르고 있다. 그중 연속성의 이념으로는 마오쩌둥의 '문화대혁명'에 대한 긍정과 '반(反)세계자본주의 체제'라는 일관된 시각을 들 수 있다. 반면 불연속성의 이념으로는 2000년대 이후 중국 '개혁개방의 성과'에 대한 시각 수정과 이로부터 생성된 중국모델론을 들 수 있다.[50] 그의 사상은 1990년대 '비판적 지식인'을 자처하며 신좌파적 시각에서 중국의 개혁개방 정책과 세계자본주의 체제를 맹렬히 비판했던 입장에서, 2000년대 이후 점차 중국 정부의 개혁개방 성과를 인정하고 반(反)서구패권을 지향하는 중국식 국가모델을 승인하는 입장으로 선회하였다. 이러한 사상 변천 속에서 여러 이념, 즉 마오쩌둥식 사회주의의 긍정, 반세계자본주의 체제의 시각, 중국모델론 옹호 등은 그의 사상이 지니는 연속성과 불연속성의 공존 특색을 반영한다.[51]

'신아시아 상상'은 그의 사상적 전환의 도상에서 제기되었다. 다시 말해 '신아시아 상상'은 그의 사상적 이념이 지니는 연속성과 불연속성의 이중주와 대내외적 이론의 분화 과정을 연결하는 주된 고리로서 작용하고 있다. 2002년에 제기된, "아시아의 역사적 기초와 현실적 조건은 어디에 있는 것일까?"라는 물음에 대해 그는 이렇게 말한다.

---

[50] 왕후이, 2011d, 「중국굴기의 경험과 도전」(2010), 최정섭 역, 『황해문화』 71집: 왕후이는 이 논고를 기점으로 개혁개방 노선의 비판적 시각에서 개혁개방 30년의 성과를 인정하고 중국당국 현 체제의 정당성을 인정하는 관점으로 선회하였다(조경란, 2013, 『현대 중국지식인 지도』, 글항아리, 177쪽 참조).

[51] 2000년대 들어 왕후이의 사상은 이데올로기의 대립구도적 사유-세계자본주의 체제와 중국식 사회주의노선의 대립-에서 점차 중국모델론과 신아시아 체제의 모색-중국굴기 시대의 국가체제 모색과 동아시아 지역연대의 구축-에 주안점을 두는 사유로 전환하게 된다. 이 중에서 중국모델론이 중국의 대내적 사안에 주안점을 두었다면, 신아시아 체제는 중국의 대외적 비전을 제시한 이론으로 볼 수 있다. 2008년 베이징 올림픽 이후 중국굴기의 시대 분위기에 편승해 확연하게 달라진 왕후이 사상은, 당대 중국공산당과 정부체제에 친화적인 입장을 띠는 동시에 당대 중국 국가체제가 당면한 문제들에 대해 새로운 시야를 제공하는 이론적 작업에 집중하게 된 것이다(백승욱, 2011, 「중국 지식인은 '중국굴기'를 어떻게 말하는가」, 『황해문화』 72집, 310쪽; 조경란, 2013, 위의 책, 177쪽 참조).

첫째, 아시아주의는 결국 상이한 형식의 민족주의와 밀접히 관계되어 있다. 신자유주의 세계화에 대한 저항이라는 맥락에서도, 아시아 상상은 민족국가 상상의 일부분이기 마련이다.

둘째, 아시아 상상은 두 가지 확연히 상반되는 방향을 가지고 있었다. 일본의 '대동아공영권'을 중심으로 하는 식민주의 아시아관과 아시아 민족해방운동과 사회주의운동을 중심으로 하는 사회혁명적 아시아관이다.

셋째, 아시아 범주가 자본주의와 식민주의가 전통적 관계를 재구성한 결과라면 식민과 냉전의 부정적 결과라는 새로운 아시아 상상을 어떻게 대하고 처리해야 할 것인가.

넷째, 아시아 상상은 해양과 대륙 관계의 역사적 변화와 연계되어 있다. 즉 조공, 전쟁, 이주, 무역 및 종교적 왕래를 막론하고, 전통적 지역 관계는 아시아 대륙의 남과 북, 동과 서의 상호작용을 발판으로 삼는다.

다섯째, 아시아구상이 민족국가를 초월하는 사회공동체에 대한 상상이라면, 이는 또한 역사적 되돌림, 즉 일종의 초민족국가 상상을 이용하여 민족국가를 중심으로 하는 19세기의 초(超)제국 또는 반(反)제국 상상을 대체하는 것이다.[52]

이로써 볼 때, 왕후이의 '아시아' 개념 속에는 '중국의 민족주의', '아시아 민족해방운동과 사회주의운동', '자본주의와 식민주의', '동아시아 해양과 대륙의 역사', '초민족국가적 상상'의 이념들이 중첩되어 있다. 다시 말해 '아시아' 개념은 민족주의와 초민족국가라는 이중성의 문제, 자본주의로부터 배태된 식민주의 극복의 문제, 고대 동아시아 국제질서를 재

---

52 왕후이, 2003, 앞의 글(2002), 180-181쪽.

해석하는 문제, 19세기에 등장했던 초제국 상상을 대체하는 이론의 구축 등에 답해야 하는 과제를 안고 있다.

필자가 살펴본 바로는, 왕후이가 제기한 '신아시아 상상'은 당대 아시아 개념에 대한 정확한 인식, 고대 중화제국의 의미 발굴, 미래 초민족국가 체제의 상상이라는 시공간적 3요소가 선순환 구조로 연계되어 있다. 다시 말해 상상의 구축은 아시아 개념에 대한 현실을 직시하고, 이를 극복하기 위한 자원으로서 고대 중화제국의 유산을 활용하고, 이 역사적 계시를 바탕으로 미래의 신아시아 질서를 구축하는, 세 영역의 순환에 의해 지지된다.

왕후이는 먼저 이 세 영역 중의 하나인 당대 '아시아' 개념의 성격을 여러 각도에서 조명하고 있다.

첫째, 그는 '전통제국과 민족국가'라는 이중정체성에 주목한다. 근대 아시아 개념을 제대로 규명하려면 고대 제국의 유산이 어떻게 민족국가로 전환되고 근대화되었는지를 따져보아야 한다는 것이다. 근대 아시아 역사는 고대 제국의 요소와 민족국가의 수립이 중첩되었던 시기를 경험하였다. 청조인 중화제국과 한국, 일본을 포함하는 주변국 간에는 기존 질서가 붕괴되고 민족국가로 전환되는 중첩의 과정이 존재했는데, "아시아 지역의 근대 민족주의와 현대화 기획은 유럽 식민주의의 산물이 아니라 아시아사회 내부의 중심과 주변 관계의 결과이다"라는 시각에서 바라볼 수 있다는 것이다.[53] 마찬가지로 청조의 이중정체성도 이 시각에서 조명할 수 있는데, 청조는 민족상황이 복잡한 제국이자 국가제도가 극도로 발달한 정치적 실체로 볼 수 있다. 따라서 만약 유럽 역사의 경험

---

[53] 왕후이, 2003, 위의 글, 197쪽.

을 그대로 따라 국가와 제국, 조약과 조공을 단순한 대립관계로 놓고 청대사회를 이해하면, 역사 속에서 제국건설과 국가건설이 상호 중첩하는 과정을 놓치게 된다는 것이다.[54] 왕후이는 당대 '티베트 문제'도 이러한 시야에서 바라봐야 한다고 주장한다. 즉 국가와 제국 또는 조약과 조공의 시각을 포괄적으로 이해하지 않으면 서구편향적 시각으로 경도될 수밖에 없다는 것이다.

둘째, 왕후이는 당대 아시아 개념을 '민족국가와 시장관계의 발전' 맥락에서 조명하고 있다. 아시아 개념은 '근대성(modernity)' 문제 혹은 '자본주의' 문제와 밀접한 관련이 있으며, 이 '근대' 문제의 핵심은 민족국가와 시장관계의 발전 시각에서 이해해야 한다는 것이다. 결국 이 개념은 자본주의적 시장요소가 어떻게 국가 혹은 초국가와 연결되었는가의 문제와 직결되므로, 아시아 개념 중에 '자본주의의 발전과 위기'에 대한 요소를 무시하면 개념 자체가 성립되지 않는다는 점이 강조된다.[55] 근대시기 서구에서 발원한 제국 이론은 개념상 차이가 있을 수 있지만, 대체로 전 지구적 시장일체화라는 전제를 지니고, 세계화 과정의 불균형 발전을 부정적인 전체로 간주하며, 주권범주를 초월하는 간섭의 원칙을 기본 특징으로 삼는다는 것이다. 대영제국이 시장무역의 대표적인 산물이라면 미국은 신자유주의 세계질서를 유지하는 수호신으로 간주된다. 오늘날 미국은 유일하게 외부를 가지지 않는 보편 질서이고, 이로부터 제국의 일방주의가 도출되는데, 이 일방주의가 곧 전 지구적 세계일체화주의라고 말할 수 있다.[56]

---

54 왕후이, 2003, 위의 글, 203쪽.
55 왕후이, 2003, 위의 글, 219쪽.

셋째, 아시아 개념은 이 지역에서 흥기한 민족주의운동과 밀접한 관계가 있다. 왕후이는 아시아 지역의 주권수립 과정이 현재진행형이라는 사실에 주목한다. 예를 들면 한반도, 타이완 해협의 대치 국면, 전후 일본의 불완전한 주권국가 형식은 모두 19세기에 시작된 민족주의의 진행과정이 오늘에도 여전히 이 지역에서 주요한 한 축을 구성한다는 것이다. 따라서 새로운 아시아 국가의 관계 구축은 오직 민족해방의 역사적 기초 위에서만, 즉 평등한 주권의 상호 존중 위에서만 협력관계의 제도적 틀과 공동통치의 사회적 틀을 형성할 수 있다고 말한다.[57] 또한 이 아시아 개념은 민족주의와 사회주의를 결합하는 특징을 갖는데, 아시아 상상이 함축하는 이론적 전제는 식민주의, 냉전시대와 전 지구적 질서에 공통적으로 존재하는 종속적 지위로부터 나오며, 아시아사회의 민족자결운동, 사회주의운동 그리고 식민지해방운동에서 나온다는 것이다.[58] 따라서 이를 극복하는 새로운 아시아 상상은 20세기 민족해방운동과 사회주의운동의 목표와 과제를 뛰어넘어야 하며, 이들 운동이 해결할 수 없었던 역사적 과제를 탐색하고 반성하는 것과 연관된다.[59]

넷째, 아시아 개념은 어떤 단일한 문화형식으로 설명될 수 없다. 여타 학자들이 고대 중화제국을 구성했던 공통분모로서 유교문명에 주목했

---

[56] 왕후이, 2003, 위의 글, 174-176쪽.
[57] 왕후이, 2003, 위의 글, 220쪽.
[58] 일본의 가라타니 고진(柄谷行人)은 왕후이의 영향을 받아 중국이 제국으로 성장해야 하는 당위성을 역설하였다. 그는 자본=민족=국가로 구성된 근대사회가 지속될 수 없다고 진단하며, 이를 뛰어넘는 제국의 재구축이 필요하다고 보았다. 그리고 중화제국의 재구축을 위한 조건으로 경제발전과 사회주의적 평등을 내세웠다(조경란, 2016, 「중국은 '제국의 원리'를 제공할 수 있는가?」, 『역사비평』 116호, 328-331쪽).
[59] 왕후이, 2003, 앞의 글, 224쪽.

던 것과는 달리, 왕후이는 유교주의적 아시아관으로는 중국의 문화적 구성조차 설명할 수 없다고 말한다. 그 대신 하나의 범주적 총체성으로서의 아시아론을 논하면서, 이를 유럽과 대비적인 관계로 설정한다. 이 총체성 범주는 온갖 이질적인 문화와 종교, 사회적 요소가 포함되는데, 예를 들어 불교, 유태교, 기독교, 힌두교, 이슬람교, 시크교, 도교, 조로아스터교, 유교 등은 모두 우리가 아시아라고 부르는 대륙에서 기원했다.[60] 따라서 유교라는 단일문명에 초점을 맞출 것이 아니라 동아시아를 아울렀던 '조공체제'에 초점을 맞출 필요가 있다고 본다. 이 조공체제는 유학, 한자문화 혹은 동일한 종교적 신앙과 반드시 중첩되는 것은 아니고, 심지어 중앙아시아와 히말라야 지역에도 존재했던 광대한 네크워크로 볼 수 있다.[61] 이것을 중국의 지역, 사회, 국가 및 이들 간의 관계를 설명하는 개념으로 말하면 이른바 '복합체제사회(跨體系社會)'로 명명할 수 있다. '복합체제사회' 이론은 중국역사를 하나의 '문화' 또는 '문명'의 시각에서 정의하지 않고 일상생활, 습속, 신앙, 가치, 예의, 기호 그리고 정치체제의 종합체로 이해하고 있다. 따라서 이 시각으로부터 기존에 유교사상에 편중되었던 시각은 유교, 티베트불교, 이슬람문화 등을 하나의 '체제'로 종합하는, 그리고 문화적 경계와 정치적 경계를 통합하는 시각으로 수정된다.[62]

왕후이는 당대 아시아 개념이 지니는 다층적 의미를 파악하고, 이로부터 파생되는 다양한 문제를 해결하기 위해, 고대 중화제국의 치리경험

---

60 왕후이, 2003, 위의 글, 221쪽.
61 왕후이, 2011a, 「서문: 중국과 그 근대를 어떻게 해석할 것인가」, 『아시아는 세계다』, 글항아리, 17쪽.
62 왕후이, 2011a, 위의 글, 12-13쪽.

에 눈을 돌리고 있다. 이 내용은 대체로 '왕도문화'와 '조공제도'로 압축된다. '왕도문화'는 쑨원(孫文)이 말한 것으로, 패도문화와 대립되는 개념이다. 왕후이는 쑨원의 '왕도문화'에서 서구 제국주의와 구별되는 아시아적 개념의 가치를 발견하고 있다. 쑨원의 '대아시아주의'는 사실상 아시아 개념을 '왕도'의 개념과 결합한 것으로 본다. 쑨원은 이 개념을 통해 당시 제국문화 속에서 다원주의와 민족국가라는 새로운 형태의 관계를 결합하여 제국주의의 식민정책과 민족국가의 고도의 문화동질화 경향을 저지하고자 했다. 즉 왕도의 문화는 "피압박민족을 위해 불평등을 타파하는 것"이고, "패도의 문화에 모반하는 것이며, 모든 민중의 평등과 해방을 추구하는 문화이다"라는 것이다.[63] 이 '대아시아주의'는 민족자결권을 통해 제국주의를 뛰어넘으려는 구상인 동시에 인종, 문화, 종교, 신앙의 단일성을 뛰어넘는 일종의 다원민족주의라고 보는 것이다.[64]

이 아시아 개념이 지니는 내재적 통일성은 유교와 같은 단일문화로 구성되는 것이 아니라 서로 다른 종교, 신앙, 민족, 사회를 함께 아우르는 일종의 정치문화(政治文化, political culture)로 이해된다.[65] 민족자결의 시각에서 볼 때 다원주의와 민족국가가 결합된 왕도문화의 구성체는 민족주의와 사회주의의 결합체로 발전되는 여지를 지닌다고 왕후이는 강조한다. 이 민족자결의 명제는 민족주의와 사회주의의 결합체로서, 한편으로는 자본주의 발전의 선결 조건으로서의 민족국가를 건설하고, 다

---

63 왕후이, 2003, 앞의 글, 190쪽.
64 왕후이, 2011b, 「아시아에 대한 상상의 정치학」(2010), 『아시아는 세계다』, 글항아리, 65쪽.
65 왕후이, 2003, 앞의 글, 188쪽.

른 한편으로는 이 국가건설이 사회혁명의 형식으로 전통적인 제국 관계를 개조하는 과정과 함께 진행된다는 것이다.[66] 이렇듯 쑨원의 아시아 개념은 다원문화개념과 다원민족주의를 포괄하는 일종의 정치문화이고, 전통적인 제국 관계를 개조하는 차원에서 민족주의와 사회주의를 결합하는 특징을 지닌다.

또한 쑨원은 '왕도문화' 구현을 위한 단초를 고대 중화제국의 '조공모델'에서 찾았다. 쑨원은 이 조공모델 속에 문화민족 및 종교에 대한 다원적 상호인정이 포함되고, 제국주의 정치를 초월하는 문화적 자원을 발견할 수 있다고 믿었다.[67] 왕후이는 하마시다 다케시(浜下武志)와 쑨꺼(孫歌)의 이론을 인용하면서 근대시기 동아시아에는 서양적 의미의 근대국가가 존재하지 않았고 이를 대신하는 조공체제가 존재했다고 말한다. 중화문명을 중심으로 하는 조공네트워크를 통해 동아시아, 동남아시아, 남아시아, 서아시아는 조공 또는 무역의 방식으로 하나의 질서 있는 지역을 구성하였다. 그것은 유럽의 근대와는 확연히 다른 내재적 논리를 갖추었는데, 이것이 곧 '국가'에 대응하는 '중심-주변'이라는 지역 메커니즘과 이에 상응하는 조공-책봉관계라는 것이다.[68]

왕후이는 '왕도문화', '정치문화', '조공모델'로 대표되는 고대 중화제국의 계시를 바탕으로, 나아가 미래담론으로서의 신아시아 상상을 기획하고 있다. 그는 고대 제국의 경험을 살려 당대(當代) 아시아 질서를 새롭게 설명하려는 의도에서 '복합체제사회(跨體系社會)' 이론을 피력했고,

---

66 왕후이, 2011b, 앞의 글, 75쪽.
67 왕후이, 2003, 앞의 글, 189쪽.
68 왕후이, 2003, 위의 글, 202쪽.

이와 함께 서구와 첨예하게 대립하고 있는 티베트 문제를 새롭게 조명하기 위해 청조(清朝)의 '이중정체성' 문제를 제기하였다.

왕후이는 새로운 아시아 상상이 지향하는 두 가지 방향에 대해 이렇게 말한다.

> 하나는 아시아 내부의 문화공존적 제도경험을 취하여 민족국가 범위 내에서 그리고 아시아 지역 내부에서 상이한 문화, 종교 및 민족의 평등을 구현할 수 있는 새로운 형태의 민주적 모델을 발전시키는 것이다. 둘은 지역적 연계를 매개체로 하여, 다층적, 개방적 사회조직을 형성하여 경제발전에 협력하고 이익충돌을 없애며 민족국가 체제의 위험성을 약화시키는 것이다.[69]

앞서 그가 쑨원의 왕도문화를 논할 때 제시했던 '정치문화'는 여기서 말하는 '새로운 형태의 민주모델'과 다르지 않다. 이 '민주모델'은 아시아 지역에서 상이한 문화, 종교의 문제들을 해소하고 민족의 평등을 구현할 수 있는 일종의 정치체제이자 지역연맹을 의미한다. 이것은 근대 자본주의의 역사적 산물을 뛰어넘을 수 있는 일종의 사회 또는 문화적 형태로서, 이른바 '복합체제사회'로 바꾸어 말할 수 있다. 이 개념은 서로 다른 문화, 종족 집단, 지역이 교류, 전파, 병존하면서 상호 연관하는 사회 및 문화 형태이다.[70] 이 '복합체제사회'는 정치체제와 정치문화를 모두 포괄하는 복합개념이다.

69　왕후이, 2003, 위의 글, 222쪽.
70　왕후이, 2011a, 앞의 글, 9쪽.

중국 역사에서 문화적 경계와 정치적 경계의 종합과 통일을 논할 때 반드시 '문화' 또는 '문명'을 새롭게 정의-문화를 종교, 언어, 종족집단 혹은 그 밖의 단일한 요소로 정의하지 않고 '복합체제사회'의 일상생활, 습속, 신앙, 가치, 예의, 기호 그리고 정치체제의 종합체로 보는 것-해야 한다. 이런 의미에서 유교사상보다는 유교전통과 티베트불교 그리고 이슬람문화 등의 '체계'를 하나로 종합할 수 있는 정치문화가 중국의 문화적 경계와 정치적 경계의 통일성을 구축했다고 보는 것이 더 적절할 것이다. … 복합체제사회에서 문화는 필연적으로 정치적이다. 유교에 대해서 말하자면 정치는 곧 예교의 활동과 과정이고 유교의 가장 좋은 기능은 공통된 (그리고 조화되면서도 다른) 세계를 창조하는 것이다.[71]

왕후이가 말하는 '복합체제사회'는 어떤 단일한 문화로 가늠될 수 있는 문화공동체가 아니고 세계자본주의 체제에 순응하면서 어떤 경제적 활동으로 수렴되는 초국적기업도 아니다. 그것은 여러 체제(system)가 상호 연관되면서 일종의 사회적 네트워크를 형성하는 정치체제이자 정치문화이다. 따라서 '복합체제사회'는 상이한 체제와 체제 사이에 형성되는 운동의 동태성이 부각되며, 이 속에서 각 체계가 상호 침투하고 자기정체성이 고립되지 않는 특성을 유지한다는 것이다. 또한 그것은 내부에 끊임없이 생성되는 '정치문화'에 의존하는데, 이는 각종 체제의 요소들을 끊임없이 변동하는 관계 속에서 종합하는 특성을 띤다.[72] 이렇듯 정치문화와 정치체제의 특성이 부각되는 '복합체제사회'는 각종 문화적,

---

71 왕후이, 2011a, 위의 글, 12-13쪽.
72 왕후이, 2011a, 위의 글, 14쪽.

정치적 요소가 경제역량에 통섭되는 세계자본주의 네트워크의 활동과 뚜렷하게 대비된다는 것이다.[73]

왕후이에 따르면, 복합체제사회는 과거에도 존재했고 오늘날도 적용 가능한 해법을 제시한다. 고대 중화제국에서 시행되었던 조공네트워크는 복합체제사회의 한 모델로 볼 수 있다. 왕후이는 바로 이 시각에서 오늘의 티베트 문제를 바라보고 있다. 그에 따르면 티베트에 대한 기존의 인식은 서구적 시각에 편중되어 있었다. 티베트와 중화제국의 관계는 반드시 조공제도의 관점에서 재조명되어야 한다는 것이다. 근대시기 청조와 제국열강이 체결한 불평등 조약으로 인해 티베트와 중화제국에 유지되었던 정치적 예속관계는 그 규칙이 급변할 수밖에 없었고, 이 와중에 전통적인 다중적 조공관계는 민족국가 관계로 전환되었다는 것이다. 그것은 곧 '복합체제사회'의 질서가 깨지고 민족국가의 주권적 승인관계로 넘어감을 의미한다. 왕후이는 이 규칙의 전환을 제대로 파악해야만 1950년대 이후 전개된 중국의 티베트 정책을 제대로 이해할 수 있다고 말한다.[74] 그리고 1950년대 이후 티베트 사회에 대한 개조 역시 사회주의국가의 개혁과 자본주의시장화 개혁을 분리해서 고찰해야 한다고 주장하고 있다.[75]

---

73 왕후이, 2011a, 위의 글, 9쪽.
74 왕후이, 2011c, 「동양과 서양, 그 사이의 '티베트 문제'」, 『아시아는 세계다』, 글항아리, 204-205쪽.
75 왕후이, 2011c, 위의 글, 243쪽: "사회주의 국가가 티베트 종교사회의 정교합일 체제를 변화시키는 과정이 급진적인 세속화 과정이라면 시장화 개혁은 더욱 급진적인 세속화 과정이다. 이 두 과정의 주된 차이는 다음과 같다. 전자는 정교분리를 추진하는 과정에서 티베트 사회의 정치·경제 구조와 계급 관계를 개조했을 뿐 아니라 티베트인에게는 준종교적 가치체계(정치와 신앙의 새로운 합일 형태)를 창조했다. 그러나 후자는 그와는 정반대이다. 후자는 경제와 시장의 역량으로 사회주의 시기의 가치

〈표 6〉 왕후이의 신아시아 상상

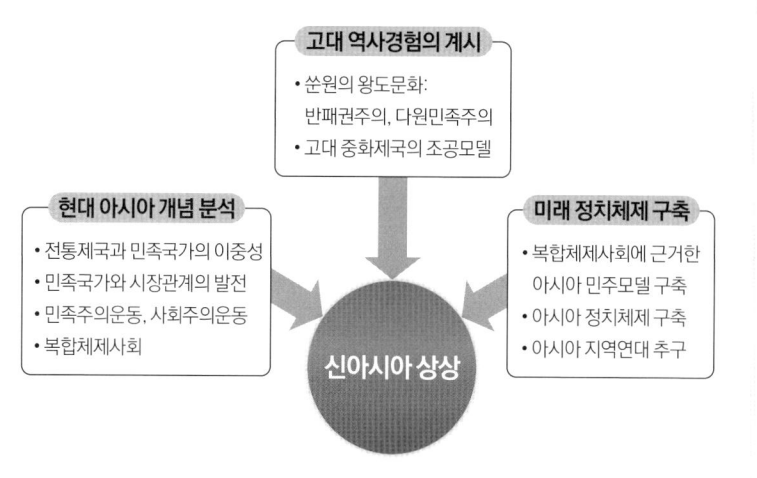

 이상으로 왕후이가 말한 신아시아 상상의 사상적 면모를 살펴보았다. 그의 신아시아론은 전 지구적 보편모델이 아닌 아시아모델을 상상하고, 보편문명의 요소보다는 현실적인 정치체제를 논했다는 점에서, 자오팅양 혹은 쉬지린의 사상과 구별된다. 그의 미래 상상 담론은 사회주의 전통 고수, 서구근대성에 대한 안티테제, 동아시아 지역연대, 아시아의 신정치체제 구축이라는 여러 지반이 함께 결합되어 형성되었다.
 구체적으로 그의 사상적 얼개는 대내적 시각과 대외적 비전의 두 영역이 중첩되어 형성되어 있다. 후자는 국제질서를 재기획하고 반(反)서구적 이론을 확립하는 특징을 지니고, 전자는 2009년 이후 점차 중국모델론으로 귀결되는 사상경향을 보인다. 그의 사상구도가 2009년 무렵

체계를 훼손했다. 따라서 이 세속화 과정은 바로 종교 확장에 토대를 제공했다."

반체제적인 시각에서 친체제적인 시각으로 전환되었다고 보았을 때, 그의 신아시아 사상론이 제기하는 이른바 '정치체제', '민주모델'의 개념들도 이 변화에 맞추어 심각한 의미 변환이 발생했다고 볼 수밖에 없다. 즉 전환 이후의 '신아시아 상상'은 '중국모델론'과 함께 같은 지향점을 향해 달리면서 이론의 교섭과 상호 지지를 꾀하고 있는 분위기이다.

이렇게 볼 때 왕후이의 신아시아 상상론은 최근 중국에서 강화되고 있는 국가주의 성향과 그의 대표사상인 복합체제사회라는 두 이질적 이념이 상호 교차하는 특징을 드러내고 있으며, 이 속에서 우리는 청조의 이중정체성이 결국 민족주의로 귀결되었던 것과 유사하게, 오늘의 이 두 이질적 이념에서 국가주의로 기울 수 있는 위험적 요소를 발견하게 된다.

IV. 맺음말

이상으로 21세기 들어 중국에 등장한 천하주의와 미래담론에 대해 살펴보았다. 오늘날 중국 지식인들은 더 이상 중국역사에 대한 반성적 고찰이나 서구 이데올로기의 중국적 적용에만 몰두하지 않는다. 그들은 중화제국의 역사적 경험을 발굴하여 이로써 중국 미래의 재설계를 꾀하고 있다. 당대 중국에서 국가주의와 민수주의가 더 가파르게 증가하고 있는 현실 속에서, 미래를 설계하는 사상가들은 차분하고 냉철하게 G2의 위상으로 부상한 중국이 나아가야 할 길을 제시하고 있다.

필자는 미래담론을 말하는 중국 지식인 중에서 자오팅양, 쉬지린, 왕후이의 사상에 주목하였다. 오늘날 중국이 대내적으로는 민족국가의 한계를 극복하고 대외적으로는 새로운 국제질서의 네트워크를 구축해야 한다는 당위적인 현실적 요구에 대해, 이들은 대체로 공감하고 있다. 그리고 중국이 현재의 모습을 초극하기 위해서는 고대 중화제국의 역사적 경험을 끌어와야 한다는, 즉 고대의 계시를 받아야 한다는 점에 대해서도 긍정의 태도를 지닌다. 이를 위해 자오팅양은 주대 봉건질서를 하나의 원형적 사유로 도입했고, 쉬지린은 고대 조공체제가 지닌 소프트파워의 매력을 상기시켰고, 왕후이는 쑨원의 조공모델이 지닌 상호 소통적인 면에 주목하였다. 시공간적으로 볼 때, 이들의 사유는 오늘날 중국이 당면한 문제를 직시하고, 이에 대한 해답을 얻기 위해 고대 자원을 발굴하고, 이로써 중국 미래에 어떤 이상적 공간을 그려보는 방식으로 진행되었다. 이 과정에서 구체화된 이론이 바로 '천하공간'이자 '미래 상상'인 것이다.

그러나 조금만 더 자세히 들여다보면 이들이 주장하는 시공간적 함의는 저마다 다른 특색을 지니고 있음을 알 수 있다. 자오팅양의 '천하체계'는 서구 패권주의와 미국 제국주의를 거부하는 차원에서 새로운 보편으로서의 세계주의를 말하고 있다. 왕후이의 '아시아 상상'은 세계자본주의 체제를 초극하고 서구 패권질서에 대항하는 차원의 신아시아 정치체제를 꿈꾸고 있다. 반면 쉬지린은 민족국가 시대로 접어든 지구촌이 야기할 수밖에 없는 위험과 충돌을 경고하며, 그 대안으로 내세운 '신천하주의' 구도하에서 중국부터 먼저 자국중심주의를 해체해야 한다고 주장한다. 이렇게 서로 다른 주장들의 저변에는 중국의 전통질서가 지닌 이상향-자오팅양이 그린 천하체계-을 희구하거나, 근대적 중국사유가 지닌 이중적 탄력성-왕후이가 말한 쑨원의 왕도사상-을 드러내거나, 또는 태양이 둘일 수 없다는 즉 역사상대주의를 거부하는 보편주의-쉬지린이 유럽연합을 하나의 롤모델로 삼은-적인 사유의 강이 도도히 흐르고 있다.

중국의 미래담론은 21세기 들어 중국굴기의 시대가 도래한 자국 현실에 부응하면서 제기되었다. 따라서 이들 담론은 대체로 희망차고 역동적인 중국의 미래를 기획하고 있는 것이 사실이다. 그러나 동시에 우리는 이 담론들 속에서 현재 중국이 지향하는 국가적 비전에 상당히 근접하고 있는 이론적 경향을 어렵지 않게 발견할 수 있다.

자오팅양의 '천하체계'는 주대의 천하질서와 당대 중국질서가 대체로 일치하는 듯한 느낌을 받는다. 이 체계는 어떤 선험적으로 완전성을 구비한 천하공간을 설정하고 있는데, 이는 이미 완결되어 있는 그리고 내부의 소외와 충돌이 거의 상쇄된 이상향을 내세우고 있다. 고대와 현대의 시공간이 일치되어 나타나고 있는 이 사유도식 속에서 필자는 보편적 세계주의보다는 당대 중국의 정치질서가 훨씬 더 가깝게 감지된다. 교섭보다는 완결을, 소통보다는 조화를 더 강조하고 민주주의보다는 민심의 지지를 강조하는 천하체계는 그 완결성으로 나아가는 과정을 심각하게 생략하고 있다. 왕후이의 '신아시아 상상'은 동아시아의 지역연대를 말하고 이를 구현하기 위한 '복합체제사회'의 구상을 그리고 있다. 그러나 이 구상의 이면에는 여전히 중국식 사회주의적 가치가 핵심적인 요소로 자리잡고 있으며, 이는 동시에 반세계자본주의 체제에 대한 어떤 블록의 설정을 전제하는 것이다. 이는 중국의 주변국이 대부분 자본주의적 국가체제-한국, 일본, 타이완, 싱가폴-를 유지하고 있다는 현실 속에서, 어떤 대응담론의 성격으로 발전할 수 있는지의 현실적 난제를 동반한다. 왕후이가 주장한 '티베트' 문제는 중화제국의 이중정체성 논리와 사회주의 중국의 확장 논리가 이중적으로 개입되고 있다. '복합체제사회'의 논리가 지닌 맹점은 바로 이 이중적 개입을 모호하게 해명하는 데 있다. 쉽게 말하면 아전인수격 논리구사가 마치 장엄한 파노라마처럼 설파되어지듯 포장된 느낌이다. 반면 쉬지린의 '신천하주의'는 앞선 두 담론과 달리 당대 중국의 국가비전과 겹치는 부분은 비교적 적다고 할 수 있다. 그러나 그가 주장했던 바와 같이 중심을 제거하고 등급을 없애며 상호 평등의 원칙으로 나아가야 하고, 오늘날의 천하공간은 축 문명 시대와 달리 어떤 발상지도 필요 없다고 한다면, 과연 우리는 어디서부터 그리고 어떤 주체들로부터 이 세계정신의 논의를 시작해야 하는지 망설이지 않을 수 없을 것이다. '신천하주의'의 주장이 중국 내에서 여전히 필요한 계몽주의의 요구를 오히려 약화시키는 것은 아닌지, 오늘날 당정일치(黨政一致)를 주장하고 있는 중국 정치의 현실 속에서 이 천하주의는 과연 어떤 자리매김을 할 수 있는지 되묻지 않을 수 없다.

필자가 서두에서 밝혔듯이, 21세기 중국지식인의 미래담론은 이제 막 시작되었을 뿐이다. 이들의 담론은 1980년대 문화열이나 1990년대 문화보수주의 열풍과는 달리 매우 차분하고 이성적인 시각에서 전개되고 있다. 중국굴기의 시대에 이들의 미래담론이 중국사상계에 풍부하고 다양한 사유를 제공하리라는 점에는 의심의 여지가 없다. 오늘날 중국은 4차 산업혁명의 물결 속에서 서구의 정치경제질서와 차별되는 독자적인 길을 개척하려 한다. 국가주의와 과학기술문명이 압도하고 있는 중국의 현실 속에서 천하주의와 미래 상상의 담론이 어떻게 발전하고 또 어떻게 변모하는지에 대해 우리는 지속적으로 관찰할 필요가 있다.

참고문헌

가라타니 고진(柄谷行人) 저, 조영일 역, 2016, 『제국의 구조』, 도서출판 b.
뚜웨이밍 저, 김태성 역, 2006, 『문명들의 대화』, 휴머니스트.
마리청(馬立誠) 저, 박영순·최은진 역, 2015, 『현대 중국의 8종 사회사조』, 학고방.
쉬지린(許紀霖) 저, 송인재 역, 2013 , 『왜 다시 계몽이 필요한가』, 글항아리.
왕후이(汪暉) 저, 이욱연 역, 2003, 『새로운 아시아를 상상한다』, 창비.
왕후이 저, 송인재 역, 2011, 『아시아는 세계다』, 글항아리.
자오팅양(趙汀陽) 저, 노승현 역, 2010, 『천하체계』, 도서출판 길.
전인갑, 2016, 『현대중국의 제국몽: 중화의 재보편화 100년의 실험』, 학고방.
조경란, 2013, 『현대 중국 지식인 지도』, 글항아리.
_____, 2016, 『국가, 유학, 지식인-현대 중국보수주의와 민족주의』, 책세상.
진관타오, 류칭펑 저, 양일모 외 역, 2011, 『관념사란 무엇인가 1』, 푸른역사.
_____, 2011, 『관념사란 무엇인가 2』, 푸른역사.

杜維明, 2005, 『對話與創新』, 桂林, 廣西師範大學出版社.
劉明福, 2010, 『中國夢』, 北京, 中國友誼出版公司.
汪暉, 2014, 『東西之間的"西藏問題"』, 北京, 三聯書店.
李澤厚, 2011, 『該中國哲學登場了?』, 上海, 上海譯文出版社.
趙汀陽, 2011, 『天下體系』, 北京, 中國人民大學出版社.

강진석, 2011a, 「체용과 당대 중국의 대국사유」, 『체용철학』, 문사철.
_____, 2011b, 「중화주의의 원형 再構와 당대 이데올로기의 조명」, 『중국학보』 63집.
_____, 2017, 「당대중국의 인문사조」, 『현대중국학특강』, 한국외국어대학교출판부.
_____, 2018, 「李澤厚의 '유학4기설'을 어떻게 볼 것인가」, 『중국학보』 83집.
_____, 2020, 「21세기 중국의 천하주의와 미래담론」, 『중국연구』 82집.
백승욱, 2011, 「중국 지식인은 '중국굴기'를 어떻게 말하는가」, 『황해문화』 72집.
송인재, 2015, 「21세기 중국의 '천하' 재해석과 신보편 탐색」, 『인문과학연구』 44집.

왕후이, 2003, 「아시아 상상의 계보」, 이욱연 역, 『새로운 아시아를 상상한다』, 창비.
_____, 2011a, 「서문: 중국과 그 근대를 어떻게 해석할 것인가」, 『아시아는 세계다』, 글

항아리.

_____, 2011b, 「아시아에 대한 상상의 정치학」, 『아시아는 세계다』, 글항아리.

_____, 2011c, 「동양과 서양, 그 사이의 '티베트 문제'」, 『아시아는 세계다』, 글항아리.

_____, 2011d, 「중국굴기의 경험과 도전」, 최정섭 역, 『황해문화』 71집.

전인갑, 2016a, 「지식패러다임의 반전과 '제국몽': 중화의 재보편화」, 『현대중국의 제국몽: 중화의 재보편화 100년의 실험』, 학고방.

_____, 2016b, 「중국 엘리트의 '제국몽': 문화논쟁의 정치학」, 『현대중국의 제국몽: 중화의 재보편화 100년의 실험』, 학고방.

조경란, 2016, 「중국은 '제국의 원리'를 제공할 수 있는가?」, 『역사비평』 116호.

許紀霖, 2015a, 「新天下主義與中國的內外秩序」, 許紀霖 劉擎 主編, 『新天下主義』, 北京, 世紀出版社.

_____, 2015b, 「現代中國的家國天下與自我認同」, 『復旦學報』.

3장
중국의 '대국화'에 대한 미국의 인식

김동길(북경대학교 역사학과 교수)

I. 머리말
II. 미중 경쟁의 배경과 현황
III. 최근의 미국학계 인식: 중국은 미국과 패권 경쟁할 능력이 없다
IV. 맺음말

I. 머리말

 2008년에 발생한 세계 금융위기는 미국의 정치·경제적 무능과, 1990년대 미국식 가치를 대변하는 자본주의 국가 발전 모델 소위 '워싱턴 컨센서스(Washington Consensus)'의 무용함을 보여 주었다. 2008년 세계 금융위기는 미국의 패권을 약화시켰고, 동시에 미중 관계는 비대칭 관계에서 대칭 관계로 변하기 시작하였다. 동시에 금융위기 해결 과정에서 중국의 긍정적 역할과 경제적인 부상은, 중국의 위상을 단순한 지역 강대국에서 미국을 위협할 수 있는 제2강대국, 즉 G2로 제고시켰다. 이에 미국 중앙정보국 산하 국가정보협의회(National Intelligence Council)는 미국 중심의 일극 체제(Unipolarity)는 이미 해체되었고, 세계는 다극 체제로 변하였다고 분석하였다.[1] 이와 동시에 워싱턴의 전문가, 정책결정자, 정책분석가 및 학자들은 미국은 더 이상 일극 체제의 패권적 지위에 있지 않으며 세계의 권력 지형에 변화가 발생하기 시작했다고 주장하였다. 그들은 미국 중심의 일극 체제는 해체되고 있거나 혹은 이미 해체되었으며, 미래 세계는 다극(Multipolarity) 혹은 양극(Bipolarity), 심지어 무극(Apolarity) 체제로 변할 것이라고 주장하였다.[2]

---

1 National Intelligence Council, 2012, *Global Trends 2030: Alternate Worlds*, Washington, D. C.: Office of the Director of National Intelligence, p. x, http://globaltrends2030.files.wordpress.com/2012/11/global-trends-2030-november2012. pdf.

2 Christopher Layne, 2012, "This Time It's Real: The End of Unipolarity and the Pax Americana," *International Studies Quarterly*, Vol. 56, No. 1 (March), pp. 203-213; Amitav Acharya, 2014, *The End of American World Order*, New York: Polity; Barry R. Posen, 2012, "From Unipolarity to Multipolarity: Transition in Sight?" in G. John Ikenberry, Michael Mastanduno, and

중국과 러시아의 정치지도자들 역시, 미국 중심의 일극 체제는 해체되었다고 주장하였다. 1991년 소련연방 해체 이후 형성된 미국 중심의 일극 체제를 해체하고 과거의 영광과 영향력 회복을 꾀하던 블라디미르 푸틴(Vladimir Putin) 러시아 대통령은, 2014년 5월 시진핑(習近平) 중국 주석과의 회담에서 "일극 체제 모델은 이미 실패하였다. …세계는 다극 체제로 변하였다"고 평가하였다.³ 시진핑 주석 또한 2014년 11월 "세계는 점점 더 다극화 추세로 가고 있다"고 주장하면서, 미중 경쟁이 시작되었음을 결코 부정하지 않았다.⁴

2008년 세계 금융위기 이후, 미국은 중국에 대한 기존의 포용정책(Engagement Policy)을 포기하고, 중국에 대한 견제를 본격화하기 시작하였다. 한편 중국은 급성장한 경제력과 군사력을 바탕으로, 일본과는 조어도[중국명 댜오위다오(釣魚島), 일본명 센카쿠열도(尖閣列島)], 필리핀

William C. Wohlforth, eds., *International Relations Theory and the Consequences of Unipolarity*, New York: Cambridge University Press, pp. 317-341; Zakaria, 2009, *The Post-American World*, New York: W.W. Norton; Khanna, 2009, *The Second World: How Emerging Powers Are Redefining Global Competition in the Twenty-First Century*, New York: Random House; National Intelligence Council, 2008, *Global Trends 2025: A Transformed World*, Washington, D.C.: Government Printing Office; Ian Bremmer, 2012, *Every Nation for Itself: Winners and Losers in a G-Zero World*, New York: Penguin.

3　"Vladimir Putin Warns Sanctions on Russia Will Backfire on West," *Telegraph*, May 23, 2014, http://www.telegraph.co.uk/news/worldnews/europe/russia/10851908/Vladimir-Putin-warns sanctions-on-Russia-will-backfire-on-West.html.

4　Jane Perlez, "Leader Asserts China's Growing Importance on Global Stage," *New York Times*, November 30, 2014, http://www.nytimes.com/2014/12/01/world/asia/leader-asserts-chinasgrowing-role-on-global-stage.html?_r=0.

및 베트남과는 남중국해 해양 영토를 둘러싸고 분쟁을 벌이고, 동시에 경제적 지원을 무기로 동남아 각국에 영향력을 확대하고 있었다.[5] 이에 오바마(Barack Obama) 미국 대통령은 2011년 11월, 아시아에서 미국의 이익과 동맹국을 보호하고 중국의 영향력 확대를 차단하기 위해, 소위 '아시아 회귀 전략(Pivot to Asia)'을 발표하고 중국 견제에 본격적으로 나서기 시작하였다.[6]

2013년 9월, 중국의 시진핑 주석은 '일대일로(一帶一路)' 정책을 발표하고, 중국의 해안과 내륙을 세계 곳곳과 연결하는 해상 및 육상 교통로 건설 계획을 발표하였다.[7] 2015년 5월에는 '중국제조2025(中國制造2025)' 계획을 발표하고, 제조업에서 양적 강국에서 질적 강국으로 발돋

---

[5] David Shanmbaugh, 2004/2005, "China's Engages Asia: Reshaping the Regional Order", *International Security*, Vol. 29, No. 3(Winter), pp. 64-99.

[6] 2011년 11월 19일 오바마 대통령은 호주 의회에서 행한 연설에서, 미국의 아시아-태평양 외교 전략에 관해 설명하였다. 오바마 대통령은 미국은 "아시아-태평양 지역의 동맹국 및 우호국들과 파트너십(Partnership)을 통하여, 이 지역에서 광범위하고 장기적인 역할을 담당할 것"이라고 밝혔다. 그는 다음과 같은 미국의 아시아정책 5원칙을 발표하였다. 첫째, 이 지역에 대한 미국의 안보 공약을 강화한다. 둘째, 아세안(ASEAN)과 같은 아시아-태평양 지역의 지역 기구(Regional Organization)에 재관여한다. 셋째, 중국과의 협력관계 유지를 위해 노력하고, 더 많은 대화를 통해 중국에 대한 오판을 피하도록 한다. 넷째, 자유공정 무역, 아시아 태평양 경제협력체(APEC, Asia Pacific Economic Cooperation)와 환태평양경제동반자 협정(Trans-Pacific Partnership) 같은 경제협정을 통해, 이 지역과의 공동 번영을 약속한다. 다섯째, 미국은 인류의 기본적 권리에 대해 계속적인 지지를 표한다. 오바마 대통령은 연설에서 일본, 한국, 동남아시아 동맹국들과 군사적 동맹 관계를 강화할 것이며, 미국의 군비 감축은 아시아-태평양 지역의 희생하에 이루어지지 않을 것을 약속하였다. Remarks by President Obama to the Australian Parliament, Parliament House Canberra, Australia. The White House Office of the Press Secretary, November 17, 2011. https://obamawhitehouse.archives.gov/the-pressoffice/2011/11/17/remarks- president-obama-australian-parliament.

[7] 習近平, 2018, 『和平與發展習近平談"一代一路"』, 北京: 中央文獻出版社.

움할 것을 선언하였다. 구체적으로는 제조업 분야에서 중국이 2025년 한국, 프랑스 및 영국을 추월하고 2035년에는 독일과 일본, 그리고 2049년에는 미국을 추월하여 제조업 세계 1위 국가로 거듭나겠다는 야심찬 계획이었다.[8] 중국은 2017년 10월 '중국공산당제19차당대회'를 개최하고, '일대일로' 사업과 '제조업 2025' 계획을 국가적 프로젝트로 추진한다는 방침을 재확인하였다.

트럼프 행정부는 2017년 12월 국가안보전략 정책보고서(National Security Strategy of the United States of America)를 발표하고, 미국과 중국이 전략적 경쟁의 시대로 진입하고 있다고 재차 밝혔다.[9] 정책보고서는 중국은 미국의 가치(Values)와 이익(Interests)에 반하는 세계건설을 지향하고 있다고 강조하면서, 중국을 전략적 경쟁자(Strategic Competitor) 및 수정주의 세력(Revisionist Power)으로 규정하였다. '국가안보전략 보고서'는 중미 간 전략적 경쟁과 대립이 본격화되었음을 알리는 신호탄이었다. 이뿐만 아니라, 2018년 발표된 미국국방부 안보전략 보고서는, "중국 및 기타 라이벌 국가들과의 장기적·전략적 경쟁의 출현을 어떻게 다룰 것인가?"가 미국국방부의 가장 중요한 임무라고 강조하였다.[10] 2018년 10월 1일, 워싱턴의 중국대사관에서 개최된 중화

---

8 『國務院關于印發《中國制造2025》的通知:國發[2015]28號』, 2015年5月8日, http://www.gov.cn/zhengce/content/2015-05/19/content_9784.htm.

9 The White House, "National Security Strategy of the United States of America", December 2017, pp. 2-3, 25, https://www.whitehouse.gov/wp-content/uploads/2017/12/NSS-Final-12-182017-0905-2. pdf.

10 U.S. Department of Defense, "Summary of the 2018 National Defense Strategy of the United States of America: Sharpening the American Military's Competitive Edge", https://www.defense.gov/Portals/1/Documents/pubs/2018-National-Defense-Strategy-Summary.pdf.

인민공화국 건국 기념행사에서 안전보장회의(National Security Council) 아시아 문제 수석 책임자 매트 포팅거(Matt Pottinger)는, "미국 행정부는 중국에 대한 정책에서 경쟁이라는 개념을 최우선으로 정하였다"고 밝히고, 양국 경쟁을 공식화하였다.[11]

미중 관계에 대한 보고서와 정부 관계자들의 수사적 변화에 이어, 미국 정부는 곧바로 가용할 수 있는 모든 정책수단을 이용하여 모든 영역에서 중국에 압박을 가하기 시작하였다.[12] 미국은 중국에 대해 전례 없는 무역전쟁(Trade War)을 시작하였으며, 그 결과 미중 양국의 경제관계에 비동조화(Decoupling) 현상이 나타나기 시작하였다.[13] 미중 양국 관계는 첨단무기 판매를 포함한 각종 대만 문제로 급격히 손상되기 시작하였으며, 남중국해의 해양 영토 마찰로 인해 더욱 악화되었다. 미국은 중국의 '일대일로'에 대해, "자유롭고 개방된 인도-태평양 전략(Free and Open Indo-Pacific Strategy)"으로 맞섰다.[14] 이뿐만 아니라, 2019년 미국 행정

---

11 "Dealing with China, America Goes for Confucian Honesty", *The Economist*, 4 October, 2018.

12 Robert Sutter, "Pushback: America's New China Strategy", *The Diplomat*, November 2, 2018, https://thediplomat.com/2018/11/pushback-americas-new-china-strategy/.

13 Timothy R. Heath and William R. Thompson, 2018, "Avoiding US-China Competition Is Futile: Why the Best Option Is to Manage Strategic Rivalry", *Asia Policy*, Vol. 13, No. 2, pp. 105-7; Scott Kennedy, "Protecting America's Technology Industry from China: Tariffs Aren't the Answer", *Foreign Affairs*, August 2, 2018,https://www.foreignaffairs.com/articles/2018-0802/protecting-americas-technology- industry-china.

14 Ashley Tellis, "Protecting American Primacy in the Indo-Pacific", Testimony before Senate Armed Services Committee, April 25, 2017, https://www.armed-services.senate.gov/imo/media/doc/Tellis_04-25-17.pdf; The White House, "National Security Strategy of the United States of America", pp. 25, 45-6; Michael D. Swaine, "A Counterproductive Cold War with China",

부와 의회는 다양한 정책적 수단을 적극적으로 활용하여 중국의 국력 상승과 국제적 영향력 상승을 억제하는 데 모든 정부 기관이 나서야 한다는 데에 의견 일치도 이루었다.[15]

국가정책 수립에 관여하는 연구기관과 관련 학자들은, 중국의 부상에 대해 미국이 좀 더 효율적이고 강력한 수단을 사용할 것을 권고하였다. 미국 스탠퍼드 대학의 프레이드버그(Aaron Friedberg) 교수와 국가안보 부보좌관 출신 신미국안보센터(Center for a New American Security) 상임부소장 래트너(Ely Ratner)는, 트럼프 행정부에 중국 억제에 더욱 효과적이고 경쟁력 있는 조치를 취할 것을 촉구하였다.[16] 중국에 강경한 매파적 견해가 워싱턴 정책결정자 그룹에서 주류를 이루고 있다고 해도 과언이 아니다.[17]

Foreign Affairs, March 2, 2018, https://www.foreignaffairs.com/articles/china/2018-03-02/counterproductive-cold-war-china.

15 Adam Smith, "Fiscal Year 2019 National Defence Authorisation Act Conference Report Summary", US House Armed Services Committee, p. 5, https://armedservices.house.gov/_cache/files/9/b/9b3cf12c-53e2-4fe4-adbf-0068c519a22e/7FD759C5E1792048C39FA198641F1A5F.final-summary-of-the-fy-19-ndaa-conference-report-dem.pdf.

16 Ely Ratner, "The China Challenge, Part I: Economic Coercion as Statecraft", Testimony before US Senate Foreign Relations Committee, 24 July, 2018, https://www.foreign.senate.gov/imo/ media/ doc/072418_Ratner_Testimony.pdf; Aaron L. Friedberg, "Strategic Competition with China", Testimony before the House Armed Services Committee, 15 February, 2018, https://docs.house. gov/meetings/AS/AS00/20180215/106848/HHRG-115-AS00-Wstate-FriedbergA-20180215.pdf.

17 중국에 대해 강경한 정책적 수단을 사용할 것을 주장하는 연구는 다음과 같다. Jeffrey Bader, "US-China Relations: Is It Time to End the Engagement?", *Policy Brief*, The Brookings Institution, September 2018, p. 3; https://www.brookings.edu/research/u-s-chinarelations-is-it-time-to-end-the-engagement/; Orville Schell and Susan L. Shirt, 2019, "Course Correction: Toward

중국 역시 일찍부터 미중 관계가 협력에서 경쟁으로 변할 것을 예상하고 있었다. 2008년 금융위기 직후 중국학자들은 미국은 중국에 대한 기존의 포용정책을 포기할 것이며, 양국 관계는 경쟁 관계로 변할 것이며 심지어 세계 패권을 두고 경쟁하는 라이벌 관계가 될 것이라고 주장하였다.[18] 특히 2010년 중국의 경제력이 일본을 추월하여 세계 제2의 경제대국으로 도약하면서, 중국은 미국과의 경쟁을 피할 수 없게 되었다고 우려하기 시작하였다. 이러한 우려는 미국이 중국에 대해 각종 무역제재 조치를 취하고, 특히 2017년 12월 중국을 겨냥한 "국가안보전략 정책보고서"가 발표되면서 더욱 현실화되었다.[19]

이 글은 중국굴기에 대한 워싱턴의 시각, 미중 전략적 경쟁의 기원 및 미국학계의 최근 시각을 정리하였다. 특히 최근 미국학계는 워싱턴 주류

---

an Effective and Sustainable China Policy", *Task Force Report*, *Asia Society*, pp. 7-14, https://asiasociety.org/sites/default/files/inline-files/Course Correction_FINAL_2.7.19_0.pdf; Markus Brunnermeier, Rush Doshi, and Harold James, 2018, "Beijing's Bismarckian Ghosts: How Great Powers Compete Economically", *The Washington Quarterly*, Vol. 41, No. 3, pp. 161-164; Hal Brands, 2019, "The Lost Art of Long-Term Competition", *The Washington Quarterly*, Vol. 41, No. 4, p. 32; David Shambaugh, 2018, "US-China Rivalry in Southeast Asia: Power Shift or Competitive Coexistence?", *International Security*, Vol. 42, No. 4, pp. 85-127.

18 陶文釗, 2009, 「金融危机與中美關系朝鮮」, 『和平與發展』第4期, 第28-30頁; 趙可金, 2013, 「后金融危机時期的中美關系: 話語權的視角」, 『美國研究』, 第1期, 第48頁; 王帆, 2008, 「中美競爭關系性相互依存探析」, 『世界經濟與政治』第3期, 第32頁.

19 劉明福, 2010, 『中國夢:后美國時代的大國思維與戰略定位』, 北京: 中國友誼出版公司, 第1-303頁; Liu Ming fu, 2015, "The World Is Too Important to Be Left to America", *The Atlantic*, June 4, https://www. theatlantic.com/international/archive/2015/06/china-dream-liu-mingfupower/394748/; 袁鵬, 2010, 「中美關系何處去」, 『外交評論』, 第2期, 第2-7頁; 王緝思, 2018, 「中美關系何處去」, 『國際戰略研究簡報』, 第62期, 第1-4頁.

의 흐름과는 완전히 다른 반응을 보여 주고 있다. 그들은 중국이 세계패권 획득의 중요한 도구인 군사적 능력에서 최소 수십 년 내에 미국의 능력에 근접하는 것은 불가능하며, 상당 기간 미국 중심의 일극 체제가 유지될 것이라고 주장하였다.[20] 중국이 미국과의 패권국 경쟁의 위치에 오르기 위해서는, 강대국에서 '잠재적인 패권국 후보'와 '잠재적 패권국' 단계를 거쳐, 패권국과 경쟁할 수 있는 위치에 도달할 수 있다고 주장하였다. 그러나 현재 중국의 위치는 '잠재적 패권국 후보'에 머물러 있을 뿐이며, 중국이 잠재적 패권국 단계를 거쳐 패권 경쟁국이 되는 길은 매우 험난한 여정이 될 것이라고 분석하였다.[21] 결론적으로, 중국은 잘해야 미국과 함께 아시아의 지역 패권 국가는 될 수는 있지만, 세계 패권 국가의 위치에는 오를 수 없다고 결론지었다. 그들은 중국의 낙후한 기술, 낮은 인력 수준, 급성장한 경제력과 최첨단 과학기술을 최첨단 군사기술로 전환하는 것의 어려움을 그 이유로 들었다.

중국은 과연 미국을 추월하여 세계의 패권국이 될 수 있는가? 중미 양국의 패권 경쟁이 과거 영국과 독일, 미국과 군국주의 일본, 전후 미소 간의 대립 중 어느 모델을 따라갈 것인가? 미중 관계는 신냉전으로 발전할 것인가? 아니면 새로운 강대국 공존 모델을 창조할 것인가? 이 점

---

20 Stephen G. Brooks and William C. Wohlforth, 2015/16, "The Rise and fall of the Great Powers in the Twenty-first Century: China's Rise and the Fate of Ameica's Global Position", *International Security*, Vol. 40, No. 3 (Winter), pp. 7-53; Barry R. Posen, 2014, *Restraint: A New Foundation for U.S. Grand Strategy*, Ithaca, N.Y.: Cornell University Press, p. 162; Michael Beckly, 2011/2012, "China's Century? Why America's Edge will Endure", *International Security*, Vol. 36, No. 3(Winter), pp. 41-78.

21 Stephen G. Brooks and William C. Wohlforth, 2015/16, 위의 글, pp. 40-48.

은 학계 연구자들이 주목하는 대상이 되고 있다. 본 글은 이 문제들에 대한 기초적인 해답의 실마리를 제공하고자 한다.

II. 미중 경쟁의 배경과 현황

1979년 1월 1일 중국과 외교 관계를 수립한 미국은 중국에 대해 포용정책을 취해 왔다. 이와 반대로, 중미 외교 정상화 직후부터 미소 관계는 악화되기 시작하였다. 1979년 12월 소련이 아프가니스탄을 침공하자 미국은 1980년 모스크바 하계올림픽을 보이콧(Boycott)하였으며, 소련과 동유럽 국가들은 역시 1984년 로스앤젤레스 올림픽에 불참하였다. 격화된 미소의 군사적 대결 과정에서, 미국은 중국의 경제발전을 도와 소련에 대항하고자 하였다. 그뿐만 아니라, 평화적 방법을 통해 중국을 미국의 가치를 존중하는 국가로 변화시킬 수 있다고 믿었다.[22]

1980년대 후반 동유럽 국가들이 무너지고 1991년 소련연방이 해체되면서, 1945년 이래 유지된 미소 양극 체제는 미국 중심의 일극 체제로 개편되었으며, 이에 미국의 자존감은 더욱 높아졌다. 그리고 미국의 포

---

22 Kenneth A. Oye, Robert J. Lieber and Donald Rothchild, 1987, *Eagle Resurgent? The Reagan Era in American Foreign Policy*, Boston: Little, Brown and Company, Preface; Jeane KirkPatrick, 1985, *The Reagan Doctrine and U.S. Foreign Policy*, Washington, D.C.: the Heritage foundation And the Fund for an American Renaissance, pp. 5-14; Don Oberdorfer, "Reagan's Triumph: Personal or Institutional?", Kenneth Thompson edited, 1993, *Foreign Policy in the Reagan Presidency*, Nine Intimate Perspectives, Miller Center Reagan Oral History Series, Volume III, Washington: University Press of America, Inc, p. 162.

용정책은, 1989년 6월 천안문 사태에도 불구하고 1990년대까지 계속되었다.

그러나 미국은 2008년을 시작으로 중국에 대한 포용정책을 포기하고, 협력관계를 경쟁과 대결 관계로 전환하였다. 그 이유는 크게 다음과 같이 나눌 수 있다.

첫째, 미국과 중국의 국력 차이가 크게 좁혀졌다. 중국은 2010년 국민총생산액에서 일본을 추월하였으며, 2049년에는 제조업에서 미국을 추월할 것을 공언하였다. 이러한 상황은 패권국인 미국과 패권 도전국인 중국 간에, 필연적으로 구조적 모순(Structural Contradictions)이 발생할 수밖에 없다.[23] 패권국과 패권 도전국 사이의 경쟁 혹은 대립은, 제1, 2차 세계대전을 전후한 영국과 독일, 미·영과 독일, 미국과 일본, 전후 미소 대립의 역사적 사실에서도 볼 수 있다.

둘째, 국내정치의 영향으로 형성된 '상대방에 대한 인식(Mutual Perception)'이, 양국 간 전략적 경쟁을 촉발하는 또 다른 원동력이 되었다. 19세기 말부터 존재했던 '중국위협론(China Threat)'에 중국의 경제적 굴기 및 2008년 세계 금융위기 해결 과정에서 중국의 긍정적 역할이 더해져, 이후 '베이징 컨센서스(Beijing Consensus)'가 워싱턴 컨센서스

---

23 John J. Mearsheimer, 2001, *The Tragedy of Great Power Politics*, New York: W.W. Norton; Fareed Zakaria, 1999, *From Wealth to Power: The Unusual Origins of America's World Role*, Princeton, N.J.: Princeton University Press; Zhao Minghao, 2019, "Is a New Cold War Inevitable? Chinese perspectives on US-China Strategic Competition", *The Chinese Journal of International Politics*, Vol. 12, Issue 3, pp. 375-377; 閻學通, 2010, 「對中美關系不穩定性的分析」, 『世界經濟與政治』, 第12期, 第29-30; 王緝思, 2010, 「中美關系結构性矛盾上升, 戰略較量那以避免」, 『國際戰略硏究簡報』, 第47期, 第1-4頁.

를 대체할 수도 있다는 공포감이 워싱턴을 자극하였다. 이뿐만 아니라, '일대일로' 정책과 아시아인프라투자은행(AIIB, Asian Infra Investment Bank)으로 대표되는 중국의 영향력 확대 정책은 미국에 대한 도전 행위로 받아들여졌으며, 미국의 정책 목표와 이익이 중국의 급성장한 힘에 의해서 위협받을 것을 미국은 우려하기 시작하였다.[24] 여기에 미국의 정치가와 인기영합주의자(Populists)의 '중국위협론'이 더해져, 미국의 중국에 대한 불신은 더욱 커지고 이는 중국에 대한 미국의 신속한 대응으로 이어졌다.

셋째, 이데올로기(Ideology)와 가치(Value)에 대한 미국과 중국의 차이 역시 양국 간 경쟁을 부추기는 중요 원인이 되었다. 이데올로기 차이는 중국이 자신의 이념에 대한 자신감을 바탕으로, 중국의 국가자본주의(State Capitalism) 및 독재 정부 모델을 세계로 수출하려고 한다고 미국인들을 의심하게 만들었다.[25] 이에 반해 중국인들은 미국인들의 냉전적 사고방식과 미국의 패권의식이, 새로운 강대국 출현에 과민하게 반응하게 하고 있다고 주장하였다. 특히 미국은 중국의 발전 모델인 소위 '차이나 모델'은 국가자본주의이며, 미국의 가치를 대변하고 있는 '자유시장(Free Market Model)' 원칙과 정면으로 배치된다고 주장하였다.[26]

---

24 Michael Beckley, 2011/12, "China's Century? Why America's Edge Will Endure," *International Security*, Vol. 36, No. 3 (Winter), pp. 41-78 Joshua R. Itzkowitz Shifrinson, Michael Beckley, 2012/13, "Correspondence: Debating China's Rise and U.S. Decline", *International Security*, Vol. 37, No. 3 (Winter), pp. 172-181.

25 馬振崗, 2010, 「中美戰略競爭論剖析」, 『國際問題研究』, 第6期, 第30-31; 閻學通, 2018, 「中美兩極化趨勢的思考」, 『現代國企研究』, 第17期, 第84-85.

26 Zhao Minghao, 2019, 앞의 글, pp. 382-383.

넷째, '정책 어젠다(Policy Agenda)'를 둘러싼 양국 간 갈등 역시, 미중 사이에 경쟁과 대립을 유발시키는 요인이다. 2000년 이후 대규모 지원 제공을 무기로 한 중국의 적극적인 동남아시아 진출, 한중 무역량의 한미·한일 무역량 초과, 베트남, 필리핀 및 일본과의 남중국 해양 영토 및 조어도 섬을 둘러싼 분쟁은, 미국이 기존에 만든 아시아-태평양 지역의 질서를 위협하기에 충분하였다. 오바마 대통령의 '아시아 회귀' 정책은, 미국을 아시아-태평양 지역의 질서 수호자로 여기는 인식과 중국을 이에 대한 도전자로 보는 데서 출발한 것이다. 특히 미국의 영향력하에 있는 아시아-태평양 국가들에 대한 중국의 적극적인 경제협력과 진출 확대는, 이 지역의 패권을 수호해야만 하는 미국의 기본 이익과 충돌하였다.[27]

워싱턴에서는 인기영합주의자, 안보 매파, 극단주의자들을 중심으로 반중국 연합(Counter-China Coalition)이 형성되었으며, 그들은 중국은 미국의 포용정책 때문에 경제성장을 이룰 수 있었다고 강조하면서, 향후 중국의 경제성장과 정치·경제적 영향력 확대를 억제하는 것이 미국의 중국에 대한 정책이 되어야 한다고 주장하였다.

미중 경쟁은 크게 경제 분야와 지역 전략에서 두드러지며, 중국의 기술발전을 억제하고 포위하는 방식으로 나타난다. 반중국연합은 중국을 나치독일, 제국주의 일본 및 구소련으로 인식하면서, 중국이 글로벌 가치 체인에 편입되는 것을 막아 첨단 제조능력을 갖추지 못하도록 하는

---

27 Matt Schiavenza, "What Exactly Does It Mean That the U.S. Is Pivoting to Asia? And will it last?", *The Atlantic*, April 15, 2013, https://www.theatlantic.com/china/archive/2013/04/what-exactly-does-it-mean-that-the-us-is-pivoting-to-asia/274936/.

것을, 미국의 중국에 대한 정책의 핵심으로 삼을 것을 주장한다.[28] 미중 무역전쟁은 사실상 '기술전쟁(Technology War)'으로서, 트럼프 미국 대통령은 관세정책을 통해 중국에 첨단기술 제공의 창구로 이용되고 있는 미국과 서방의 첨단기업들을 중국으로부터 이전시켜 중국의 첨단기술 접근을 원천 봉쇄하려 하고 있다. 동시에 미국 첨단기술의 중국 이전을 금지하고, 미국 첨단기술에 대한 중국기업의 투자도 금지하였다. 더 나아가, 미국은 자신의 동맹국과 우호국들이 자신들의 첨단장비, 첨단기술 및 첨단기업을 중국에 팔지 않도록 압력을 행사하고 있다.[29]

미중 양국은 국제무역의 룰(Rule)과 제도의 영역에서도 경쟁을 벌이고 있다. 미국 주도의 환태평양경제동반자협정(Trans-Pacific Partnership), 범대서양 무역투자 동반자협정(Trans-Atlantic Trade and Investment Partnership), 세계무역기구(World Trade Organization)와 중국이 주도하는 아시아인프라투자은행(AIIB)은 무역과 경제 질서의 원칙을 정하는 데 사실상 미중 양국의 대리전을 진행하고 있다.[30]

미중 양국은 아시아-태평양에서, 서태평양에서 전략지정학(Geo-Strategic)적 경쟁을 벌이고 있다. 오바마 행정부의 '아시아 중심' 전략은, 기존의 중심축-바큇살(Hub-and-Spoke)동맹시스템을 상호 연결된 안보 네트워크(Interconnected Security Network)로 변화시켜 중국에 대

---

28 張宇燕, 馮維江, 2018, 「從"接觸"到"規鎖": 美國對華戰略意圖及中美博弈的四种前景」, 『淸華金融評論』, 第7期, 第1-2頁.

29 "For the U.S. and China, a Technology Cold War That's Freezing Over", *New York times*, March 23, 2018, https://www.nytimes.com/2018/03/23/technology/trump-china-tariffs-tech-cold-war.html.

30 李巍, 2016, 「中美金融外交的國際制度競爭」, 『世界經濟與政治』, 第4期, 第113-117; 周鑫宇, 2015, 「中美在開展制度競爭嗎?」, 『世界知識』, 第1期, 第73頁.

응하고자 하는 의도를 반영하고 있다.[31] 2018년 한국에 사드(THAAD) 배치, 남중국해 분쟁에 미국의 깊은 관여(Deep Engagement)는 중국에 대한 포위 전략의 일환이며, 이에 맞서 중국은 경제 지원을 무기로 아시아-태평양 지역에서 적극적인 외교활동을 벌이는 동시에, 영토와 해양 분쟁에서는 강경한 태도를 유지하고 있다. 이에 따라 미중 양국이 아시아-태평양에서 대립하고 있는 형세가 출현하였다. 아시아-태평양 지역에는 중국을 중심으로 한 경제 허브와 미국을 중심으로 한 안보 허브가 새로이 출현하였으며, 소련연방 해체 이후 미국의 절대적 패권 구도가 일부 무너지고, 지역 강국과 패권을 공유하는 '지역적 패권공유 현상'이 나타났다. 특히 아시아-태평양 지역에서는 중국의 '일대일로'와 미국의 인도-태평양 전략(IPS, America's Indo-Pacific Strategy)이 정면으로 맞서고 있으며, 미국은 '일대일로' 정책은 아시아-태평양 지역에서 중국의 안보 및 정치적 영향력을 확대하려는 수단이며, 이 지역의 미국 주도의 기존질서를 무너트리려는 시도라고 보았다. 반면에 중국은 인도-태평양 전략은 중국의 '일대일로'에 대항하고, 인도양과 태평양에서 미국의 패권 고수와 경쟁국 출현을 막으려는 목적에서 나왔다고 인식하고 있다.[32] 미국은 아시아-태평양 지역에서 일본, 호주 및 인도와 안보협력 강화를 통하여 4개국 중심의 아시아형 나토(Asian-Style Nato)를 결성하고, 이를

---

31 孫茹, 2012, 「美國亞太同盟體系的网絡化及前景」, 『國際問題研究』, 第4期, 第39-50頁.

32 Vivek Mishra, 2016, "US Power and Influence in the Asia-Pacific Region: The Decline of 'Alliance Mutuality'", *Strategic Analysis*, Vol. 40, No. 39, pp. 159-172; Chengxin Pan, 2014, "The 'Indo-Pacific' and geopolitical anxieties about China's rise in the Asian regional order", *Australian Journal of International Affairs*, Vol. 68, No. 4, pp. 453-469; 孫茹, 2012, '美國亞太同盟體系的网絡化及前景', 國際問題研究, 第4期, 第39-50頁.

통해 중국의 '일대일로'와 굴기를 막고, 중국에 불안전한 안보환경을 조성하는 소위 '중국 포위 작전'을 진행하려 하고 있다.[33]

III. 최근의 미국학계 인식: 중국은 미국과 패권 경쟁할 능력이 없다

중국의 종합적 국력이 가까운 시일 내에 미국을 능가하여, 세계 범위에서 미국의 이익을 억제할 수 있다는 워싱턴 그룹의 판단과는 달리, 최근 미국학계에서는 중국의 종합력 능력(Capability)은 가까운 시일 내에 미국에 근접할 수 없으며 미국 중심의 일극 체제는 오랜 기간 계속될 것이라는 주장이 주류를 이루고 있다. 그들은 중국은 경제에서 인상적인 발전을 이루었지만, 중국이 이룬 경제적 성과로는 하나의 극(Polarity)을 형성할 수 없다고 주장하였다. 이들에 따르면, 중국은 독일, 일본, 러시아를 추월할 수는 있지만, 결코 미국의 능력에 근접할 능력을 만들어 낼 수 있는 경제적·사회적·기술적 구조를 가지고 있지 않다고 분석하였다.[34]

---

33 Jae Jeok Park, 2011, "The US-led alliances in the Asia-Pacific: hedge against potential threats or an undesirable multilateral security order?", *The Pacific Review*, Vol. 24, No. 2, pp. 137-158; Toshi Yoshihara, 2013, "The US Navy's Indo-Pacific challenge", *Journal of the Indian Ocean Region*, Vol. 9, No. 1, pp. 90-103; Prakash Gopal, 2017, "Maritime Security in the Indo-Pacific: The Role of the US and its Allies", *Maritime Affairs: Journal of the National Maritime Foundation of India*, Vol. 13, No. 1, pp. 27-40.

34 이들의 주장은 다음에서 참조할 것. Stephen G. Brooks and William C. Wohlforth, 2015/16, 앞의 글, p. 9.

일극 체제의 초강대국(Superpower) 기준은 무엇인가? 첫째, 초강대국의 기본 기준으로, 지구공역통제력(Command of the Commons)-바다(연안지역 밖), 우주 그리고 하늘(15,000피트 이상)-을 들었다. 즉 초강대국이 되기 위해서는 하늘, 바다, 우주를 지배할 수 있는 군사적 능력을 보유해야만 한다는 것이다.[35] 현재의 조건으로 중국은 상당 기간 이 능력들을 확보할 수 없을 것으로 예상하면서, 군사 능력에서 오늘날 중미 간의 기술격차는 과거 초강대국 위치를 놓고 경쟁했던 국가 간의 기술격차보다 훨씬 크며, 그들 간의 군사력 격차보다 지금의 미중 간의 군사력 격차가 훨씬 크다고 주장하였다.[36] 미국이 보유한 핵 추진 잠수함과 핵 항공모함은 중국의 10배에 달하며, 4세대 전술 항공기는 55:17, 5세대 전술항공기는 100:0, 조기경보기와 군사위성에서도 57:7로 미국은 중국에 압도적 우위를 점하고 있으며, 2위 러시아와도 큰 격차를 유지하고 있다고 주장하였다.[37] 지구공역통제력 측면에서 보면, 중국의 현 수준은 거의 무시해도 좋을 수준이며, 중국의 현 해양 전력은 인도와 비슷하다고 평가하였다. 양국의 무기의 성능 또한 큰 차이가 있으며, 중국의 핵 추진 잠수함은 소음이 매우 심한 반면에, 미국의 핵잠수함은 절

---

[35] Barry R. Posen, 2003, "Command of Commons: The military Foundation of U.S. Hegemony," *International security*, Vol. 28, No. 1 (summer), p. 8

[36] Stephen G. Brooks and William C. Wohlforth, 2008, *World Out of Balance: International Relations and the Challenge of American Primacy*, Princeton, N.J.: Princeton University Press, pp. 22-59.

[37] International Institute for Strategic Studies, 2013, *The Military Balance*, Vol. 113, No. 1, London: IISS; Union of Concerned Scientists, UCS Satellite Database, http://www.ucsusa.org/nuclear_weapons_and_global_security/solutions/space-weapons/ucs-satellite-database.html.

대적 무음 수준에 이르렀다고 분석하였다.[38]

둘째, 과거에는 경제력을 군사적 능력으로 전환하는 것이 매우 용이하였다. 그러나 지금은 이 과정이 매우 복잡해졌을 뿐만 아니라 소요 시간 역시 매우 길어져 단기간에 군사적 초강대국으로 변모하는 것은 불가능하다고 주장하였다.[39] 특히 지구공역통제에 필수적인 무기들은, 대규모 산업-과학 기반을 필요로 하며, 오직 미국만이 세계에서 가장 큰 대규모 산업-과학 기반을 보유하고 있기 때문에 대규모 무기 프로젝트의 실현이 가능하며, 중국이 가까운 시일 내에 미국과 동등한 수준의 대규모 과학-산업 기반을 갖추는 것은 불가능하다고 분석하였다.[40] 더 나아가, 최첨단 무기 시스템은 매우 복잡해져서 1960년대에 5년이 걸리던 무기개발이 1990년대에는 10년으로 늘어났으며, 전투기 개발 프로젝트는 연구에서 생산까지 약 10~15년이 소요되며, 군사 및 정보 위성은 연구에서 배치까지 약 20년이 소요된다는 점을 들었다. 비록 한 국가가 특정 무기를 생산할 기술적 능력을 보유하였다 하더라도, 생산과 배치까지는 오랜 시간이 소요된다. 실례로 영국은 핵추진 잠수함을 지금의 트라이던트 체계(Trident-System)로 업그레이드하는 데만 무려 17년이

---

[38] Ronald O'Rourke, *China naval Modernization: implications for the U.S navy capabilities-background and Issues for congress*, Wahington, D.C.: Congressional Research Service June 1, 2015, pp. 11-12.

[39] Stephen G. Brooks, 2005, *Producing Security: Multinational Corporations, Globalization, and the Changing Calculus of Conflict*, Princeton, N.J.: Princeton University Press, pp. 234-240; Brooks and Wohlforth, "Power, Globalization, and the End of the Cold War," especially pp. 36-37. Stephen G. Brooks and William C. Wohlforth, 2000/01, "Power, Globalization, and the End of the Cold War: Reevaluating a Landmark Case for Ideas," *International Security*, Vol. 25, No. 3 (Winter), pp. 36-37.

[40] Barry R. Posen, 2003, 앞의 글, p. 10.

소요되었다. 중국이 현재 운용하고 있는 핵잠수함 성능은 1950년대 미국의 잠수함 수준과 유사하며, 미국은 그 후 60년의 시간과 수백 억 달러의 돈을 투입하여 소음이 전혀 없는 지금의 버지니아급(Virginia-class) 잠수함 개발에 성공하였다는 점을 들었다.[41]

셋째, 중국의 경제 규모는 급격하게 성장하였으며, 중진국 국민소득 대열에 진입하였다. 중국의 경제 규모는 2000년 전 세계 GDP 4.5% 점유에서 2014년에는 11.3%를 점유할 정도로 급성장하였다. 경제전문가 분석에 의하면 후진국에서 중진국으로의 성장은 비교적 용이하지만, 중진국에서 선진국으로 성장하는 것은 매우 어려운 과정이라고 주장한다. 소위 중진국 함정(Middle Income Trap)에 빠지기 쉬우며, 대부분의 중진국들이 중진국 함정에서 빠져나오지 못하고 있는 것 또한 사실이다.[42] 미국의 최신 연구는 중국이 1990년 이후 정체 상태에 있는 일본의 전철을 밟을 가능성이 높다고 예상하였다. 특히 중국은 비효율적이고 낮은 수준의 인적 자원, 환경오염, 부정부패, 사회안전망 부재, 비효율적인 국

---

41 Tai Min Cheung, 2014, "Conclusions," in Cheung, ed., *Forging China's Military Might: A New Framework for Assessing Innovation*, Baltimore, Md.: Johns Hopkins University Press, p. 276; Tai Ming Cheung, 2009, *Fortifying China: The Struggle to Build a Modern Defense Economy*, Ithaca, N.Y.: Cornell University Press, p. 249.

42 David Dollar, October 2013, "China's Rebalancing: Lessons from East Asian Economic History," *working paper*, Washington, D.C.: Brookings Institution, pp. 11-12; Barry Eichengreen, Donghyun Park, and Kwanho Shin, 2013, "Growth Slowdowns Redux: New Evidence on the Middle-Income Trap," *NBER Working Paper* No. 18673, Cambridge, Mass.: National Bureau of Economic Research [NBER]; Homi Kharas and Harinder Kohli, 2011, "What Is the Middle Income Trap, Why Do Countries Fall into It, and How Can It Be Avoided?" *Global Journal of Emerging Market Economies*, Vol. 3, No. 3 (September), pp. 281-289.

영기업, 급격한 노령화, 중산층의 욕구 분출 등과 같은 수많은 내부적 도전에 직면에 있기 때문에, 중진국 함정에서 벗어나기 어려울 것으로 예측하였다. 만일 벗어날 수 있다 하더라도 이전과 같은 높은 수준의 경제성장은 기대할 수 없을 것이라고 주장하였다.[43] 즉 중국경제에 대한 관전 포인트는, 경제성장률이 어디까지 내려갈 것인가에 있다는 것이다.

패권국의 또 하나의 조건은, '자신이 속한 대륙이 아닌 한 곳 이상의 지역에서 지속적으로 정치-군사적 작전을 벌일 수 있는 능력'을 가져야 한다는 것이다. 이뿐만 아니라, 초강대국과 일정 기간 의미 있는 수준의 싸움을 진행할 수 있는 능력 또한 보유해야 한다는 점이다.[44] 미국은 5대륙 68개국과 안보조약을 맺고 있으며, 전 세계 인구의 4분의 1, 전 세계 경제력의 4분의 3을 차지하는 국가들과 안보 네트워크를 형성하고 있다.[45] 중국은 미국이 보유하고 있는 수준의 안보 네트워크를 확보할 수 있는가? 동시에 확보한 안보 네트워크를 지속시킬 수 있는 능력이 있는가? 지금으로서는 오직 미국만이 세계적 범위에서 깊숙한 개입이 가능하며, 미국 중심의 일극 체제가 끝났다는 주장은 이러한 변화가 상당 기간 내에 발생할 수 없다는 사실을 간과하고 있다. 중국의 굴기

---

43 2014년 중국은 종합환경 지수에서 178개국 중 118위, 공기의 질은 176위를 기록했다. "Country Rankings," Environmental Performance Index (New Haven, Conn.: Yale University, 2014), www.epi.yale. edu/epi/country-rankings;

44 R. Harrison Wagner, 1993, "What Was Bipolarity?" *International Organization*, Vol. 47, No. 1 (Winter), pp. 77-106; David P. Rapkin, William R. Thompson, and Jon A. Christopherson, 1979, "Bipolarity and Bipolarization in the Cold War Era: Conceptualization, Measurement, and Validation," *Journal of Conflict Resolution*, Vol. 23, No. 2 (June), pp. 261-295

45 Michael Beckley, 2015, "The Myth of Entangling Alliances: Reassessing the Risks of U.S. Defense Pacts," *International Security*, Vol. 39, No. 4 (Spring), p. 7.

는 오직 아시아 지역에 작동될 것이며, 세계적 범위에서는 작동할 수 없는 구조적 모순을 가지고 있다.

중국이 초강대국 반열에 오르기 위해서는 다음 3가지 기준을 충족시켜야 한다.

첫째, 중국은 미국의 일극 체제를 위협할 수 있는 충분한 경제적 자원을 보유해야 한다. 미국 국민총생산의 60%에 도달한 중국은, 이 점에서는 이 기준을 충족시켰다고 할 수 있다.[46]

둘째, 충분한 기술적 능력 없이 단순한 경제적 자원의 보유만으로는 초강대국이 될 수 없다. 중국이 충분한 자원과 기술력을 확보하여, 최소한 미국과 동등한 수준에 도달하거나 넘어서야 한다. 그러나 이 점에서 중국은 미국과 극복할 수 없는 큰 격차로 뒤지고 있는 현실이다.

셋째, 중국이 경제 능력과 기술 능력에서 초강대국이 될 수 있는 조건을 갖추었다 하더라도, 이 시스템을 종합적으로 운용할 수 있는 인프라를 구축해야 한다. 현실은 중국이 이 분야에서도 미국과 현격한 격차를 보이고 있다.

중국은 초강대국이 되기 위한 필수적인 3가지 기준 중에 2가지 부분에서 미국에 큰 격차로 뒤쳐져 있으며, 따라서 중국의 갈 길이 매우 멀고 험난하다고 할 수 있다.

초강대국 반열에 오르는 길은, 우선 강대국(Great Powers)에서 '잠재적 초강대국 후보(Emerging Potential Superpowers)'가 되고, 이후 진정한 '잠재적 초강대국(Potential Superpowers)'이 된 이후 최종적으로 초

---

46 Maddison Project (2013 version), http://www.ggdc.net/maddison/maddison-project/home.htm; and IMF World Outlook Database April 2015, http://www.imf.org/external/pubs/ft/weo/2015/01/weodata/index.aspx.

강대국(Superpower)이 되는 것이다.[47] 1990년대와 2000년 초반까지만 해도, 중국은 러시아 같은 평범한 강대국 중의 하나일 뿐이었다. 그러나 급격한 경제발전과 더불어 중국은 이제 두 번째 단계, 즉 '잠재적 초강대국 후보'가 되었다. 이제 초강대국 위치에 도전할 수 있는 링에 올랐지만, 초강대국으로 발돋움하기에는 기술적 능력이 아직 크게 부족하다. 만일 중국이 군사적 영역에서 미국과 도전할 수 있는 경제력과 기술력을 갖추게 될 경우 제 3단계, 즉 '잠재적 초강대국'에 오를 수 있다. 이 단계에서 중국은 초강대국과 맞설 충분한 잠재적인 물질적 능력을 보유하게 되지만, 군사적 기술력과 운용에 필요한 인프라 부족으로 '초강대국' 반열에 오르는 조건을 만족시키는 데 엄청난 어려움과 오랜 시간을 필요로 하게 될 것으로 예측된다. 따라서 중국이 초강대국으로 오를 수 있을지 여부는, 현재로서는 미지수이며, 모든 어려움을 극복하고 초강대국 반열에 오른다고 가정할 경우에도 오랜 기간이 경과되고 난 이후에나 가능한 일이다. 따라서 미국 중심의 일극 체제는 상당 기간 계속될 것으로 결론 내릴 수 있다.

IV. 맺음말

1979년 수교 이후 미국은 중국에 대한 포용정책을 통해 중국의 경제발전에 협력하였다. 그 목적은 중국의 국력을 성장시켜 소련을 견제하고, 또한 경제발전을 통해 중국을 미국의 가치를 존중하는 국가로 변화

---

[47] Stephen G. Brooks and William C. Wohlforth, 2015/16, 앞의 글, p. 43.

시키는 것이었다. 미국의 중국에 대한 포용정책은 1980년대 말 동유럽 사회주의의 몰락과 1991년 소련연방의 해체 이후에도 계속되었다. 미국은 중국이 1980~1990년대 이러한 미국의 포용정책에 힘입어, 2010년 일본을 추월하고 세계 제2의 경제대국으로 발전하였다고 생각하였다. 그러나 2000년 이전까지는 군사력을 포함한 양국의 종합적 국력의 차이가 너무 커서, 미국은 중국을 라이벌로 전혀 인식하지 않았으며 이에 우호적인 중미 관계는 계속될 수 있었다.

그러나 2008년 세계 금융위기를 분수령으로, 미국 워싱턴 정가, 전문가 및 관련 학자들을 중심으로 중국이 자신의 이익과 가치를 위협할 수 있는 라이벌로 인식되기 시작하였다. 그들은 반중국연합을 구성하고 중국의 굴기와 영향력 확대를 억제할 수 있는 효과적인 조치를 취하도록 미국 정부에 촉구하였다. 2012년 미국 중앙정보국(CIA) 산하 '국가정보협의회'는 세계질서는 1991년 소련연방 해체 이후 미국 중심의 일극 체제에서 다극 체제로 변하였다고 인정하였다. 뒤이어, 2011년 11월 오바마 대통령은 '아시아 회귀 전략(Pivot to Asia)'을 발표하고, 일본, 인도, 호주와 군사적 협력 강화를 통해 '아시아판 북대서양조약기구'를 조직하여 중국의 영향력 확대를 억제하고, 아시아에서의 미국에 의해 형성된 기존질서 수호에 나설 것을 분명히 하였다.

21세기에 접어들면서, 중국은 급성장한 경제력을 앞세워 아시아 지역뿐만 아니라, 세계적 범위에서 자신의 영향력을 확대해 나가기 시작하였다. 2013년 9월, 중국 정부는 '일대일로' 정책을 발표하고, 중국과 세계를 연결하는 해상 및 육상 교통로 건설 계획을 발표하였다. 2015년 5월 '중국제조2025(中國制造2025)'를 발표하고, 2049년에는 제조업 분야에서 미국을 추월할 것이라고 공언하였다. 2016년 1월에는 미국, 일본 중심의 아시아개발은행(Asia Development Bank), 세계은행(World Bank) 등에 대항하여, 중국은 아시아, 유럽, 아프리카, 남미 등 총 57개국이 참여하는 다자간은행인 아시아인프라투자은행(AIIB) 설립을 주도하였다. 이 은행의 설립 목적은 중화인민공화국 건국 100주년이 되는 2049년까지, 중국 중심의 '팍스 시니카(Pax Sinica)' 실현을 위한 구체적인 실행을 재정적으로 지원하기 위함이다.

중국의 지속적인 영향력 확장 정책에 미 정부는 즉각 반응하였다. 트럼프 행정부는 2017년 12월 '국가안보전략정책보고서'에서 중국은 미국의 가치와 이익에 반하는 세계건설을 지향하고 있다고 강조하면서, 중국을 전략적 경쟁자(Strategic Competitor) 및 수정주의 세력(Revisionist Power)으로 규정하였다. 더 나아가, 2018년 미 국방부 보고서는 중국의 굴기를 억제하는 것이 목전의 가장 중요한 임무라고 분명히 하였다. 트럼프 대통령은 대통령 취임 이후, 미국과 서방세계의 최첨단 기술 유출방지와 중국의 경제성장 억제를 목적으로, 무역전쟁의 수단을 통해 중국에 대해 경제제재 조치를 지속적으로 취해 왔다. 중국 역시 이에 대해 보복 조치를 취함으로서, 미중 간의 경쟁 혹은 대립은 더욱 분명해졌다.

그러나 워싱턴의 기류와는 달리, 최근 미국의 학계에서는 중국은 가까운 시일 내에 미국에 근접할 수 있는 종합적 국력에 도달할 수 없다는 주장이 대두되었다. 그 이유로 세계의 패권국이 되기 위해서는 바다, 하늘, 우주에 대한 통제권, 즉 지구공역통제권을 확보해야 하지만 중국의 현 군사력은 지구공역통제권 확보에 필수적인 군사력이 미국과 비교할 수 없을 정도로 약하다는 것이다. 중국은 핵잠수함, 항공모함, 제4~5세대 전투기, 우주위성, 군사위성 등 최첨단 군사력 분야에서 미국과 비교가 불가능할 정도로 약하며, 2위 러시아에 비해서도 한참 뒤떨어져 있다고 주장하였다. 그뿐만 아니라, 현대 최첨단 무기체계는 매우 복잡해져, 경제력을 군사적 능력으로 전환하는 것이 과거에 비해 크게 어려워졌고 소요 시간 또한 크게 늘어났기 때문에, 단 기간에 첨단무기의 군사강대국으로의 변모하는 것은 사실상 불가능하다고 주장하였다.

현재의 중국은 급성장한 경제력을 바탕으로 일본, 영국, 프랑스, 인도 및 러시아와 같은 강대국을 넘어 '잠재적 초강대국 후보국'이 되었지만, 아직 '잠재적 초강대국'과 '초강대국'은 아니라는 것이다. 잠재적 초강대국이 되기 위해서는 최첨단 기술력이 미국과 동등 혹은 미국을 추월해야 하는데, 중국의 내부적 문제들을 고려하면 이는 가까운 시일 내에 이루어질 수 없다고 강조하였다. 결론적으로 앞으로 수십 년 내에 중국이 초강대국이 될 가능성은 없으며, 상당 기간 미국의 일극 체제는 유지될 것이라는 주장이다.

참고문헌

陶文釗, 2009, 「金融危机與中美關系朝鮮」, 『和平與發展』第4期.
馬振崗, 2010, 「中美戰略競爭論剖析」, 『國際問題研究』第6期.
劉明福, 2010, 『中國夢:后美國時代的大國思維與戰略定位』(北京, 中國友誼出版公司.
孫茹, 2012, 「美國亞太同盟體系的网絡化及前景」, 『國際問題研究』第4期.
習近平, 2018, 『和平與發展習近平談"一代一路"』(北京, 中央文獻出版社.
王帆, 2008, 「中美競爭關系性相互依存探析」, 『世界經濟與政治』第3期.
王緝思, 2010, 「中美關系結構性矛盾上升, 戰略較量那以避免」, 『國際戰略研究簡報』第47期.
_____, 2018, 「中美關系何處去」, 『國際戰略研究簡報』第62期.
袁鵬, 2010, 「中美關系何處去」, 『外交評論』第2期.
閻學通, 2010, 「對中美關系不穩定性的分析」, 『世界經濟與政治』第12期.
_____, 2018, 「中美兩极化趨勢的思考」, 『現代國企研究』第17期.
李巍, 2016, 「中美金融外交的國際制度競爭」, 『世界經濟與政治』第4期.
張宇燕, 2018, 馮維江, 「從"接觸"到"規鎖":美國對華戰略意圖及中美博弈的四種前景」, 『清華金融評論』第7期.
趙可金, 2013, 「后金融危机時期的中美關系:話語權的視角」, 『美國研究』第1期.
周鑫宇, 2015, 「中美在開展制度競爭嗎?」, 『世界知識』, 第1期.
『國務院關于印發《中國制造2025》的通知:國發[2015]28號』, 2015年5月8日, http://www.gov.cn/zhengce/content/2015-05/19/content_9784.htm.

Acharya, Amitav, 2014, *The End of American World Order* (New York: Polity.
Bader, Jeffrey, "US-China Relations: Is It Time to End the Engagement?", *Policy Brief*, The Brookings Institution, September 2018. https://www.brookings.edu/research/u-s-chinarelations-is-it-time-to-end-the-engagement.
Beckly, Michael, 2011/2012, "China's Century? Why America's Edge will Endure", *International Security*, Vol.36, No.3 (Winter).
_____, 2015, "The Myth of Entangling Alliances: Reassessing the Risks of U.S. Defense Pacts," *International Security*, Vol. 39, No. 4 (Spring).

Brands, Hal, 2019, "The Lost Art of Long-Term Competition", *The Washington Quarterly*, Vol. 41, No. 4.

Bremmer, Ian, 2012, "Every Nation for Itself: Winners and Losers in a G-Zero World", New York: Penguin.

Brooks, Stephen G., 2005, *Producing Security: Multinational Corporations, Globalization, and the Changing Calculus of Conflict*, Princeton, N.J.: Princeton University Press.

Brooks, Stephen G., and Wohlforth, William C., 2000/01, "Power, Globalization, and the End of the Cold War: Reevaluating a Landmark Case for Ideas," *International Security*, Vol. 25, No. 3 (Winter).

_____, 2008, *World Out of Balance: International Relations and the Challenge of American Primacy*, Princeton, N.J.: Princeton University Press.

_____, 2015/16, "The Rise and fall of the Great Powers in the Twenty-first Century: China's Rise and the Fate of Ameica's Global Position", *International Security*, Vol. 40, No. 3 (Winter).

Brunnermeier, Markus, Doshi, Rush, and James, Harold, 2018, "Beijing's Bismarckian Ghosts: How Great Powers Compete Economically", *The Washington Quarterly*, Vol. 41, No. 3.

Cheung, Tai Min, 2009, *Fortifying China: The Struggle to Build a Modern Defense Economy*, Ithaca, N.Y.: Cornell University Press.

_____, "Conclusions," in Cheung, ed., 2014, *Forging China's Military Might: A New Framework for Assessing Innovation*, Baltimore, Md.: Johns Hopkins University Press.

Dollar, David, October 2013, "China's Rebalancing: Lessons from East Asian Economic History," *working paper,* Washington, D.C.: Brookings Institution.

Eichengreen, Barry, Park, Donghyun and Shin, Kwanho, 2013, "Growth Slowdowns Redux: New Evidence on the Middle-Income Trap," NBER Working Paper No. 18673 (Cambridge, Mass. National Bureau of Economic Research [NBER].

Environmental Performance Index, 2014, "Country Rankings,", New Haven,

Conn.: Yale University. www.epi.yale.edu/epi/country-rankings.

Friedberg, Aaron L., "Strategic Competition with China", Testimony before the House Armed Services Committee, 15 February, 2018, https://docs.house.gov/meetings/AS/AS00/20180215/106848/HHRG-115-AS00-Wstate-FriedbergA-20 180215.pdf.

Gopal, Prakash, 2017, "Maritime Security in the Indo-Pacific: The Role of the US and its Allies", *Maritime Affairs: Journal of the National Maritime Foundation of India*, Vol.13, No. 1.

Heath, Timothy R., and Thompson, William R., 2018, "Avoiding US-China Competition Is Futile: Why the Best Option Is to Manage Strategic Rivalry", *Asia Policy*, Vol. 13, No. 2.

IMF World Outlook Database April 2015, http://www.imf.org/external/pubs/ft/weo/2015/01/weodata/index.aspx.

International Institute for Strategic Studies, 2013, *The Military Balance*, Vol. 113, No. 1, London: IISS.

Kennedy, Scott, "Protecting America's Technology Industry from China: Tariffs Aren't the Answer", *Foreign Affairs*, August 2, 2018. https://www.foreignaffairs.com/articles/2018-0802/protecting-americas-technology-industry-china.

Khanna, 2009, *The Second World: How Emerging Powers Are Redefining Global Competition in the Twenty-First Century*, New York: Random House.

Kharas, Homi, and Kohli, Harinder, 2011, "What Is the Middle Income Trap, Why Do Countries Fall into It, and How Can It Be Avoided?" *Global Journal of Emerging Market Economies*, Vol. 3, No. 3 (September).

KirkPatrick, Jeane, 1985, *The Reagan Doctrine and U.S. Foreign Policy*, Washington, D.C.: the Heritage foundation Andthe Fund for an American Renaissance.

Layne, Christopher, 2012, "This Time It's Real: The End of Unipolarity and the Pax Americana," *International Studies Quarterly*, Vol. 56, No. 1 (March).

Liu Ming fu, "The World Is Too Important to Be Left to America", *The Atlantic*, June 4, 2015, https://www.theatlantic.com/international/archive/2015/06/

china-dream-liu-mingfupower/394748/.

Maddison Project (2013 version), http://www.ggdc.net/maddison/maddison-project/home.htm.

Mearsheimer, John J., 2001, *The Tragedy of Great Power Politics*, New York: W.W. Norton.

Minghao, Zhao, 2019, "Is a New Cold War Inevitable? Chinese perspectives on US-China Strategic Competition", *The Chinese Journal of International Politics*, Vol.12, Issue 3.

Mishra, Vivek, 2016, "US Power and Influence in the Asia-Pacific Region: The Decline of 'Alliance Mutuality'", *Strategic Analysis*, Vol. 40, No. 39.

National Intelligence Council, "Global Trends 2025: A Transformed World", (Washington, D.C.: GovernmentPrinting Office, 2008).

_____, 2012, *Global Trends 2030: Alternate Worlds*, Washington, D. C.: Office of the Director of National Intelligence. p.x. http://globaltrends2030.files.wordpress.com/2012/11/global-trends-2030-november2012.pdf.

O'Rourke, Ronald, *China naval Modernization: implications for the U.S navy capabilities-background and Issues for congress*, Wahington, D.C.: Congressional Research Service June 1, 2015.

Oberdorfer, Don, 1993, "Reagan's Triumph: Personal or Institutional?", Kenneth Thompson edited, Foreign Policy in the Reagan Presidency, *Nine Intimate Perspectives*, Miller Center Reagan Oral History Series, Volume III(Washington: University Press of America, Inc.

Oye, Kenneth A., Lieber , Robert J. and Rothchild, Donald, 1987, *Eagle Resurgent? The Reagan Era in American Foreign Policy*, Preface, Boston: Little, Brown and Company.

Pan, Chengxin, 2014, 'Indo-Pacific' and geopolitical anxieties about China's rise in the Asian regional order", *Australian Journal of International Affairs*, Vol.68, No. 4.

Park, Jae Jeok, 2011, "The US-led alliances in the Asia-Pacific: hedge against potential threats or an undesirable multilateral security order?", *The Pacific Review*, Vol 24, No. 2.

Perlez, Jane, "Leader Asserts China's Growing Importance on Global Stage," *New York Times*, November 30, 2014, http://www.nytimes.com/2014/12/01/world/asia/leader-asserts-chinasgrowing-role-on-global-stage.html?_r=0.

Posen, Barry R., 2003, "Command of Commons: The military Foundation of U.S. Hegemony," *International security*, Vol. 28, No.1 (summer).

_____, 2012, "From Unipolarity to Multipolarity: Transition in Sight?" in G. John Ikenberry, Michael Mastanduno, and William C. Wohlforth, eds., *International Relations Theory and the Consequences of Unipolarity*, New York: Cambridge University Press.

_____, 2014, *Restraint: A New Foundation for U.S. Grand Strategy*, Ithaca, N.Y.: Cornell University Press.

Rapkin, David P., Thompson, William R. and Jon A. Christopherson, 1979, "Bipolarity and Bipolarization in the Cold War Era: Conceptualization, Measurement, and Validation," *Journal of Conflict Resolution*, Vol. 23, No. 2 (June).

Ratner, Ely, "The China Challenge, Part I: Economic Coercion as Statecraft", Testimony before US Senate Foreign Relations Committee, 24 July, 2018. https://www.foreign.senate.gov/imo/media/doc/072418_Ratner_Testimony.pdf.

Schell, Orville and Shirt, Susan L., 2019, "Course Correction: Toward an Effective and Sustainable China Policy", Task Force Report, *Asia Society*. https://asiasociety.org/sites/default/files/inline-files/CourseCorrection_FINAL_2.7.19_0.pdf.

Schiavenza, Matt "What Exactly Does It Mean That the U.S. Is Pivoting to Asia? And will it last?", *The Atlantic*, April 15, 2013. https://www.theatlantic.com/china/archive/2013/04/what-exactly-does-it-mean-that-the-us-is-pivoting-to-asia/274936/.

Shanmbaugh, David, 2004/2005, "China's Engages Asia: Reshaping the Regional Order", *International Security*, Vol.29,No. 3(Winter).

_____, 2018, "US-China Rivalry in Southeast Asia: Power Shift or Competitive Coexistence?", *International Security*, Vol. 42, No. 4.

Shifrinson, Joshua R. Itzkowitz and Beckley, Michael, 2012/13, "Correspondence: Debating China's Rise and U.S. Decline", *International Security*, Vol. 37, No. 3 (Winter).

Smith, Adam, "Fiscal Year 2019 National Defence Authorisation Act Conference Report Summary", *US House Armed Services Committee*, https://armedservices.house.gov/_cache/files/9/b/9b3cf12c-53e2-4fe4-adbf-0068c519a22e/7FD759C5E1792048C39FA198641F1A5F.final-summary-of-the-fy-19-ndaa-conference-report-dem.pdf.

Sutter, Robert, "Pushback: America's New China Strategy", *The Diplomat*, November 2, 2018. https://thediplomat.com/2018/11/pushback-americas-new-china-strategy/.

Swaine, Michael D., "A Counterproductive Cold War with China", *Foreign Affairs*, March 2, 2018. https://www.foreignaffairs.com/articles/china/2018-03-02/counterproductive-cold-war-china.

Tellis, Ashley, "Protecting American Primacy in the Indo-Pacific", Testimony before Senate Armed Services Committee, April 25, 2017. https://www.armed-services.senate.gov/imo/media/doc/Tellis_04-25-17.pdf.

The White House Office of the Press Secretary, November 17, 2011. https://obamawhitehouse.archives.gov/the-pressoffice/2011/11/17/remarks-president-obama-australian-parliament.

_____, "National Security Strategy of the United States of America", December 2017. https://www.whitehouse.gov/wp-content/uploads/2017/12/NSS-Final-12-182017-0905-2.pdf.

U.S. Department of Defense, "Summary of the 2018 National Defense Strategy of the United States of America: Sharpening the American Military's Competitive Edge", https://www.defense.gov/Portals/1/Documents/pubs/2018-National-Defense-Strategy-Summary.pdf.

Union of Concerned Scientists, UCS Satellite Database, http://www.ucsusa.org/nuclear_weapons_and_global_security/solutions/space-weapons/ucs-satellite-database.html.

Wagner, R. Harrison, 1993, "What Was Bipolarity?" International Organization, Vol. 47, No. 1 (Winter).

Yoshihara, Toshi, 2013, "The US Navy's Indo-Pacific challenge", *Journal of the Indian Ocean Region*, Vol.9, No. 1.
Zakaria, 2009, "The Post-American World", New York: W.W. Norton.
Zakaria, Fareed, 1999, *From Wealth to Power: The Unusual Origins of America's World Role*, Princeton, N.J.: Princeton University Press.

"Dealing with China, America Goes for Confucian Honesty", *The Economist*, 4 October, 2018.
"For the U.S. and China, a Technology Cold War That's Freezing Over", *New York times,* March 23, 2018. https://www.nytimes.com/2018/03/23/technology/trump-china-tariffs-tech-cold-war.html.
"Vladimir Putin Warns Sanctions on Russia Will Backfire on West," *Telegraph*, May 23, 2014. http://www.telegraph.co.uk/news/worldnews/europe/russia/10851908/Vladimir-Putin-warnssanctions-on-Russia-will-backfire-on-West.html.

4장
중국의 부상에 대한 유럽의 인식

강수정(조선대학교 정치외교학과 조교수)

I. 머리말
II. 중국의 부상과 EU의 대중국 인식의 변화
III. 중국의 일대일로 이니셔티브와 EU 회원국들 간 인식의 분화
IV. 맺음말

I. 머리말

　개혁개방 이후 중국은 급속한 경제성장을 바탕으로 미국에 이은 제2의 경제대국으로 부상하였고, 그러한 경제력을 바탕으로 중국의 종합국력과 국제적 영향력을 확대해 왔다. '중화민족의 위대한 부흥'이라는 강대국화의 꿈을 실현하고자 하는 중국은 동아시아 지역을 넘어 전 세계적으로 그 영향력을 확대해 나가면서, 글로벌 정치경제에 광범위한 영향을 미치는 글로벌 강대국으로 부상하고 있다. 이처럼, 중국의 강대국화는 단순히 국력의 신장만을 의미하는 것이 아니라, 영향력의 확대까지도 포괄한다고 볼 수 있다.[1] 중국의 강대국화에 따른 영향력의 확대는 경제, 정치·외교, 군사·안보, 과학기술 등 다양한 영역에서 다면적으로 나타나고 있다. 또한, 영향력의 확대는 그 크기뿐만 아니라 그것이 미치는 범위의 확대를 의미하며, 글로벌 강대국으로 부상하는 중국은 이제 아시아 지역을 넘어 유럽, 아프리카, 라틴아메리카 지역까지도 그 영향력의 범위를 확장하고 있다.[2]

---

* 이 글은 『현대중국연구』 제21권 3호, 2019에 게재된 저자의 논문을 수정·보완한 것임을 밝힌다.

1　이정남 편저, 2018, 『중국의 꿈-중국이 지향하는 강대국 초상』, 아연출판부.

2　Jakub Jakóbowski, 2018, "Chinese-led Regional Multilateralism in Central and Eastern Europe, Africa and Latin America: 16 + 1, FOCAC, and CCF," *Journal of Contemporary China*, 27(113), pp. 659-673; Angela Stanzel et al., 2016, "China's Investment in Influence: The Future of 16 + 1 Cooperation," *European Council on Foreign Relations*, December 2016, http://www.ecfr.eu/page/-/China_Analysis_Sixteen_Plus_One.pdf; Richard L. Harris and Armando A. Arias, 2016, "China's South-South cooperation with Latin America and the Caribbean," *Journal of Developing Societies*, 32(4), pp. 508-556; Philippe Le Corre, Stephanie Segal, Andrea Kendall-Taylor and

이에 따라, 지리적으로 멀리 떨어져 있는 유럽 국가들도 중국의 부상에 따른 국제 환경의 변화에서 자유로울 수 없었고, 통상·투자를 포함한 경제관계에서뿐만 아니라 기후변화, 환경, 에너지, 대량살상무기의 비확산, 반테러, 사이버 안보 등의 글로벌 이슈를 다루는 국제정치에서도 중국과의 긴밀한 협력을 추구하지 않을 수 없었다. 이러한 중국의 부상은 유럽에 어떠한 기회와 도전을 제공하고 있을까? 유럽과 중국 간 경제적·정치적·인적 교류의 증대에도 불구하고 지난 30년간의 유럽-중국 관계는 협력과 갈등이 공존해 왔다. 부상하는 중국과의 교류 확대는 유럽의 대중국 관여(engagement) 정책 지지자들이 기대하는 것처럼 중국의 자유화와 민주화를 촉진시키기보다는 오히려 유럽 경제·정치·안보에 중국이 미치는 영향이 증대되는 결과를 초래하고 있다.[3] 그렇다면, 유럽연합과 유럽 국가들은 유럽-중국 관계에서 중국의 강대국화가 유럽에 어떠한 기회와 도전을 제공하고 있으며, 이에 어떻게 대응해야 한다고 인식하고 있을까?

이 연구는 이러한 문제의식 속에서 중국의 부상에 대한 유럽의 인식을 살펴본다. 특히, 중국의 대유럽 영향력 확대에 따른 유럽의 대중국 인식의 '변화'와 '분화'에 주목한다. 유럽은 약 50개국으로 이루어져 있으며, 지리적 위치, 정치, 인종, 문화적 지표를 감안하여 서부 유럽(영국, 프

Zack Cooper, 2019, "China's Expanding Influence in Europe and Eurasia," Statements before the House Committee on Foreign Affairs Subcommittee on Europe, Eurasia, Energy, and the Environment, 2019.05.09., https://docs.house.gov/Committee/Calendar/ByEvent.aspx?EventID=109430.

3   Thomas Christiansen and Richard Maher, 2017, "The rise of China—challenges and opportunities for the European Union," *Asia Europe Journal*, 15(2), pp. 121-131.

랑스, 베네룩스 3국), 북부 유럽(아이슬란드, 스칸디나비아 3국), 중부 유럽 (독일, 오스트리아, 스위스), 남부 유럽(지중해 연안 국가), 동부 유럽(러시아, 벨라루스, 우크라이나, 폴란드, 유고슬라비아, 체코, 불가리아 등) 등으로 구분 하기도 한다.[4] 이러한 다양한 유럽 국가들을 하나로 묶어서 '단일한 유럽'의 시각을 분석하는 것은 불가능에 가까운 일이라고 볼 수 있다. 따라서 본 연구는 통합된 유럽을 대표하는 유럽연합(European Union, 이하 EU)을 중심으로 EU의 대중국 인식의 변화와 EU 안에서 나타나는 회원국들 간 인식의 차이와 분화를 분석하는 데 초점을 맞추고자 한다.

1952년 유럽석탄철강공동체(ECSC, European Coal and Steel Community)의 출범 이후 지난 65년간 유럽통합의 역사 속에서 EU는 그 회원국의 수가 지속적으로 증가하는 외연적 확장과 더불어 EU 차원에서 수립·시행되는 공동정책의 영역이 확대되면서 현재 28개 회원국을 거느리는 거대한 정치·경제적 공동체로 심화·발전되어 왔다.[5] 또한, EU는 자유무역, 민주주의, 법치, 인권 보호, 지속가능한 성장 등을 유럽통합의 핵심가치로 삼고 국제관계에서도 이러한 가치들을 추구해 왔다.[6] 28개의 유럽 국가들로 구성된 EU를 중심으로 유럽의 정치경제적 통합이 추진되어 왔지만, 그렇다고 해서 유럽통합의 심화가 모든 회원국들로부터 일관되게 지지를 받아 온 것은 아니며, 역내 중요 이슈와 관련하여 그들이 항상 단일한 목소리를 내는 것도 아니다.[7] EU 회원국들은

---

4   유럽에 대한 개괄적 지역 정보는 다음을 참조. 외교부, 국가/지역 정보-유럽: http://www.mofa.go.kr/www/wpge/m_3550/contents.do.

5   신종훈, 2017, 「브렉시트와 유럽통합-EEC 창설기부터 브렉시트(Brexit)까지 영국의 유럽정치」, 『통합유럽연구』, 8(2), 171-202쪽.

6   전혜원, 2011, 「EU의 대 중국관계: 현황과 전망」, 『주요국제문제분석』(외교안보연구원), 2011-20.

EU라는 단일행위자로서 한목소리를 내는 데 종종 어려움을 겪어 왔다. 특히, 2009년 이후 유로존 재정위기, 그렉시트(Grexit: 그리스의 유로존 탈퇴) 위기, 난민위기와 2015년 난민쿼터제 도입, 2015년과 2016년 파리, 브뤼셀, 베를린 등에서의 연쇄 테러 사태, 2016년 브렉시트(Brexit: 영국의 EU 탈퇴) 결정 등으로 인해 일련의 통합 위기 상황들을 경험해 왔으며 내부적 갈등과 분열이 심화되어 왔다.[8] 이 과정에서, EU의 복잡하고 다층적인 대표성과 EU 차원에서 수립·시행되는 공동정책과 개별 국가들의 이익 간 충돌의 문제는 EU 차원에서의 단일한 정책 수립과 실행에 근본적인 걸림돌로 작용해 왔다.[9] 또한, EU 회원국들 국내정치적으

---

7   Mikko Huotari, Miguel Otero-Iglesias, John Seaman and Alice Ekmaneds (eds.), 2015, "Mapping Out Europe-China Relations: A Bottom-Up Approach," *ETNC Report,* European Think-tank Network on China (ETNC), October 2015, https://www.merics.org/sites/default/files/2018-03/ETNC_2015_web_final.pdf; John Fox and François Godement, 2009, *A Power Audit of the EU-China relations,* European Council on Foreign Relations (ECFR), April 2009, https://www.ecfr.eu/page/-/ECFR12_-_A_POWER_AUDIT_OF_EU-CHINA_RELATIONS.pdf; Thorsten Benner et al., 2019, "How Should Europe Handle Relations with China?," *A ChinaFile Conversation,* 2019.04.08., http://www.chinafile.com/conversation/how-should-europe-handle-relations-china.

8   유럽 분열에 관한 연구는 다음을 참조. Douglas Webber, 2014, "How likely is it that the European Union will disintegrate? A critical analysis of competing theoretical perspectives," *European Journal of International Relations,* 20(2), pp. 341-365; Hans Vollaard, 2014, "Explaining European Disintegration," *Journal of Common Market Studies,* 52(5), pp. 1142-1159; Henrik Scheller and Annegret Eppler, 2014, "European Disintegration-Non-existing Phenomenon or a Blind Spot of European Integration Research?: Preliminary Thoughts for a Research Agenda", *Institute for European Integration Research Working Paper,* 02/2014; 방청록, 2017, 「브렉시트 결정의 유럽의 통합과 분열에 대한 영향 연구」, 『유럽연구』, 35(1), 59-96쪽; 황기식·김현정, 2018, 「난민안보와 EU 공동체 위기」, 『한국동북아논총』, 23(3), 111-136쪽.

9   전혜원, 2011, 앞의 글.

로는 극우민족주의 정치세력의 영향력이 확산되고, 유럽통합과 EU 정책에 반대하는 목소리가 높아져 왔다.

이러한 맥락 속에서, 유럽은 대중국 인식과 대응에 있어서도 하나의 목소리를 내고 있지 못하다. 최근 중국은 새로운 성장의 동력을 찾고 강대국화를 실현하기 위한 중장기 전략 구상으로서 '일대일로(一帶一路) 이니셔티브'를 추진하는 과정에서 일대일로의 종착지인 유럽으로의 진출에 보다 적극적으로 나서면서 유럽 내 영향력을 확대해 왔다. 이에 따라, 서로 다른 이해관계를 가지는 유럽 국가들 간에 대중국 인식의 차이와 분화가 한층 더 뚜렷하게 나타나고 있다.[10] 심지어 최근 일각에서는 중국의 유럽 내 영향력 확대가 유럽의 분열을 가속화시키고 있다는 주장까지 제기되고 있다.[11]

---

10 Frans-Paul van der Putten and Minke Meijnders, 2015, "China, Europe and the Maritime Silk Road," *Clingendael Report,* March 2015, https://www.clingendael.org/sites/default/files/pdfs/China_Maritime_Silk_Road.pdf; Putten, Frans-Paul van der, John Seaman, Mikko Huotari, Alice Ekman, Miguel Otero-Iglesias (eds.), 2016, "Europe and China's New Silk Roads," *ETNC Report,* European Think-tank Network on China (ETNC), December 2016, http://www.iai.it/sites/default/files/2016_etnc_report.pdf; Richard Ghiasy and Jiayi Zhou, 2017, The Silk Road Economic Belt: Considering Security Implications and EU-China Cooperation Prospects, Stockholm: Stockholm International Peace Research Institute, February, 2017, https://www.sipri.org/publications/2017/other-publications/silk-road-economic-belt.

11 오광진, "시진핑·트럼프 앞에서 분열되는 유럽", 『조선일보』 2019.03.20, http://news.chosun.com/site/data/html_dir/2019/03/20/2019032002763.html; Jan Weidenfeld, 2018, "China's Europe Policy Poses a Challenge to EU Cohesion," *The Diplomat,* 2018.08.16.; Austin Doehler, 2019a, *The Pernicious Effects of China's Belt and Road Initiative on Western Balkan-EU Integration,* Center for European Policy Analysis, 2019.09.23.; Austin Doehler, 2019b, "How China Challenges the EU in the Western Balkans,"

이러한 시점에서, 이 연구는 먼저 통합된 유럽을 대표하는 EU를 중심으로, 중국의 부상에 따른 유럽의 대중국 인식의 변화를 분석한다. 그 다음, 중국의 강대국화 실현을 위한 중장기 전략 구상이라고 할 수 있는 일대일로 이니셔티브에 초점을 맞추어, 일대일로를 전면에 내세운 중국의 대유럽 진출과 영향력 확대와 관련하여 EU 내부에서 이에 대한 회원국들의 인식과 대응에 있어서 어떠한 차이와 분화가 나타나고 있는지를 살펴보고자 한다. 이를 통해, 유럽의 분화된 대중국 인식과 대응이 유럽의 단합과 분열에 어떠한 영향을 미치고 있는지를 분석하는 하나의 단초를 제공하고자 한다.

II. 중국의 부상과 EU의 대중국 인식의 변화

이 장은 중국의 부상에 따른 EU의 대중국 인식의 변화를 분석한다. 이러한 분석을 위한 1차 자료로 EU-중국 관계에서 EU 집행위원회의 중국에 대한 입장의 토대가 되어 온 공식 협정문이나 EU 정책방침서(position paper), 제안서(communications), 성명서(statements) 등을 활용한다. EU 집행위원회[12]는 1990년대 중반부터 EU 차원에서 대중국 전

The Diplomat, 2019.09.25.

12 집행위원회(European Commission)는 유럽통합 관련 조약을 수호하고 EU의 행정부 역할을 담당하며 각종 정책을 입안하고 EU의 이익을 수호하는 유럽통합의 중심기구이다. 집행위원회는 임기 5년의 집행위원장 1명과 27명의 집행위원으로 구성되며, 이들 총 28명 전체를 '집행위원단'이라고 한다. 현재 집행위원장은 독일 국방장관을 역임했던 우르줄라 폰 데어 라이엔(Ursula von der Leyen, 2019년 12월 취임)이며, 나머지 집행위원은 각 회원국이 1명씩 차지하고 있다. 집행위원회의 기능 및 권한에 관한 보다 자세한 설명은 다음의 링크 참조: http://www.mofa.go.kr/

략의 목표와 방향을 설정하는 일련의 제안서와 관련 정책방침서들을 발표해 왔다.[13] 이러한 공식 문서들은 EU의 대중국 인식과 EU가 중국과의 관계에서 추구하고자 하는 지향점과 원칙들을 분명히 보여 준다.

미·중 간의 데탕트 형성 등 국제정세의 변화 속에서 EU와 중국은 1975년에 공식적인 외교관계를 수립하였고, 1985년에 이르러 양자 간

---

www/wpge/m_3854/contents.do.

13 EU집행위원회의 대중국 전략 관련 정책방침서는 다음을 참조. European Commission, 1995, A Long-term Policy for China-Europe Relations, COM (1995)279 final, 1995.07.15.; European Commission, 1998, Building a Comprehensive Partnership with China, COM (1998)181 final, 1998.03.25.; European Commission, 2001, EU Strategy towards China: Implementation of the 1998 Communication and Future Steps for a more Effective EU Policy, COM (2001)265 final, 2001.05.15.; European Commission, 2003, A Maturing Partnership: Shared Interests and Challenges in EU-China Relations, COM (2003) 533 final, 2003.09.10.; European Commission, 2006a, EU-China: closer partners, growing responsibilities, communication from the commission to the council and the European parliament, COM (2006) 631 final, 2006.10.24.; European Commission, 2006b, (Accompanying COM (2006) 631 final) Closer partners, growing responsibilities-A policy paper on EU-China trade and investment: competition and partnership, Commission Working Document, COM (2006) 632 final.; European Commission, 2013, EU-China 2020 Strategic Agenda for Cooperation, https://eeas.europa.eu/china/docs/eu-china_2020_strategic_agenda_en.pdf; European Commission, 2016a, The European Union sets its sights high on ambitions with China, *Press Release,* June 22, 2016, https://europa.eu/rapid/press-release_IP-16-2259_en.htm; European Commission, 2016b, Joint communication to the European Parliament and the Council: Elements for a new EU strategy on China. JOIN (2016) 30 final, 2016.06.22., https://eeas.europa.eu/delegations/china_en/15397/Elements%20for%20a%20New%20EU%20Strategy%20on%20China; European Commission, 2019a, Joint Communication to the European Parliament, The European Council and the Council, EU-China-A strategic outlook, JOIN(2019) 5 final, 2019.03.12., https://ec.europa.eu/commission/sites/beta-political/files/communication-eu-china-a-strategic-outlook.pdf.

무역 및 협력 협정(EEC-China Trade and Cooperation Agreement)을 체결하면서 협력 증진을 위한 제도적 기반을 갖추게 되었다. 하지만, 1990년대 초반까지 중국-유럽 관계는 주로 중국과 유럽 주요 국가들(프랑스, 독일, 영국) 간의 개별적인 양자관계에 초점이 맞추어져 있었다. 1993년 마스트리히트 조약 발효 이후 유럽의 경제적 통합이 더욱 심화되고 정치적 통합이 가시화되면서, 중국은 본격적으로 EU를 중요한 국제적 행위자로 인식하기 시작하였고, EU 또한 중국의 시장이 갖는 매력과 전략적 파트너로서의 가치에 주목하게 되었다.[14]

이에 따라, 중국을 예의 주시하고 있던 EU는 1990년대 중반부터 본격적으로 장기적인 대중국 전략을 세우기 시작하였다. 1995년 EU 집행위원회는 1994년도에 수립된 '신아시아전략(New Asia Strategy)'을 기반으로 장기적인 관점에서 대중국 정책 제안서를 발표했다.[15] 이 정책 제안서에서, EU 집행위원회는 중국의 부상이 국제체제에 많은 기회와 도전을 제공하고 있다는 점을 인지하면서, 핵과 여타 대량살상무기의 비확산 등과 관련한 전통적 안보 이슈뿐만 아니라 지속가능한 발전, 환경, 자원, 과학기술 발전, 정보화, 인구성장, 빈곤 퇴치, 산림보호, 불법이민, 전염병 등의 글로벌 이슈에 있어서 중국과의 협력의 중요성을 강조하였다. 경제적인 측면에서는, 중국 시장의 확대에 따라 유럽기업들의 적극적인 중국 시장 진출과 경쟁력 강화를 독려했다. 무엇보다 중요한 점은 중

---

[14] Kerry Brown and Stanley Crossick, 2009, "The EU and China: Time for a Change?", Asia Programme Paper: ASP PP 2009/03, Chatham House.

[15] European Commission, 1994, Towards a new Asia strategy. Communication from the Commission to the Council. COM (94) 314 final, 1994.07.13.; European Commission, 1995, 앞의 글.

국의 증대되는 경제·무역 규모와 영향력을 고려할 때 중국이 국제적 규범에 따라 개혁개방과 경제적 성장을 지속하고 규칙에 기반을 둔 세계경제체제에 중요한 일원으로 참여할 수 있도록 독려하는 것이 필요하다고 인식했다는 점이다. 특히, 중국의 WTO 가입을 독려하는 등 기존 국제체제로의 편입을 통해 국제규범을 사회화하면서 중국 내부의 개혁을 지속하기를 기대했다. 중국의 국력 신장과 더불어 그에 걸맞은 책임 분담을 강조하면서, 국제적 규범에 따른 중국의 정치·경제·사회적 개혁의 필요성을 강조했다.

이처럼 EU와 중국은 상호관계 심화의 필요성에 공감하게 되면서, 1998년 제1차 EU-중국 정상회의를 개최하였고, 이후 거의 매년 정상회의를 진행하면서 다양한 이슈에 대한 협력관계를 구축하였으며 양자관계는 급속도로 발전하게 되었다. 특히, 2001년 중국의 WTO 가입이 성사되고 2002년 유로화 통용과 함께 EU의 통화통합이 완성된 이후, 양자 간의 교역은 폭발적으로 증가하였다.

이러한 상호관계의 심화 속에서 중국의 국제적 역할과 책임 확대에 대한 기대와 함께 EU는 2003년 양자관계를 '전략적 동반자관계'로 격상하는 방안을 담은 중요한 정책 문건을 발표하게 된다. EU 집행위원회는 2003년 9월 공개된 대중국 정책 제안서, '성숙한 동반자관계: EU-중국 관계에 있어 공유된 이익과 도전(A Maturing Partnership: Shared Interests and Challenges in EU-China Relations)'에서 중국을 처음으로 '전략적 동반자(strategic partner)'로 칭하기 시작했다.[16] EU 이사회는 같은 해 12월 처음으로 공동 외교안보정책 방향을 설정한 '유럽 안보 전

---

16 European Commission, 2003, 앞의 글.

략(European Security Strategy)'을 도입했다. 이를 공표하는 '더 나은 세계에서 안전한 유럽(A secure Europe in a better world)'이라는 제하의 성명서에서, EU 이사회는 EU가 직면한 주요한 안보적 위협(테러리즘, 대량살상무기 확산, 지역 분쟁, 국제 범죄 등)을 규정하고 EU의 핵심 가치를 수호하고 안보적 이익을 추구하기 위한 전략적 목표를 제시하면서, 이러한 안보적 이슈를 다루는 데 있어서 일관성 있는 정책의 추진과 함께 중국을 포함한 전략적 동반자 국가들과의 협력의 필요성을 강조했다.[17]

EU와 중국이 포괄적인 전략적 동반자관계(EU-China comprehensive strategic partnership)를 맺으면서, 2006년 EU 집행위원회는 중국과의 전략적 파트너십을 발전시키기 위한 새로운 대중국 정책 제안서를 채택하였고, 이 제안서는 2010년대 중반까지 10여 년간 EU 회원국들을 위한 대중국 정책 가이드라인이 되어 왔다. 이 연장선상에서 2013년에는 향후 2020년까지의 공동 협력 방안을 담은 'EU-중국 2020 협력 전략 아젠다(EU-China 2020 Strategic Agenda for Cooperation)'를 채택하였다.[18]

이처럼, EU-중국 간 전략적 동반자관계를 맺은 이후 양자관계는 본격적으로 확대되었고, 오늘날 EU-중국 관계는 연례 정상회담, 정기적인 장관급 회의들, 60개 이상의 부문별 대화들을 포함하고 있다. 특히, 양자 간의 협력은 주로 경제 분야에 집중되어 나타났으며, EU와 중국은 무역수지 불균형, 중국 서비스 시장 진출의 어려움 등으로 인한 갈등 요

---

[17] Council of the European Union, 2003, *A secure Europe in a better world. European Security Strategy*, Brussels, 2003.12.12., https://eclan.eu/files/attachments/.1615/doc_10184_290_en.pdf.

[18] European Commission, 2013, 앞의 글.

소가 존재함에도 불구하고 밀접한 경제관계를 발전시켜 왔다. 고속 성장을 통해 경제대국이자 무역대국으로 부상한 중국은 세계 최대 경제권이자 세계 최고 수준의 자본 및 기술을 보유하고 있는 EU와의 경제협력을 확대해 왔고, EU와 중국은 상호 간의 중요한 교역·투자 파트너가 되었다. 양자 간 교역량은 중국의 WTO 가입 이후 2003년 전략적 동반자관계를 맺으면서 가파르게 증가하였고, 이러한 비약적인 무역 팽창에 따라 EU는 중국의 최대 교역상대국으로, 중국은 EU의 제2위 교역상대국으로 부상했다. 투자에 있어서도 중국의 대EU 투자는 그 비중이 아직 크진 않지만, 최근 중국의 일대일로 사업 추진과 함께 중국의 대EU 투자, 특히 중동부 유럽 국가들에 대한 투자가 빠르게 확대되고 있다.[19]

하지만, 양자 간 경제관계의 비약적인 발전에 비해, 정치·안보 분야에서의 양자 간 협력은 미미하거나 오히려 갈등 국면에 있는 경우가 많았다. 글로벌 정치경제의 중요한 행위자인 EU와 중국 간의 정치·안보적 협력관계가 좀처럼 심화되지 못한 것은 양자 간 인식의 차이가 협력을 저해하고 있기 때문이라고 볼 수 있다.[20] 특히, 규범적 이슈들과 관련해서는 여전히 상호 간 인식의 차이가 크게 나타나고 있다. 1990년대 후반 이래로 EU의 대중국 정책의 요체는 '관여(engagement)'였고, EU는 중국과의 교류를 확대하고 중국을 기존의 국제체제로 편입시킴

---

[19] 이철원, 나수엽, 임유진, 2018, "중·EU 통상현안 분석과 한국에 대한 시사점", 대외경제정책연구원 연구자료 18-05, 2018.12.28.

[20] Jonathan Holslag, 2011, "The Elusive Axis: Assessing the EU-China Strategic Partnership," *Journal of Common Market Studies*, 49(2), pp. 293-313; Zhongqi Pan, 2012, *Conceptual gaps in China-EU relations: global governance, human rights and strategic partnerships*, Basingstoke, Palgrave Macmillan.

으로써 국제규범의 사회화를 통해 중국을 변화시킬 수 있다고 믿고 있었다.[21] 관여 정책은 일반적으로 정치, 경제, 사회, 문화, 군사 등 다양한 이슈에 대해 포괄적으로 접촉을 구축하고 확대함으로써 대상 국가의 정치 행태에 영향을 미치려는 정책을 의미한다. EU는 이러한 정책을 통해 중국과의 대화와 교류를 확대한다면, 중국이 궁극적으로 인권과 민주주의, 법치 등 EU가 구현하고 있는 규범과 가치를 수용하고 내재화함으로써 그러한 가치와 규범을 존중하는 사회로 발전해 나아갈 것이라 생각한 것이다. 또한, EU는 중국을 기존의 국제체제에 편입시킴으로써 부상하는 중국이 국제사회의 책임 있는 일원으로서의 역할과 책임을 다하도록 독려하고자 했다. 그러나 인권과 민주주의 등에 대한 EU와 중국의 상이한 견해와 이에 따른 갈등이 지속되고 있는 것을 볼 때, 양자 간 규범적 인식의 수렴은 여전히 이루어지지 않고 있으며, 중국이 '중국 특색의' 가치와 발전 경로를 강조하면서 그들 간의 규범적 간극은 오히려 더 커지고 있는 것으로 보인다.[22] EU는 대외정책을 수립하고 실행함에 있어 인권, 민주주의, 법치, 투명성 등의 가치·규범적 요소들을 중요하게 고려하는 반면, 중국은 내정불간섭 원칙을 내세워 이른바 '가치중립적 외교'를 수행함으로써 대상 국가의 정치적 탄압이나 인권 유린 상황 등을 묵인한다는 국제적 비난을 받아 왔다.[23] 최근 아프리카와 중앙아시

---

21 최진우, 2015, 「유럽연합과 동북아: 관계의 다면성과 한국의 전략」, 『동서연구』 27(2), 433-458쪽.
22 Tim Nicholas Rühlig, Björn Jerdén, Frans-Paul van der Putten, John Seaman, Miguel Otero-Iglesias and Alice Ekman, (eds.), 2018. "Political values in Europe-China relations," A Report by the European Think-tank Network on China (ETNC), December 2018.
23 최진우, 2015, 앞의 글, 446쪽.

아, 동남아시아 국가들을 대상으로 하는 중국의 경제외교와 관련해서 특히 이러한 비판이 두드러지게 제기된 바 있다.

전략적 동반자관계를 맺은 이후 이러한 양자관계의 변화·발전과 함께, EU와 중국은 모두 내부적으로도 상당한 변화를 겪어왔다. 먼저, 중국은 급속한 경제적 성장을 통해 2005년 국내총생산(GDP) 규모에서 영국을 추월하였다. 이후 프랑스와 독일을 연이어 제치며 2010년에는 세계2위 경제대국 자리에 올라섰고, 2009년에는 2003년 이래로 세계 최대 수출국으로 군림했던 독일을 제치고 세계 1위의 수출국이자 세계 2위 수입국으로 등극한 데 이어 2013년에는 미국을 제치고 세계 최대의 무역국이 되었다.[24] 중국은 이러한 막강한 경제력을 바탕으로 전 세계적으로 활동 영역을 넓히며 경제적 영향력뿐만 아니라 정치·외교적 영향력을 확장해 왔다.

중국의 부상에 따른 변화 속에서 유럽도 영향을 받지 않을 수 없었다. 중국과 유럽 간의 물적, 정치적, 인적 교류는 급속하게 증가하였고, 중국의 대유럽 진출이 확대됨에 따라 유럽 내 영향력도 증대되고 있다. EU 시장 내 중국 제품 비중 급증, 중국기업의 EU 투자진출 확대 등 EU와의 경제협력이 증대되면서 EU 내에서 중국의 경제적 영향력도 크게 확대되었다.[25] 2013년 이래로 중국은 일대일로 이니셔티브를 통해 아시아와 유럽을 연결하는 대규모 인프라 협력 계획 및 시스템을 수립

---

[24] 오광진, "중국 독일 제치고 세계 3위 경제대국", 『한국경제』 2009.01.14.; 박민희, "중국, 일본 제치고 '세계2위 경제대국' 등극", 『한겨레』 2010.08.16.; 홍제성, "中, 獨 제치고 세계최대 수출국 등극", 『연합뉴스』, 2010.02.10.; "중국, 미국 제치고 세계 최대 교역국에", 『중앙일보』 2013.01.23.; "中 교역량↑… 세계 최대 무역대국", 『국민일보』 2011.12.09.

[25] 이철원, 나수엽, 임유진, 2018, 앞의 글.

하고 유럽 국가들과의 경제협력을 적극 추진하고 있다. 특히, 중국은 중동부 유럽(CEE, Central and Eastern Europe)의 11개 EU 회원국(폴란드, 헝가리, 체코, 슬로바키아, 슬로베니아, 에스토니아, 라트비아, 리투아니아, 루마니아, 불가리아, 크로아티아)과 5개 서발칸의 비EU 국가(세르비아, 몬테네그로, 마케도니아, 보스니아 헤르체고비나, 알바니아)와 2012년부터 16+1 협력 시스템을 구축하여 이들 국가들과의 협력을 제도화하고 일대일로 이니셔티브 추진을 위한 플랫폼으로 활용하고 있다. 중국은 이러한 자국이 주도적으로 참여하는 역내 하위지역단위의 협력 시스템을 통해 그 지역에 대한 경제적 영향력뿐만 아니라 정치·외교적 영향력을 확대하고 있다.[26]

이에 반해, 유럽은 2008년 미국발 글로벌 금융위기로 촉발된 장기적인 경기 침체의 늪에 빠져 경제 회복이 지체되고 있는 상황 속에서, 2010년 그리스 구제금융 신청으로 시작된 유로존 재정위기가 유럽 각국의 정치를 뒤흔들어 놓고 있었다. 또한 경기 침체와 이에 대한 대응으로서의 긴축정책, 그리고 이에 따른 실업률의 고공행진이 유럽 정치지형의 변화를 초래했다. 유럽은 2016년에 이르러 비로소 2008년 수준의 국내총생산 규모를 회복했지만 회원국들의 성장세가 불균등한 양상을 보이고 있어 회원국 간 불협화음이 지속되고 있었다. 유럽인들 사이에서는 난민위기와 연관이 있는 이민과 테러 문제, 그리고 대불황과 관련 있는 경기 침체, 실업, 재정 문제가 유럽이 당면하고 있는 가장 중요한 문

---

26 Bartosz Kowalski, 2017, "China's foreign policy towards Central and Eastern Europe: The '16+1' format in the South-South cooperation perspective. Cases of the Czech Republic and Hungary," *Cambridge Journal of Eurasian Studies*, 1, April 2017, pp. 1-16.

제로 인식되고 있었다.[27] EU의 재정통합 없는 화폐통합은 EU 중심부와 주변부의 내부적 불균형을 심화시켰고, 유럽의 금융위기와 뒤이은 장기 침체 그리고 난민위기와 영국의 브렉시트 결정은 유럽통합에 내재된 모순을 폭발시켰다. 영국은 지난 2016년 6월 23일 실시된 브렉시트 국민투표 결과에 따라 EU를 탈퇴하기로 결정했고, 이는 유럽통합의 위기를 가속화시키는 계기로 작용했다. 이처럼, 유로존 재정위기와 난민위기가 확산되고 회원국 국내정치적 갈등 및 회원국들 간 갈등, EU 집행위원회와 일부 회원국들 간 갈등이 심화되면서 유럽통합에 대한 회의론이 확산되고 유럽의 분열에 대한 우려가 고조되었다.

이러한 대내외적인 변화를 직시하고 그러한 변화된 현실에 적응하기 위해, 2016년 6월 EU 회원국들의 외교안보정책 고위대표들은 향후 5년간 중국과의 관계를 새롭게 정립하기 위한 정책 틀을 다시 세웠고, 'EU의 새로운 대중국 전략의 요소들(Elements for a new EU strategy on China)'에 대한 공동 성명(joint communication)을 EU 이사회와 유럽의회에 제출하였다.[28] 이에 대한 논의를 거쳐, EU 이사회[29]는 같은 해 7월 EU의 대중국 전략에 대한 이사회 결정(Council conclusions EU

---

[27] 2015년 EU 집행위원회 보고서에 따르면, "EU가 당면하고 있는 가장 중요한 사안이 무엇이라고 생각하십니까?(두 가지를 고르시오)"라는 질문에 대해 유럽인들의 58%가 이민문제, 25%가 테러리즘, 21%가 경제 상황, 17%가 실업문제, 그리고 17%가 재정 상황을 꼽았다.

[28] European Commission, 2006a, 앞의 글; European Commission, 2006b, 앞의 글.

[29] EU 이사회(Council of the European Union)는 '각료이사회'라고도 칭하며 EU 회원국 각 분야별 각료(장관)급이 참석하는 회의로서 EU의 주요 정책을 결정한다. 회원국의 이해관계를 조정하는 정부 간 협력체(inter-governmental cooperation)로서 정치적 중요성을 보유한다.

Strategy on China)을 발표했다.[30] 이러한 두 개의 공식성명은 중국의 강대국화에 따른 EU의 대중국 인식과 전략의 변화를 가장 잘 보여 주며, 현재까지 EU의 대중국 정책의 초석으로 남아 있다.

이 성명에서, EU 집행위원회는 중국이 전례에 없는 속도와 범위로 국력과 영향력을 확대하며 글로벌 강대국으로 부상하고 있다고 규정한다. 2013년 시진핑 지도부가 집권한 이후, 중국이 일대일로 구상을 제시하면서 '해외 진출(going out)'을 보다 강조하는 것은 중국이 변화하는 글로벌 거버넌스 시스템에서 더 큰 역할을 담당하고 더 큰 영향력을 발휘하고자 한다는 것을 의미한다고 본다.[31] 이러한 관점에서, 중국은 경제·재정·무역·투자·전략·군사적인 측면에서 영향력을 발휘할 공간을 확보하고 발언권을 강화하기 위해 애쓰고 있고, 그 결과 중국의 정치·경제·사회적 발전에 관한 결정은 EU에 무엇보다 중요한 영향을 미치고 있다고 본다. 또한, 중국의 해외 진출(going out)이 가속화되고 있고, 중국의 기업들은 대외 무역과 해외투자, 자원 개발에 어느 때보다 적극적으로 나서고 있는 상황에서, EU가 주로 우려하는 것은 시장이 경제에서 보다 더 결정적인 역할을 하도록 하는 데 있어서 중국의 노력이 부족하다는 것이라고 지적한다. 최근에 도입된 중국의 법안들은 중국에서의 해외 기업들의 활동을 제한하고 있으며, 그것은 시장 개방과 동등한 대우, 공평한 경쟁 환경(level playing ground) 제공이라는 자유주의 세계경제 질서의 원칙에 위배된다고 지적한다. 따라서 그들은 중국의 세계자본시

---

30 Council of the European Union, 2016, *Council conclusions EU Strategy on China,* 2016.07.18., https://eeas.europa.eu/sites/eeas/files/council_conclusions_eu_strategy_on_china.pdf.

31 European Commission, 2006b, 앞의 글.

장과의 연계 강화는 올바른 조건이 갖추어졌을 때에만 모두에게 이익이 될 수 있다고 강조한다. 또한, EU 집행위원회는 중국의 국내 반대세력에 대한 권위주의적 대응은 법치를 세우고 인권을 수호하려는 노력을 저해하고 있다고 비판한다.[32]

EU 집행위원회는 이러한 대중국 인식의 변화에 기반을 두고 변화된 대중국 관계에 대한 효과적이고 단합된 대응을 위해서는, EU 차원의 새로운 대중국 전략이 필요하다고 지적한다. EU의 대중국 전략은 보편적 가치를 추구하고, 국제체제에서 중국이 증대되는 역할의 필요성을 인정하면서 그 역할의 정립을 돕고, 상호 간의 차이를 건설적으로 관리하면서 동반자관계의 협력적 아젠다에 기반을 둘 필요가 있다고 강조한다. 이러한 틀 안에서, 다음과 같은 원칙들을 제시한다. 첫째, 중국의 발전 과정에서 경제, 무역과 투자, 사회, 환경 등의 분야에서의 중국과의 관계가 호혜적일 수 있도록, 실용적인 방식으로 중국과 협력해야 한다. 둘째, 협력의 모든 영역에서 호혜성, 공평성, 공정한 경쟁을 추구한다. 모든 국가들에게 이익이 되고 개방적이며 규칙에 기반을 둔 플랫폼을 통해 EU와 중국 사이에 인프라, 무역, 디지털, 인적 연결성을 강화한다. 셋째, UN과 G20의 일원으로서의 책임을 다하며 글로벌 공공재, 지속가능한 발전과 국제적 안보를 제공한다. 넷째, 중국 국내에서나 국제적으로 법치와 인권에 대한 존중을 추구하도록 한다. 다섯째, 중국과의 관계에서 EU의 단합(cohesion)과 효율성(effectiveness)을 최대화한다.

2016년 수립된 대중국 전략을 기반으로 하여, 2019년 3월에는 EU

---

32 European Commission, 2016b, 앞의 글.

집행위원회와 고위 대표의 EU-중국 관계에 대한 전략적 점검이 이어졌다.[33] 중국의 유럽에 대한 경제적·정치적 영향력이 증대되는 배경하에서, EU 집행위원회와 회원국들의 고위 대표들은 대중국 관계 및 그 관련된 기회와 도전들을 재점검하고, EU-중국 관계 재정립을 위한 10개 항목의 구체적인 행동방침을 EU 회원국들에게 제안하는 'EU-중국 전략적 전망(EU-China-A strategic outlook)'이라는 보고서를 공개하였다.[34] 이러한 제안서는 같은 달 열린 EU 정상회의(European Council)에서 논의를 거쳐, 중국과 공정한 경제 관계를 맺기 위한 조건을 구체화한 10개 항목의 실행 계획으로 채택되었다.[35] 이 실행 계획은 중국에 대한 유럽의 인식과 태도 변화를 명확히 보여 주고 있다.

이 실행 계획을 발표하면서, 위르키 카타이넨(Jyrki Katainen) EU 집행위원회 부의장은 EU-중국 경제관계의 중요성을 감안할 때, 중국과 가까운 통상 및 투자 관계를 유지하는 한편 좀 더 균형 잡히고, 공정하며 호혜적인 경제관계를 발전시키는 것이 중요하다고 강조했다. EU와 중국은 '전략적 경제 파트너이자 경쟁자'이며, 양측의 경제관계는 경쟁이 공정하고 무역과 투자관계가 호혜적일 때 상호 이익이 될 수 있다고 지

---

[33] European Commission, 2019b, *EU-China Relations Factsheet*, 2019.10.18, https://eeas.europa.eu/topics/external-investment-plan/34728/eu-china-relations-factsheet_en.

[34] European Commission, 2019a, 앞의 글; European Commission, 2019c, "Commission reviews relations with China, proposes 10 actions," *Press Release*, 2019.03.12., https://europa.eu/rapid/press-release_IP-19-1605_en.htm.

[35] Council of the European Union, 2019, *European Council meeting (21 and 22 March 2019)-Conclusions*, 2019.03.22., https://www.consilium.europa.eu/media/38789/22-euco-final-conclusions-en.pdf.

적하면서, 이 보고서를 통해 EU 회원국들이 대중국 관계에서 어떻게 EU의 경쟁력을 강화하고, 좀 더 호혜적이고 평등한 관계를 만들고, 잠재적 왜곡으로부터 시장경제를 수호해야 하는지에 대한 구체적인 행동방침을 제시하고자 한다고 밝혔다.[36]

이 보고서에 따르면, EU는 중국이 선도적인 글로벌 강대국이 되고자 하는 야심을 가지고 지난 십여 년간 중국의 경제력과 정치적 영향력을 전례에 없는 속도와 범위로 확대해 왔다고 인식한다.[37] 이에 따라, 이러한 중국의 부상으로 유럽에 제공되는 기회와 도전의 균형이 변화하기 시작했다는 인식이 유럽 내에 확대되고 있다. EU는 중국이 더 이상 개발도상국이 아니며, 중요한 글로벌 행위자이자 선도적인 기술력을 가진 국가라고 규정한다. 더 나아가, 중국은 EU에게 있어서 협력 파트너이자, 이익의 균형을 모색해야 하는 협상 파트너이며, 기술적 리더십을 추구하는 데 있어서 '경제적 경쟁자'이고, 대안적 거버넌스 모델을 추구하는 '체제 라이벌'이라고 규정한다. 중국의 증대되는 국력과 영향력은 아시아 지역의 안보, 글로벌 경제, 글로벌 거버넌스에 중요하고 지속적인 방식으로 영향을 미치고 있음을 지적하면서, 이러한 중국의 영향력이 유럽을 포함하는 전 세계로 점차 확대되면서, 중국은 규칙에 기반을 둔 국제질서와 그 질서가 추구하는 개방성, 호혜성, 평등성을 수호하는 데 있어서 더 큰 책임을 져야 할 필요가 있다고 주장한다. 중국이 공개적으로 내세우고 있는 강대국화의 비전은 이러한 역할과 책임에 조응하는 정책 혹은 행동들로 나타나야 한다고 강조한다.

---

36 European Commission, 2019c, 앞의 글.
37 European Commission, 2019a, 앞의 글.

이 보고서는 이처럼 중국이 유럽에 제공하는 기회와 도전의 균형이 변화함에 따라, EU가 좀 더 현실적이고, 공세적(assertive)이며, 다면적인 대중국 정책을 추진할 필요가 있다고 제안한다. EU와 중국은 포괄적인 전략적 동반자관계를 추구해 왔지만, 이러한 관계의 재조정을 통해 중국과의 전략적 동반자관계가 보다 공정하고, 균형 잡히고, 호혜적인 조건 속에서 구축될 수 있도록 해야 한다고 강조한다. EU의 번영과 가치, 체제 모델을 장기적으로 수호하기 위해서, EU는 변화하는 현실에 적응하고 강대국으로 부상하는 중국에 대한 대응 정책을 강화할 필요가 있다고 지적한다. EU의 대중국 전략은 다음 세 가지 목표를 추구해야 함을 강조한다. 첫째, EU는 명확히 정의된 이익과 원칙에 기반을 두고 전 세계적 차원에서 공동의 이익을 추구하기 위해 효과적이고 일관성 있게 중국과의 관계를 심화시켜 나가야 한다. 둘째, EU는 중국과의 경제관계가 좀 더 균형이 잡히고 공정하고 호혜적인 조건들 속에서 추진될 수 있도록 적극적인 노력을 경주해야 한다. 셋째, EU의 번영, 가치, 사회모델을 장기적으로 수호하기 위해서 EU는 스스로 변화하는 경제적 현실에 적응하고, EU의 산업 정책과 기반을 강화해야 한다. 이러한 목표를 추구하기 위해, EU 집행위원회는 EU와 그 회원들의 완전한 단합 없이는 대중국 관계에서 이러한 목표들을 효과적으로 이룰 수 없다는 점을 강조하면서, 모든 회원국들은 개별적으로나 '16+1'와 같은 형태의 하위지역단위 협력 틀 안에서 중국과의 협력을 추구하는 데 있어서 EU의 규칙과 정책들과의 일관성을 유지해야 할 책임이 있다고 강조한다.

III. 중국의 일대일로 이니셔티브와 EU 회원국들 간 인식의 분화

이 장에서는 중국의 강대국화 실현을 위한 중장기 전략이라고 할 수 있는 일대일로 이니셔티브에 초점을 맞추어, 일대일로를 전면에 내세운 중국의 대유럽 진출과 영향력 확대와 관련하여 EU 내부에서 이에 대한 회원국들의 인식과 대응에 있어서 어떠한 차이와 분화가 나타나고 있는지를 살펴본다. 이를 통해, 유럽의 분화된 대중국 인식과 대응이 유럽의 단합과 분열에 어떠한 영향을 미치고 있는지를 살펴보고자 한다.

1. 중국의 일대일로 이니셔티브와 유럽

시진핑 중국 국가주석은 '중화민족의 위대한 부흥'이라는 중국의 강대국화의 꿈을 중국의 중장기적 비전으로 제시해 왔다. 시진핑은 공산당 총서기로 선출된 직후인 2012년 11월 29일 공산당 정치국 상무위원들을 대동하고 국가박물관에서 '부흥의 길(复興之路)'이라는 전시회를 참관하는 자리에서 담화를 발표하면서 처음으로 '중국의 꿈(中國夢)'을 언급하였다.[38] 이 담화에서 시진핑은 "중화민족의 위대한 부흥의 실현이 근대 이후 중화민족의 가장 위대한 꿈이며, 이 꿈에는 여러 세대에 걸친 중국인의 숙원이 응집되어 있다"고 규정하면서, "중화인민공화국 성립 100주년이 되는 해(2049년)에는 중화민족의 위대한 부흥의 꿈을 반드시

---

38 習近平, 2014, 『習近平談治國理政』, 外文出版社, 35-36쪽; "習近平總書記深情闡述"中國夢"", 『新華時政』, 2012.11.30.

실현하도록 하겠다"고 공언했다.³⁹ 이는 과거의 굴욕을 씻고 강대국으로 거듭나 옛 영광을 재현하려는 중국의 강대국화의 비전을 제시한 것이라고 볼 수 있다.

그 이듬해, 시진핑은 중화민족의 위대한 부흥이라는 중국의 꿈을 실현하기 위한 중장기적 전략 구상으로서 '일대일로(一帶一路)' 이니셔티브를 제안했다.⁴⁰ '일대일로' 이니셔티브는 중국에서 중앙아시아, 동남아, 중동 등의 지역을 거쳐 유럽에 이르는 지역을 육로와 해로로 연결하고, 일대일로 선상에 위치한 국가들과 경제·정치·문화 협력을 강화하여 이익공동체, 운명공동체, 책임공동체를 실현해 단일경제권을 형성하고자 하는 것이다.⁴¹ 일대일로 이니셔티브는 중국 강대국화의 꿈을 실현하기 위한 장기적 포석으로, 중속성장의 뉴노멀(新常態)시대라는 새로운 도전에 직면한 중국이 산업구조의 전환과 지역 균형발전, 유라시아 지역과의 연계 강화를 통해 발전 공간을 확대함으로써 새로운 성장 동력을 모색하는 중장기적 발전전략 차원에서 제기된 것이라고 볼 수 있다.⁴² 중국은 일대일로 구상 추진을 위해, 일대일로 연선 국가들과 정책 조율을 통한 국가 간 협력 기반 강화, 관련 인프라 건설 및 정비 협력 강화, 상호 간 투자 및 교역 촉진, 금융협력 확대, 민간교류 활성화 등을 주요 내용

---

39 "習近平: 承前啓后 繼往開來 繼續朝着中華民族偉大复興目標奮勇前進," 『新華网』, 2012.11.29.
40 차재복, 2018, 「중국 '일대일로'의 전략적 의의와 한반도에 대한 시사점」, 『동북아역사논총』 제60호, 160-195쪽; 서정경, 2016, 「'강대국의 꿈'을 담은 중국의 '일대일로'」, 『성균차이나브리프』, 4(4), 45-50쪽.
41 이수행, 2016, "경제 이슈: 중국의 일대일로 정책 추진과 시사점", 『GRI 현안브리프』 (경기연구원), 2016.05
42 서정경, 2015, 「일대일로(一帶一路), 중화민족의 부흥을 위한 장기적 포석」, 『성균차이나브리프』, 3(2), 41-45쪽.

으로 하는 적극적인 외교정책을 추진하고 있다.

중국은 강대국화의 꿈을 실현하기 위해 일대일로를 전면에 내세운 적극적인 경제외교를 통해 소위 매력 공세 외교를 펼침으로써 일대일로 연선 국가들과의 협력을 확대하고 그 지역에 대한 정치·경제적 영향력을 확대하고 있다. '일대일로' 이니셔티브를 처음 제기한 이후 지난 5년 여간 시진핑 지도부는 아시아, 유라시아, 아프리카, 유럽에 이르기까지 '일대일로' 연선의 주요 국가들을 방문하는 해외 순방을 통해 적극적인 경제외교를 추진함으로써, 일대일로 협력을 위한 양해각서(MOU) 체결, 해외투자 및 인프라 건설을 중심으로 한 다양한 협력 협약 체결, 아시아인프라투자은행(AIIB) 설립 및 참여 제안 등 일대일로 프로젝트에 대한 연선 국가의 참여와 협력을 독려해 왔다.[43]

중국은 일대일로의 종착지라고 할 수 있는 유럽과의 일대일로 협력 강화를 위해 유럽 국가들과의 연계도 강화해 왔다. 중국은 일대일로 전략을 통해 아시아와 유럽을 연결하는 대규모 인프라 협력 체계 및 계획을 수립하고 유럽 국가들과의 경제협력을 적극 추진하고 있다. 2013년 9월부터 현재까지 영국, 독일, 프랑스, 이탈리아, 벨기에 등을 비롯한 유럽 주요 국가들을 방문하여, 적극적인 경제외교를 통해 중국의 일대일로 프로젝트에 대한 참여와 협력을 독려해 왔다. 이러한 일대일로 프로젝트를 통한 중국의 대EU 직접 투자 확대는 중국 상품 및 서비스의 유럽 시장 진출 모색, 유럽기업 인수·합병(M&A)을 통한 브랜드·전문성·기술 확보 등을 통해 새로운 성장 동력을 찾고 기술과 서비스를 포

---

[43] KIEP 북경사무소, 2016, "중국의 일대일로 경제외교 행보 및 평가", 『KIEP 북경사무소 브리핑』, 16(5), 2016.04.19.

함한 고부가치 산업으로의 구조변화를 추진하기 위한 것이라고 볼 수 있다.[44]

그뿐만 아니라, 중국은 중동부 유럽(CEE)의 11개 EU 회원국(폴란드, 헝가리, 체코, 슬로바키아, 슬로베니아, 에스토니아, 라트비아, 리투아니아, 루마니아, 불가리아, 크로아티아)과 5개 서발칸의 비EU 국가(세르비아, 몬테네그로, 마케도니아, 보스니아 헤르체고비나, 알바니아)와 2012년부터 16+1 협력 시스템을 구축하여 이들 국가들과의 협력을 제도화하고 일대일로 이니셔티브 추진을 위한 플랫폼으로 활용하고 있다. 중국은 이러한 16+1 이니셔티브를 통해, 중동부 유럽 국가들에 대한 인프라 건설 투자를 중심으로 한 일대일로 프로젝트를 적극적으로 추진해 왔고 이들 국가들과의 일대일로 양해각서 체결을 통해 다방면에서의 협력을 강화해 왔다. 중국은 이러한 자국이 주도적으로 참여하는 역내 하위지역단위의 협력 이니셔티브를 통해, 그 지역에 대한 경제적 영향력뿐만 아니라 정치·외교적 영향력을 확대하고 있다.[45]

2019년 시진핑 중국 국가주석은 이례적으로 유럽 3개국 순방으로 첫 해외 순방을 시작한 데 이어, 같은 해 4월에는 리커창 중국 국무원 총리가 벨기에 브뤼셀에서 열린 제21차 '중-EU 정상회의' 참석하였고, 연이어서 크로아티아에서 개최된 중국과 중동부 유럽 16개국 간 '16+1' 정상회의에 참석해 이들 국가들과의 일대일로 프로젝트 관련 협력 등 상호관계 강화를 강조했다. 중국이 이처럼 유럽으로의 적극적인 행보를 보이는 것은 미중 간 무역갈등이 격화되고 미국이 사이버 안보 문제를

---

44 이철원, 나수엽, 임유진, 2018, 앞의 글.
45 Bartosz Kowalski, 2017, 앞의 글, pp. 1-16.

거론하며 5세대(5G) 통신망 구축 사업에서 중국의 통신장비업체 화웨이를 배제할 것을 동맹국들에 노골적으로 요구하는 등 미국의 대중국 견제가 강화되면서, 유럽 국가들과의 협력관계를 강화함으로써 유럽이 미국과 보조를 맞춰 대중국 견제를 위한 공동 노선을 취하는 것을 막고, 중국의 일대일로 프로젝트에 대한 유럽 내 지지와 협력을 확대하려는 노력으로 이해할 수 있다.[46]

2019년 중국 지도자들의 유럽 방문 중에, 주요 7개국(G7) 가운데 최초로 이탈리아가 중국의 일대일로에 대한 지지를 공식화하는 '일대일로 건설의 공동 추진에 관한 양해각서'에 서명하였고, 양측은 슬로베니아 국경과 붙어 있어 동유럽으로 연결되는 요충지로 꼽히는 이탈리아 북동부 트리에스테항과 북서부 제노바항의 개발에 협력한다는 조항을 포함하여 에너지, 항만, 관광, 농업, 문화재, 교육, 항공우주 등 총 29개 분야에서 25억 유로(약 3조 2천억 원) 규모의 상호 협력을 약속했다.[47] '중-EU 정상회의'에서는 마라톤 회의 끝에 중국 측이 유럽기업들이 중국 시장에

---

[46] 박만원, 문가영, "美·유럽 70년동맹 균열에…中일대일로, 유럽에 깃발", 『매일경제』 2019.03.24.; 이석우, "美 전방위 견제 속 유럽 빨아들이며 '차이나 벨트' 확장하는 中", 『서울신문』 2019.05.14.; 정만영, 2019, "중국의 '일대일로'와 유럽-최근 중국 정상 유럽방문 결과와 그 의미를 중심으로", 『이슈&연구』, 연세대학교 중국연구원, 2019.05.01., http://yonseisinology.org/archives/5124; Jinghan Zeng, 2017, "Does Europe Matter? The Role of Europe in Chinese Narratives of 'One Belt One Road' and 'New Type of Great Power Relations'," *Journal of Common Marcket Studies*, 55(5), pp. 1162-1176; Vincent K. L. Chang, and Frank N. Pieke, 2018, "Europe's engagement with China: shifting Chinese views of the EU and the EU-China relationship," *Asia Europe Journal*, 16(4), December 2018, pp. 317-331.

[47] 오광진, "시진핑·트럼프 앞에서 분열되는 유럽", 『조선일보』 2019.03.20.; Valbona Zeneli, 2019, "Italy Signs on to Belt and Road Initiative: EU-China Relations at Crossroads?" *The Diplomat*, 2019.04.03.

보다 자유롭게 접근할 수 있도록 중국에 진출한 외국기업에 대한 기술이전 강요를 금지하는 것은 물론, 중국 국영기업에 대한 국가보조금도 세계무역기구가 규정한 범위 내로 축소할 것을 약속하는 등 그동안 EU가 지속적으로 제기해 온 중국의 외국기업에 대한 불공정 관행을 시정하기로 합의함에 따라 양측이 극적으로 공동성명 채택에 성공하였고, 중국은 일대일로에 대한 EU 차원의 협력을 약속받았다.[48]

그뿐만 아니라, 중국과 중동부 유럽 국가들 간 제8차 '16+1' 정상회의에서는 중국이 일대일로 사업의 거점 지역의 하나로 집중 투자해온 그리스가 회원국으로 정식 가입하면서 '17+1'로 협력체제의 외연이 확대되었다.[49] 중국은 2017년 11월 에스토니아, 리투아니아, 슬로베니아를 끝으로 중동부 유럽 16개국 모두와 일대일로 협력에 관한 양해각서를 체결하였고, 일대일로 사업과의 연계를 통해 크로아티아 펠레사츠 해상대교 건설, 헝가리(부다페스트)-세르비아(베오그라드) 고속철도 건설, 몬테네그로 남북고속도로 건설, 보스니아 헤르체고비나 석탄발전소 건설 등 교통·인프라 건설 사업뿐만 아니라 에너지·물류·농업·문화 등 다방면에서 중동부 유럽 국가들과의 협력을 추진 중이며, 이 지역에 대한 무역과 투자를 확대해 왔다.[50] 2018년, 중국과 16개국의 무역금액은

---

[48] European Commission, 2019e, "EU-China Summit: Rebalancing the strategic partnership," *Press Release*, 2019.04.09., https://europa.eu/rapid/press-release_IP-19-2055_en.htm; 조은정, 유현정, 2019. 「EU-중국 정상회담 결과와 정책적 시사점」, 『이슈브리프』(국가안보전략연구원) 통권 121호, 2019.04.24.; "EU, 중국 강하게 압박해 시장개방 등 원하는 것 얻어", 『한국경제』, 2019.04.10.

[49] Emilian Kavalski, 2019, "China's "16+1" Is Dead? Long Live the "17+1." *The Diplomat*, 2019.03.29.

[50] 강신, 윤창수, "정치·경제 공세의 '일대일로'… 유럽 '시진핑 공포' 확산", 『서울신문』, 2018.03.06.

21% 증가한 822억 달러에 달해 사상 최고치를 경신했으며, 해외직접투자가 대폭 하락하는 상황에서 16개국에 대한 중국의 투자는 오히려 67% 증가했다.[51]

2. 중국의 일대일로 이니셔티브에 대한 EU 회원국들 간 인식의 차이와 분화

이처럼 일대일로를 앞세운 중국의 유럽에 대한 매력 공세 경제외교는 EU 차원, 중동부 유럽과 같은 하위지역단위, 유럽 개별 국가들과의 양자관계를 통해서 다차원으로 진행되고 있다.[52] 이에 대해, 중국에 대한 단일한 협상 기조를 유지하고자 하는 EU는 일대일로를 앞세운 중국의 공세적 경제외교가 EU의 단합을 저해하고 분열을 가속화하고 있다고 우려한다. 실제로, 유럽 내부에서는 일대일로 프로젝트를 통해 적극적인 매력 공세를 펼치는 중국을 바라보는 시각의 차이가 두드러지고 있다.[53] 특히, 중국의 일대일로 프로젝트와 연계한 대규모 인프라 투자를 유럽 경제 침체를 타개할 기회로 보고 중국과의 경제협력을 확대하려는 시각과 중국의 유럽 내 경제적·정치적 영향력의 확대를 경계하는 시각이 팽팽하게 대립하고 있다.[54]

---

[51] 리상화, "재경관찰: 중국·중동부 유럽국가, 손잡고 공동 발전 도모", 『新華网』, 2019.04.15.

[52] Simon Roughneen, 2019, "Xiplomacy wins in Europe despite US warnings," *Asia Times*, 2019.03.27.

[53] Patrick Dunne, 2019, "The EU bows to 'systemic rival', China," *Asia Times*, 2019.03.27.

[54] 중국의 대유럽 투자 확대에 대한 유럽 내 우려의 시각은 다음을 참조. John Seaman,

전자의 시각은 주로 경제 불황을 겪고 있는 중동부 유럽과 남부 유럽 국가들 사이에서 두드러지게 나타나고 있다. EU는 단일 시장임에도 불구하고 남북 및 동서 지역 간의 경제적 격차가 크다. 중동부 유럽에 위치한 구 공산권 국가들은 독일, 프랑스, 영국 등 서유럽 선진국들에 비해 경제적으로 뒤처져 있고, 대체로 대규모 인프라 건설 등에 투입할 국내 자본이 부족하기 때문에 외부로부터의 투자에 의존하고 있는 실정이다. 이런 까닭에 이들은 일대일로 사업과 연계한 중국의 대규모 인프라 투자를 반기며 중국과의 협력을 확대해 왔다. 중동부 유럽 국가들의 경우 서유럽 국가처럼 유럽 단일 시장으로 진입하는 데 있어 똑같은 접근 경로를 제공하지만 상대적으로 낮은 비용과 높은 EU 보조금 지원이 가능하기 때문에, 중동부 유럽을 통한 EU 시장으로의 진입은 경제적으로 유리한 측면이 있어서, EU 시장 진출을 확대하고자 하는 중국에게 중동부 유럽은 유럽 진출의 전초기지로서 잠재적 성장 가능성이 높은 투자 대상이라고 할 수 있다.[55]

Mikko Huotari, Miguel Otero-Iglesias, 2017, "Chinese Investment in Europe A Country-Level Approach," *A Report by the European Think-tank Network on China (ETNC)*, December 2017, https://www.ifri.org/sites/default/files/atoms/files/etnc_reports_2017_final_20dec2017.pdf; Thomas Scott-Bell, 2019, "Partners, Competitors or Rivals? The evolution of China-EU relations in light of global changes," *Beijing Review*, No.14, 2019.04.04.; Austin Doehler, 2019a, 앞의 책; Austin Doehler, 2019b, 앞의 글.

55 Valbona Zeneli, 2017, "What Has China Accomplished in Central and Eastern Europe?" *The Diplomat*, 2017.11.25.; Plamen Tonchev, 2017, "China's Road: into the Western Balkans," European Union Institute for Security Studies (EUISS), February 2017, https://www.iss.europa.eu/sites/default/files/EUISSFiles/Brief%203%20China%27s%20Silk%20Road.pdf; Kerry Brown, 2017, "China's Geopolitical Aims: The Curious Case of the 16-Plus-1," *The Diplomat*, 2017.05.03.

유럽과 아시아를 연결하는 인프라 구축 사업을 통해 유럽 시장 진출 확대를 추구하는 중국의 이해와 낙후된 에너지·산업·교통·항만 기반시설에 대한 인프라 투자가 시급한 중동부 유럽 국가들의 필요가 맞아떨어지면서, 중국은 중동부 유럽 국가들과 '16+1' 협의체를 통해 일대일로 프로젝트와 연계하여 협력을 강화하고 투자·무역을 확대해 왔다.[56] '16+1' 협의체는 중국과 중동부 유럽 16개국 간 연례 정상회의를 포함하는 정기 협의체로, 2012년 중국의 제안으로 중국과 중동부 유럽 국가들 간 교류·협력 확대를 촉진하기 위한 외교적 플랫폼으로 출범했다. 이 협의체에 참여하는 16개 중동부 유럽 국가들은 11개 EU 회원국들(헝가리, 슬로바키아, 슬로베니아, 폴란드, 체코, 크로아티아, 불가리아, 루마니아, 라트비아, 리투아니아, 에스토니아)과 비EU회원국인 발칸 5개국(알바니아, 보스니아 헤르체고비나, 마케도니아, 몬테네그로, 세르비아)이며, 이들 국가들은 하나로 묶기에는 다소 이질적이지만 대부분 냉전 시기 구소련의 위성국가로 공산주의 체제를 경험했다는 공통점을 가지고 있다. 중동부 유럽 국가들 중에서도 중국과의 협력에 가장 적극적인 헝가리의 오르반 빅토르 총리는 "세계 경제의 무게 중심은 서쪽에서 동쪽으로, 대서양 지역에서 태평양으로 이동하고 있다. 세상은 변했고 중국엔 EU 혼자서는 이룰 수 없는 발전을 실현할 자원이 있다"며 중국의 투자가 "훌륭한 기회"라고 주장한다.[57]

---

[56] Lucrezia Poggetti, 2017, "China's Charm Offensive in Eastern Europe Challenges EU Cohesion," *The Diplomat*, 2017.11.24.; European Parliament, 2015, European Parliament resolution of 16 December 2015 on EU-China relations, 2015.12.16., https://www.europarl.europa.eu/doceo/document/TA-8-2015-0458_EN.pdf.

[57] 김성탁, "중동부 유럽 휩쓰는 차이나 머니 서유럽 "하나의 EU 흔들지 마라"," 『중앙일

또한 이탈리아, 그리스, 포르투갈 등 남부 유럽 국가들의 경우, 2008년 글로벌 금융위기의 여파로 큰 타격을 입고 재정위기를 겪고 있으며 장기적인 경제 침체에서 벗어나기 위해서 대규모 투자가 절실한 상황이다. 이들은 중국의 유럽에 대한 투자 확대를 침체된 유럽 경제를 활성화할 수 있는 기회로 보고, 일대일로 사업과 연계한 중국의 대규모 인프라 투자를 환영하고 있다.[58] 이런 까닭에 EU의 만류에도 불구하고 중국의 일대일로 사업에 동참하거나 협력을 약속하는 양해각서를 체결하는 유럽 국가들이 계속적으로 늘어나고 있다. 최근 중국과 일대일로 협력에 대한 양해각서를 체결한 이탈리아도 2008년 글로벌 금융위기 이후 장기적인 경제 침체로 인해 인프라 투자가 2008년 금융위기 전의 40%에도 미치지 못할 정도로 다른 선진국에 비해 극히 저조했으며, 지방자치체의 절반이 지난 5년간 인프라 부족을 호소해 왔다.[59] 이러한 상황에서 중국의 투자를 적극적으로 유치하여 인프라를 확충하고 경기 회복의 돌파구를 마련하고자 하는 이탈리아는 미국과 EU의 만류에도 불구하고 2019년 초 시진핑의 이탈리아 방문 계기에 중국의 일대일로 프로젝트에 참여하는 양해각서를 체결하고, 29개 분야에서의 협력을 약속했다.[60] 특히, 양측은 중국 주도의 아시아인프라투자은행(AIIB)에 대한 협력을 강화하

보』 2017.11.30.; "China-CEE summit in Budapest-Opening ceremony-UPDATE," *Daily News Hungary*, 2017.11.27.

[58] 채인택, "판 커지는 중국의 일대일로…이탈리아 거쳐 유럽으로 영향력 확대", 『중앙일보』 2019.04.07.

[59] 정용환, "차트는 알고 있다. 이탈리아가 차이나머니에 목매는 까닭", 『중앙일보』 2019.03.29.; Romei, Valentina, 2019, "EU investment rebounds to level before 2008 financial crash," *Financial Times*, 2019.03.09.

[60] Paul Muir, 2019, "Xi's Arrival in Italy fuels Western Unease," *Asia Times*, 2019.03.22.

고, 일대일로와 범유럽통합 핵심 구상인 '유럽횡단 교통망(TEN-T)'의 연결 추진을 강화하기로 했다.[61]

이에 반해, EU 집행부와 독일, 프랑스 등의 서유럽 강대국들 사이에서는 중국의 유럽 내 영향력의 확대에 대한 경계심이 높아지고 있다.[62] 이들은 '16+1' 협의체의 출범과 일부 유럽 국가들의 중국과의 일대일로 협력에 관한 양해각서 체결에 대해 매우 민감하게 반응해 왔으며, 중동부유럽 국가들과 중국의 접근과 개별 국가 차원에서의 양해각서 체결을 통한 일대일로 참여가 EU의 결속을 약화시키고 유럽 내 중국의 경제적·정치적 영향력을 확대할 것을 우려했다.[63] 심지어 중국과 중동부 유럽의 협력을 중국이 EU 분열을 촉진하려는 의도로 간주하는 목소리도 나오고 있다.[64] 이들은 중국이 대규모 일대일로 사업을 통해 개도국을 채무 불이행 상태에 빠트리며 영향력을 넓혀나가고 있다는 이른바 '채무 함정(debt-trap)' 문제를 제기하는 한편, 경제를 살리기 위해 중국 자본을 무분별하게 수용했다가 오히려 유럽의 주요 기반시설이 중국 자본에

---

61 박형기, "中 이탈리아와 일대일로 MOU 진짜 의도는 서방 분열", 『뉴스1』 2019.03.24.

62 James Kynge and Michael Peel, 2017, "Brussels Rattled as China Reaches out to Eastern Europe," *Financial Times*, 2017.11.27.; Erik Brattberg, and Etienne Soula, 2018, "Is Europe Finally Pushing Back On Chinese Investments?" *The Diplomat*, 2018.09.14.

63 Gisela Grieger and Christian Dietrich, 2017, "China, the 16+1 cooperation format and the EU," *At a Glance, European Parliamentary Research Service*, March 2017, https://www.europarl.europa.eu/RegData/etudes/ATAG/2017/599313/EPRS_ATA(2017)599313_EN.pdf; Lucrezia Poggetti, 2017, 앞의 글; European Parliament, 2015, 앞의 글.

64 Jan Weidenfeld, 2018, 앞의 글; Austin Doehler, 2019a, 앞의 책; Austin Doehler, 2019b, 앞의 글; 오광진, "시진핑·트럼프 앞에서 분열되는 유럽", 『조선일보』, 2019.03.20.

잠식되면서 안보적 위협을 야기할 수 있다는 우려의 목소리를 높인다.[65] 또한, 중국의 유럽 진출이 정치적·전략적 영역으로까지 번지고 있음을 지적하면서, 중국이 중동부 유럽에서의 영향력을 이용해 유럽이 단일한 대중국 전선을 형성하는 것을 방해하고 분열을 야기할 수 있다고 주장한다.[66] 이탈리아가 최근 EU의 만류에도 불구하고 주요 7개국(G7) 중 최초로 중국과 양해각서를 체결하고 일대일로 프로젝트 동참에 합의하면서 EU 내에서는 중국의 유럽 진출에 대한 우려의 목소리가 더욱 커지고 있으며, 이탈리아가 '트로이의 목마'가 되어 중국이 유럽으로 경제적 영향력뿐만 아니라 잠재적인 군사·정치적 영향력을 확대하는 길을 열어 줄 것이라는 경고가 나오기도 했다.[67]

이렇듯 EU 내에서 재부상하고 있는 '중국위협론'은 중국 자본이 유럽 경제에 미치는 영향력 확대에 대한 우려뿐만 아니라, EU 정책과 규범에 반하는 방향으로 유럽정치에 영향을 미칠 수 있는 중국의 영향력 확대가 유럽의 분열을 야기하는 정치적 위협이 될 수 있다는 우려를 반영한다.[68] 중국의 중동부 유럽 국가들에 대한 투자는 전체 유럽 투자의 8% 정도에 불과하나, 헝가리와 폴란드는 2016년 기준 전체 투자 유치 규모

---

65 Brahma Chellaney, 2017, "China's Debt-Trap Diplomacy," *Project Syndicate*, 2017.01.23.; Małgosia Krakowska, 2017, "China's One Belt One Road Initiative – A push for influence or debt?" *New Eastern Europe*, 2017.10.07.
66 Lucrezia Poggetti, 2017, 앞의 글; Austin Doehler, 2019a, 앞의 책; Austin Doehler, 2019b, 앞의 글.
67 김지수, "'일대일로' 이탈리아, 유럽 향한 중국의 '트로이 목마' 될까", 『아시아투데이』, 2019.03.24.; 이석우, "이탈리아는 중국의 트로이 목마", 『서울신문』 2019.03.21.
68 Lucrezia Poggetti, 2017, 앞의 글; Austin Doehler, 2019a, 앞의 책; Austin Doehler, 2019b, 앞의 글.

중 중국에서 유치한 비율이 각각 40%와 20%를 차지했다.[69] 이는 이들 국가들의 중국에 대한 경제적 의존도 증가를 단적으로 보여 주며, 이 국가들에 대한 중국의 영향력의 확대로 이어질 수 있다. 2016년 7월 네덜란드 헤이그에 본부를 둔 상설중재재판소가 중국의 남중국해 영유권 주장이 유엔의 해양법을 위반한다며 필리핀의 손을 들어 주었을 때, 미국과 일본은 중국에 국제법을 존중하라는 성명을 발표한 데 반해, EU는 성명에서 중국을 직접 거명하지 않은 채 분쟁의 평화적 해결만을 강조해 미·일의 성명서와 대조를 이루었다.[70] 당시 이 성명서 작성에 관여한 한 EU 외교관은 한 매체와의 인터뷰에서 "중국의 투자에 크게 의존해 온 헝가리와 폴란드, 그리스 등이 중국을 거명하는 데 반대했다"고 해명했다.[71] 이를 두고, 중국위협론자들은 낙후한 인프라 때문에 중국의 투자가 절실한 일부 EU 국가들이 중국의 인권 문제, 남중국해 영유권 문제 등에 대한 EU의 결의안에 참여를 거부하는 등 유럽 단합에도 균열이 생기고 있다고 주장했다.

이러한 변화 속에서, EU 집행부와 서유럽 주요국들에서는 "중국의 개입으로 하나의 EU가 흔들리고 있다"는 경계심이 점차 높아졌으며, EU 차원에서 중국의 위협에 대해 단합된 대응을 해야 한다는 주장이 강화되었다. EU 집행부는 2015년 이래로 '16+1' 협력 시스템에 대한 우려를 표명해 왔다. 2015년 중국-EU 관계에 관한 EU 이사회의 결정은 EU 회원국들에게 "중국의 현재의 외교전략과 관련해서 중국 정부에 하나의

---

69 안병억, "중국, 중동부유럽에 집중 투자해 EU 공략", 『중앙일보』 2017.11.28.
70 김외현, "헤이그 중재재판소 "남중국해 중국 영유권 인정 못해"", 『한겨레』 2016.07.12.
71 안병억, "중국, 중동부유럽에 집중 투자해 EU 공략", 『중앙일보』 2017.11.28.

목소리를 내라"고 요구한다.⁷² 이 결정문에서 EU 이사회는 중동부 지역에서 중국의 외교 활동의 확대를 지적하면서, "16+1 그룹이 EU를 분열시키거나 중국에 대한 유럽의 입장을 약화시켜서는 안 되며, 인권의 문제도 다루어야 한다"고 강조했다.

이처럼 최근 유럽 내 중국위협론이 재부상하면서, 2004년 중국과의 포괄적 전략 동반자관계를 수립하면서 중국과의 협력 기조를 유지해 온 EU의 대중국 전략에도 변화의 움직임이 나타나고 있다.⁷³ 2019년 3월 EU 집행위원회는 새로운 대중국 전략 보고서를 발표하면서, "중국은 더 이상 개발도상국이 아니라 국제사회의 핵심이자 선도적인 기술 강국"이며 "중국의 정치·경제적 영향력이 전례에 없이 커지면서 EU에는 중국이 제기하는 도전과 기회 사이의 균형이 변화했다는 평가가 늘어나고 있다"고 밝혔다.⁷⁴ 이 전략보고서에서 EU는 처음으로 중국을 '경제적 경쟁자(economic competitor)'이자 EU와 다른 통치 모델을 추구하는 '체제 경쟁자(systemic rival)'라고 규정하였다. 이는 중국의 대국화가 제기하

72　European Parliament, 2015, 앞의 글.

73　Andrew Small, 2019, "Why Europe is getting tough on China and what it means for Washington," *Foreign Affairs*, 98(2), March/April 2019; Julianne Smith, and Torrey Taussig, 2019, "The Old World and the Middle Kingdom Europe Wakes Up to China's Rise," *Foreign Affairs*, 98(5), September/October 2019; P. Blenkinsop, and R. Emmott, 2019, "EU leaders call for end to "naivety" in relations with China," *Reuters*, 2019.03.22.; Emre Peker, 2019, "EU Strong-Arms China Into Trade Promises", *Wall Street Journal*, 2019.04.09.; Gordon Watts, 2019, "China facing a European Union backlash," *Asia Times*, 2019.09.24.. Michael Peel, Lucy Hornby and Rachel Sanderson. 2019, "European foreign policy: a new realism on China," *Financial Times*, 2019.03.20.; 정인환, "유럽의 각성…본격적 중국 견제 나서나",『한겨레』, 2019.04.11.

74　European Commission, 2019a, 앞의 글; European Commission, 2019c, 앞의 글.

는 경제·정치·안보적 위협에 주목하는 방향으로 EU의 대중국 인식과 전략이 재조정되고 있음을 보여 준다.[75] EU 내에서 이러한 대중 인식 변화가 가장 두드러진 곳은 독일로, 하이코 마스 독일 외무장관은 "EU 국가들이 전략적 영향력 확대를 위한 중국의 경제정책 활용을 손 놓고 바라봐서는 안 되며, 중국에 대한 반대 전선을 공동으로 구축할 경우 (유럽) 모두가 혜택을 볼 수 있다"고 강조했다.[76] 그는 중국 정부를 향해 "하나의 유럽 개념을 존중해 달라"고 요구하면서, 유럽 국가들에게는 "우리가 중국에 대항할 단일 전략을 만들지 못하면 중국은 유럽을 분열시킬 것"이라고 경고음을 높였다.[77]

유럽의 외교안보정책을 연구하는 독립 싱크탱크 기관인 유럽외교협회(European Council on Foreign Relations)는 중국은 이미 유럽 안에 깊숙이 들어와 있으며 막대한 무역 흑자와 수많은 중국 관광객들의 유입뿐만 아니라 재정능력을 바탕으로 한 투자 및 대출, 공공외교, 군사안보협력의 확대를 통해 유럽 사회에 대한 영향력을 확대하고 있다고 주장한다. 그들은 중국이 자국의 직접적인 이익에 초점을 맞추어 선택적으로 EU의 규범들을 수용하고 때론 무시하곤 한다고 지적하면서, EU와 그 회원국들이 차이나머니에 대한 환상과 중국을 변화시킬 수 있을 것이라는 환상에서 벗어나 현실을 직시하고 중국과의 관계를 '호혜성(reciprocity)'에 기반을 둔 보다 현실주의적이고 실용주의적인 관계로 전환해야 한다고 강조한다.[78]

---

[75] Patrick Dunne, 2019, 앞의 글.
[76] "EU, 시진핑 방문 앞두고 대중(對中)인식 차이 '극명'", 『뉴스핌』 2019.03.20.
[77] James Kynge, and Michael Peel, 2017, 앞의 글.
[78] François Godement, and Abigaël Vasselier, 2017, *China at the gates: A new*

IV. 맺음말

　개혁개방 이후 급속한 발전을 통해 신흥 강대국으로 부상한 중국은 이제 '중화민족의 위대한 부흥'이라는 강대국화의 꿈을 실현하고자 종합 국력과 국제적 영향력을 확대하면서 동아시아 지역을 넘어 전 세계적으로 광범위한 영향력을 발휘하는 글로벌 강대국으로 부상하고 있다.
　이러한 중국의 부상과 강대국화 전략은 경제·무역·투자·정치·안보·가치·유럽통합 등 다양한 측면에서 유럽에 영향을 미치고 있으며, 다면적인 기회와 도전을 동시에 제공하고 있다. 이 연구는 EU와 유럽 국가들에 중국의 부상이 어떠한 기회와 도전을 제공하고 있으며, 이에 유럽이 어떻게 대응해야 한다고 인식하고 있는지를 살펴보았다. 중국의 부상에 대한 유럽의 인식을 살펴보는 데 있어서, 중국의 대유럽 진출과 영향력 확대에 따른 유럽의 대중국 인식의 '변화'와 '분화'에 주목했다.
　이러한 분석을 위해서, 이 연구는 먼저 통합된 유럽을 대표하는 EU를 중심으로, 중국의 강대국화에 따른 유럽의 대중국 인식의 변화를 분석했다. 그 다음, 중국의 강대국화 실현을 위한 중장기 전략 구상이라고 할 수 있는 일대일로 이니셔티브에 초점을 맞추어, 일대일로를 전면에 내세운 중국의 대유럽 진출과 영향력 확대와 관련하여 EU 내부에서 이에 대한 회원국들의 인식과 대응에 있어서 어떠한 차이와 분화가 나타

---

　power audit of EU-China relations, European Council on Foreign Relations, December 2017, https://www.ecfr.eu/page/-/China_Power_Audit.pdf.

나고 있는지를 살펴보았다. 이를 통해, 유럽의 분화된 대중국 인식과 대응이 유럽의 단합과 분열에 미치는 영향을 확인할 수 있었다.

EU의 복잡하고 다층적인 대표성과 EU 차원에서 수립·시행되는 공동정책과 개별 국가들의 이익 간 충돌의 문제는 EU 차원에서의 단일한 정책 수립과 실행에 근본적인 걸림돌로 작용해 왔다. 유럽의 정치경제적 통합의 심화 과정에서 EU 차원에서 수립·시행되는 공동정책의 범위가 확대되고 그와 관련한 규제의 수준이 높아지면서, 회원국들이 자국의 이익을 보호·추구할 수 있는 자율적인 정책 추진의 권한이 제한되는 상황들이 만들어지고 이에 불만을 느낀 일부 회원국들이 EU 정책에 대한 반대 의견을 표출하는 사례들이 증가해 왔다.

또한, EU의 재정통합 없는 화폐통합은 EU 중심부와 주변부의 내부적 불균형을 심화시켰고, 유럽의 장기적인 경제 불황과 유로존 재정위기, 난민위기와 테러위협이 확산되면서 유럽통합의 내적 모순과 한계가 폭발하는 계기로 작용했다. 2008년 이후 일련의 통합 위기 상황들을 경험하면서, EU 안에서는 회원국 국내정치적 갈등 및 회원국들 간 갈등, EU 집행위원회와 일부 회원국들 간 갈등이 심화되면서 유럽통합에 대한 회의론이 확산되어 왔다.[79] 최근 영국의 EU 탈퇴 결정을 계기로 주요 회원국들에서 난민수용 반대, 유로존 및 EU 탈퇴 등을 주장해 온 EU 회의론자들의 목소리가 커지면서 EU 내부에서 유럽통합과 EU 정책을 둘러싼 논쟁과 갈등은 더욱 심화되었다. 이렇듯 60년 이상 지속된 유럽통합의 역사는 결정적인 전환점을 맞이하고 있으며, 유럽 사회 전반에서

---

[79] 박상현, "브렉시트와 유럽통합의 미래", 『경제와사회』, No.115, 2017, 145-182쪽; 김경숙, "2018년 유럽연합의 분열과 통합의 동학", 『INSS 전략보고』, 2018-36, 2019.12.

유럽의 분열에 대한 우려가 갈수록 고조되고 있다.

이러한 맥락에서 본다면, 중국의 일대일로 이니셔티브에 기반을 둔 유럽 진출 확대 전략으로 유럽의 분열이 야기된 것이 아니라, 오히려 대중국 정책을 둘러싼 EU와 일부 회원국들 간의 갈등은 대중국 관계에서 서로 다른 이해관계를 가지는 개별 국가들의 이익과 이익추구 행위가 EU 차원의 공동의 이익 혹은 가치, 정책과 충돌하면서 유럽에 내재된 균열과 유럽통합의 내적 모순과 한계를 드러내 보여 주었을 뿐이다.

하지만 중국의 부상과 강대국화 전략에 따른 중국의 대유럽 진출 및 영향력 확대가 제공하는 다양한 기회와 도전들은 EU와 유럽 국가들에게 중요하고 피할 수 없는 질문을 제기한다. 중국의 부상에 대한 EU 차원의 단합된 대응이 가능할까? 부상하는 중국은 양자관계에서나 기존의 또는 새롭게 신설된 다자기구에서 더 많은 협력의 기회들을 제공하는 한편, EU에게는 대중국 관계나 다른 강대국들과의 관계를 조율하는 데 있어서 EU 회원국들 사이에 통합을 유지하는 어려움을 가중시키는 등 EU 내부에 내재된 균열과 모순을 증폭시킬 수 있다.

EU 외교안보정책결정의 제도적 메커니즘은 두 가지 주요한 특징을 가진다. 하나는 의사결정과정이 회원국의 주권과 자율성이 보장되는 지극히 '정부간주의적(intergovernmentalist)' 성격을 띤다는 것이고, 또 하나는 초국가적 행위자로서의 EU에게 부여된 대외정책적 권한이 매우 제한적이라는 점이다.[80] 따라서 회원국들이 대외정책을 추진함에 있어 EU의 공동체적 이익보다 개별적인 국가이익을 우선적으로 추구함으로써 때로는 EU 집행위원회와 회원국 간에 상충된 입장이 개진되기도 하

---

80 최진우, 2015, 앞의 글, 433-458쪽.

며 각 회원국들 간에도 이견이 노정되어 혼란이 발생하는 경우가 많다.

이러한 관점에서 볼 때, EU 집행부와 독일·프랑스를 중심으로 중국에 대한 EU 차원에서의 단합된 대응을 통해 협상력을 높이고 잠재적 위협에 대비할 것을 강조하지만, EU 내에서 '중국위협론'과 '중국기회론'이 극명하게 대립되는 가운데 EU 회원국들이 중국에 대한 단일한 대응 방침에 합의하고 실행하는 것은 쉽지 않아 보인다.[81] 대중국 인식과 정책뿐만 아니라 유로존 재정위기, 난민 문제 등을 둘러싸고 개별 국가들 간의 이해관계가 엇갈리면서 서유럽 선진국들과 중동부 유럽 국가들 간의 분열이 두드러지게 나타나고 있고, 헝가리, 폴란드, 그리스, 이탈리아 등 일부 국가들이 EU 집행부와 대립각을 세우고 있는 상황이기 때문이다.

EU가 하나의 목소리로 중국에 대응하지 못하는 상황이 지속된다면 중국의 강대국화와 그 추진과정에서 나타나는 다양한 도전에 효과적으로 대응하지 못할 가능성이 크고, 중국은 자신의 이익을 극대화시키는 데 이러한 EU의 모순과 분열을 활용하려고 할 수도 있다. 독일 싱크탱크 '세계공공정책연구소(GPPI)'의 토르스텐 베너(Thorsten Benner) 소장은 "미국과 중국이 지리 경제학적 경쟁을 펼치면서 EU가 이 두 국가의 놀이터가 될 위기에 놓였다"면서 유럽이 스스로를 방어할 힘을 가지려면 더욱 단합해야 하는 상황이라고 지적한다.[82] 하지만 패권을 둘러싼

---

81 Bart Broer, 2019, "Is Europe Finally Rising to the China Challenge?" *The Diplomat*, 2019.04.16.; European Commission, 2019d, "European Commission recommends common EU approach to the security of 5G networks," *Press Release*, 2019.03.26., https://europa.eu/rapid/press-release_IP-19-1832_en.htm.

82 "EU, 시진핑 방문 앞두고 대중(對中)인식 차이 '극명'", 『뉴스핌』 2019.03.20.

미·중 간 전략적 경쟁이 치열해지면서 중국과 미국의 유럽에 대한 공세적 외교가 격화될수록, 유럽 내 분열은 더 극명해질 가능성이 높다. 이러한 국제정세와 유럽정세의 변화 속에서 앞으로 EU-중국 관계가 어떻게 전개될지 관심 있게 지켜볼 필요가 있다.

참고문헌

방청록, 2017, 「브렉시트 결정의 유럽의 통합과 분열에 대한 영향 연구」, 『유럽연구』, 35(1).
서정경, 2015, 「일대일로(一帶一路), 중화민족의 부흥을 위한 장기적 포석」, 『성균차이나브리프』, 3(2).
_____, 2016, 「'강대국의 꿈'을 담은 중국의 '일대일로'」, 『성균차이나브리프』, 4(4).
신종훈, 2017, 「브렉시트와 유럽통합-EEC 창설기부터 브렉시트(Brexit)까지 영국의 유럽정치」, 『통합유럽연구』, 8(2).
이수행, 2016, "경제 이슈 : 중국의 일대일로 정책 추진과 시사점," 『GRI 현안브리프』(경기연구원), 2016.05.
이정남 편저, 2018, 『중국의 꿈-중국이 지향하는 강대국 초상』, 아연출판부.
이철원·나수엽·임유진, 2018, "중·EU 통상현안 분석과 한국에 대한 시사점", 대외경제정책연구원 연구자료 18-05, 2018.12.28.
전혜원, 2011, 「EU의 대 중국관계: 현황과 전망」, 『주요국제문제분석』(외교안보연구원), 2011-20.
정만영, 2019, "중국의 '일대일로'와 유럽-최근 중국 정상 유럽방문 결과와 그 의미를 중심으로", 『이슈&연구』, 연세대학교 중국연구원, 2019.05.01., http://yonseisinology.org/archives/5124.
조은정·유현정, 2019, 「EU-중국 정상회담 결과와 정책적 시사점」, 『이슈브리프』(국가안보전략연구원) 통권 121호, 2019.04.24.
차재복, 2018, 「중국 '일대일로'의 전략적 의의와 한반도에 대한 시사점」, 『동북아역사논총』 제60호.
최진우, 2015, 「유럽연합과 동북아: 관계의 다면성과 한국의 전략」, 『동서연구』 27(2).
황기식·김현정, 2018, 「난민안보와 EU 공동체 위기」, 『한국동북아논총』, 23(3).
KIEP 북경사무소, 2016, "중국의 일대일로 경제외교 행보 및 평가", 『KIEP 북경사무소 브리핑』, 16(5), 2016.04.19.

강신·윤창수, "정치·경제 공세의 '일대일로'… 유럽 '시진핑 공포' 확산", 『서울신문』 2018.03.06.
김경숙, "2018년 유럽연합의 분열과 통합의 동학", 『INSS 전략보고』, 2018-36, 2019.12.

김성탁, "중동부 유럽 휩쓰는 차이나 머니 서유럽 "하나의 EU 흔들지 마라", 『중앙일보』 2017.11.30.
김외현, "헤이그 중재재판소 "남중국해 중국 영유권 인정 못해"", 『한겨레』 2016.07.12.
김정원, "EU 의장 "난민할당제 분열 초래, 폐지를", 『한국일보』 2017.12.12.
김지수, "일대일로' 이탈리아, 유럽 향한 중국의 '트로이 목마' 될까", 『아시아투데이』 2019.03.24.
리상화, "재경관찰: 중국·중동부 유럽국가, 손잡고 공동 발전 도모", 『新華网』 2019.04.15.
박만원·문가영, "美·유럽 70년동맹 균열에…中일대일로, 유럽에 깃발", 『매일경제』 2019.03.24.
박민희, "중국, 일본 제치고 '세계2위 경제대국' 등극", 『한겨레』 2010.08.16.
박상현, "브렉시트와 유럽통합의 미래", 『경제와사회』, No.115, 2017.
박형기, "中 이탈리아와 일대일로 MOU 진짜 의도는 서방 분열", 『뉴스1』 2019.03.24.
박형기, "이탈리아, 미국 반대에도 일대일로 MOU 체결", 『뉴스1』 2019.03.24.
안병억, "중국, 중동부유럽에 집중 투자해 EU 공략", 『중앙일보』 2017.11.28.
오광진, "중국 독일 제치고 세계 3위 경제대국", 『한국경제』 2009.01.14.
오광진, "시진핑·트럼프 앞에서 분열되는 유럽", 『조선일보』 2019.03.20.
외교부, 국가/지역 정보- 유럽: http://www.mofa.go.kr/www/wpge/m_3550/contents.do.
이석우, "美 전방위 견제 속 유럽 빨아들이며 '차이나 벨트' 확장하는 中", 『서울신문』 2019.05.14.
이석우, "이탈리아는 중국의 트로이 목마", 『서울신문』 2019.03.21.
이정선, "'난민 쿼터제' 놓고 EU 동서 분열 조짐", 『한국경제』 2015.09.11.
정용환, "차트는 알고 있다. 이탈리아가 차이나머니에 목매는 까닭", 『중앙일보』 2019.03.29.
정인환, "유럽의 각성…본격적 중국 견제 나서나", 『한겨레』 2019.04.11.
채인택, "판 커지는 중국의 일대일로…이탈리아 거쳐 유럽으로 영향력 확대", 『중앙일보』 2019.04.07.
홍제성, "中, 獨 제치고 세계최대 수출국 등극", 『연합뉴스』 2010.02.10.
"중국, 미국 제치고 세계 최대 교역국에", 『중앙일보』 2013.01.23.
"中 교역량↑… 세계 최대 무역대국", 『국민일보』 2011.12.09.
"EU, 중국 강하게 압박해 시장개방 등 원하는 것 얻어", 『한국경제』 2019.04.10.
"EU, 시진핑 방문 앞두고 대중(對中)인식 차이 '극명'", 『뉴스핌』 2019.03.20.

習近平, 2014, 『習近平談治國理政』, 外文出版社.
"習近平總書記深情闡述"中國夢"", 『新華時政』 2012.11.30.
"習近平: 承前啓后 繼往開來 繼續朝着中華民族偉大复興目標奮勇前進", 『新華网』 2012.11.29.

Benner, Thorsten, et al., 2019, "How Should Europe Handle Relations with China?," *A ChinaFile Conversation*, 2019.04.08., http://www.chinafile.com/conversation/how-should-europe-handle-relations-china.

Blenkinsop, P., and R. Emmott, 2019, "EU leaders call for end to "naivety" in relations with China," *Reuters*, 2019.03.22.

Brattberg, Erik, and Etienne Soula, 2018, "Is Europe Finally Pushing Back On Chinese Investments?" *The Diplomat*, 2018.09.14.

Broer, Bart, 2019, "Is Europe Finally Rising to the China Challenge?" *The Diplomat*, 2019.04.16.

Brown, Kerry, 2017, "China's Geopolitical Aims: The Curious Case of the 16-Plus-1," *The Diplomat*, 2017.05.03.

Brown, Kerry, and Stanley Crossick, 2009, "The EU and China: Time for a Change?" Asia Programme Paper: ASP PP 2009/03, Chatham House.

Chang, Vincent K. L., and Frank N. Pieke, 2018, "Europe's engagement with China: shifting Chinese views of the EU and the EU-China relationship," *Asia Europe Journal*, 16(4), December 2018.

Chellaney, Brahma, 2017, "China's Debt-Trap Diplomacy," *Project Syndicate*, 2017.01.23.

Christiansen, Thomas, and Richard Maher, 2017, "The rise of China—challenges and opportunities for the European Union," *Asia Europe Journal*, 15(2), June 2017.

Council of the European Union, 2003, *A secure Europe in a better world. European Security Strategy*, Brussels, 2003.12.12., https://eclan.eu/files/attachments/.1615/doc_10184_290_en.pdf

_____, 2016, *Council conclusions EU Strategy on China*, 2016.07.18., https://eeas.europa.eu/sites/eeas/files/council_conclusions_eu_strategy_on_china.pdf.

_____, 2019, *European Council meeting (21 and 22 March 2019)-Conclusions*, 2019.03.22., https://www.consilium.europa.eu/media/38789/22-euco-final-conclusions-en.pdf.

Doehler, Austin, 2019a, *The Pernicious Effects of China's Belt and Road Initiative on Western Balkan-EU Integration*, Center for European Policy Analysis, 2019.09.23.

_____, 2019b, "How China Challenges the EU in the Western Balkans," *The Diplomat*, 2019.09.25.

Dunne, Patrick, 2019, "The EU bows to 'systemic rival', China," *Asia Times*, 2019.03.27.

European Commission, 1994, Towards a new Asia strategy. Communication from the Commission to the Council. COM (94)314 final, 1994.07.13.

_____, 1995, A Long-term Policy for China-Europe Relations, COM (1995)279 final, 1995.07.15.

_____, 1998, Building a Comprehensive Partnership with China, COM (1998)181 final, 1998.03.25.

_____, 2001, EU Strategy towards China: Implementation of the 1998 Communication and Future Steps for a more Effective EU Policy, COM (2001)265 final, 2001.05.15.

_____, 2003, A Maturing Partnership: Shared Interests and Challenges in EU-China Relations, COM (2003) 533 final, 2003.09.10.

_____, 2006a, EU-China: closer partners, growing responsibilities, communication from the commission to the council and the European parliament, COM (2006) 631 final, 2006.10.24.

_____, 2006b, (Accompanying COM (2006) 631 final) Closer partners, growing responsibilities - A policy paper on EU-China trade and investment: competition and partnership, Commission Working Document, COM (2006) 632 final.

_____, 2013, EU-China 2020 Strategic Agenda for Cooperation, https://eeas.europa.eu/china/docs/eu-china_2020_strategic_agenda_en.pdf.

_____, 2016a, The European Union sets its sights high on ambitions with China, *Press Release*, June 22, 2016, https://europa.eu/

rapid/press-release_IP-16-2259_en.htm .

_____, 2016b, Joint communication to the European Parliament and the Council: Elements for a new EU strategy on China, JOIN (2016) 30 final, 2016.06.22., https://eeas.europa.eu/delegations/china_en/15397/Elements%20for%20a%20New%20EU%20Strategy%20on%20China.

_____, 2019a, Joint Communication to the European Parliament, The European Council and the Council, EU-China-A strategic outlook, JOIN(2019) 5 final, 2019.03.12., https://ec.europa.eu/commission/sites/beta-political/files/communication-eu-china-a-strategic-outlook.pdf.

_____, 2019b, *EU-China Relations Factsheet,* 2019.10.18., https://eeas.europa.eu/topics/external-investment-plan/34728/eu-china-relations-factsheet_en.

_____, 2019c, "Commission reviews relations with China, proposes 10 actions," *Press Release,* 2019.03.12., https://europa.eu/rapid/press-release_IP-19-1605_en.htm.

_____, 2019d, "European Commission recommends common EU approach to the security of 5G networks," *Press Release,* 2019.03.26., https://europa.eu/rapid/press-release_IP-19-1832_en.htm.

_____, 2019e, "EU-China Summit: Rebalancing the strategic partnership," *Press Release,* 2019.04.09., https://europa.eu/rapid/press-release_IP-19-2055_en.htm.

European Parliament, 2015, European Parliament resolution of 16 December 2015 on EU-China relations, 2015.12.16., https://www.europarl.europa.eu/doceo/document/TA-8-2015-0458_EN.pdf.

Fox, John and François Godement, 2009, A *Power Audit of the EU-China relations, European Council on Foreign Relations* (ECFR), April 2009, https://www.ecfr.eu/page/-/ECFR12_-_A_POWER_AUDIT_OF_EU-CHINA_RELATIONS.pdf.

Ghiasy, Richard, and Jiayi Zhou, 2017, *The Silk Road Economic Belt: Considering Security Implications and EU-China Cooperation Prospects,* Stockholm: Stockholm International Peace Research Institute, February, 2017, https://www.sipri.org/publications/2017/other-publications/silk-ro.

Godement, François and Abigaël Vasselier, 2017, *China at the gates: A new power audit of EU-China relations*, European Council on Foreign Relations, December 2017, https://www.ecfr.eu/page/-/China_Power_Audit.pdf.

Grieger, Gisela and Christian Dietrich, 2017, "China, the 16+1 cooperation format and the EU," *At a Glance, European Parliamentary Research Service*, March 2017, https://www.europarl.europa.eu/RegData/etudes/ATAG/2017/599313/EPRS_ATA(2017)599313_EN.pdf.

Harris, Richard L., and Armando A. Arias, 2016, "China's South–South cooperation with Latin America and the Caribbean," *Journal of Developing Societies*, 32(4).

Holslag, Jonathan, 2011, "The Elusive Axis: Assessing the EU-China Strategic Partnership," *Journal of Common Market Studies*, 49(2).

Huotari, Mikko, Miguel Otero-Iglesias, John Seaman and Alice Ekmaneds, (eds.), 2015, "Mapping Out Europe-China Relations: A Bottom-Up Approach," ETNC Report, European Think-tank Network on China (ETNC), October 2015, https://www.merics.org/sites/default/files/2018-03/ETNC_2015_web_final.pdf.

Jakóbowski, Jakub, 2018, "Chinese-led Regional Multilateralism in Central and Eastern Europe, Africa and Latin America: 16+1, FOCAC, and CCF, *Journal of Contemporary China*, 27(113).

Kavalski, Emilian, 2019, "China's "16+1" Is Dead? Long Live the "17+1,"" *The Diplomat*, 2019.03.29.

Kowalski, Bartosz, 2017, "China's foreign policy towards Central and Eastern Europe: The '16+1' format in the South–South cooperation perspective. Cases of the Czech Republic and Hungary," *Cambridge Journal of Eurasian Studies*, 1, April 2017.

Krakowska, Małgosia, 2017, "China's One Belt One Road Initiative – A push for influence or debt?" *New Eastern Europe*. 2017.10.07.

Kynge, James and Michael Peel, 2017, "Brussels Rattled as China Reaches out to Eastern Europe," *Financial Times*, 2017.11.27.

Muir, Paul, 2019, "Xi's Arrival in Italy fuels Western Unease," *Asia Times*,

2019.03.22.

Le Corre, Philippe, Stephanie Segal, Andrea Kendall-Taylor and Zack Cooper, 2019, "China's Expanding Influence in Europe and Eurasia," Statements before the House Committee on Foreign Affairs Subcommittee on Europe, Eurasia, Energy, and the Environment, 2019.05.09., https://docs.house.gov/Committee/Calendar/ByEvent.aspx?EventID=109430.

Pan, Zhongqi, 2012, *Conceptual gaps in China-EU relations: global governance, human rights and strategic partnerships*, Basingstoke, Palgrave Macmillan.

Patrick Dunne, 2019, "EU dilemma: how to deal with China," *Asia Times*, 2019.03.17.

Peel, Michael, Lucy Hornby and Rachel Sanderson. 2019, "European foreign policy: a new realism on China," *Financial Times*, 2019.03.20.

Peker, Emre, 2019, "EU Strong-Arms China Into Trade Promises', *Wall Street Journal*, 2019.04.09.

Pepe, Jacopo Maria, 2017, "China's Inroads into Central, Eastern, and South Eastern Europe Regional and Global Implications for Germany and the EU," *DGAPanalyse*, No.3, March 2017.

Poggetti, Lucrezia, 2017, "China's Charm Offensive in Eastern Europe Challenges EU Cohesion," *The Diplomat*, 2017.11.24.

Romei, Valentina, 2019, "EU investment rebounds to level before 2008 financial crash," *Financial Times*, 2019.03.09.

Roughneen, Simon, 2019, "Xiplomacy wins in Europe despite US warnings," *Asia Times*, 2019.03.27.

Rühlig, Tim Nicholas, Björn Jerdén, Frans-Paul van der Putten, John Seaman, Miguel Otero-Iglesias and Alice Ekman, (eds.) 2018, "Political values in Europe-China relations," A report by the European Think-tank Network on China (ETNC), December 2018.

Scott-Bell, Thomas, 2019, "Partners, Competitors or Rivals? The evolution of China-EU relations in light of global changes," *Beijing Review*, No.14, 2019.04.04.

Seaman, John, Mikko Huotari, Miguel Otero-Iglesias, 2017, "Chinese Investment in Europe A Country-Level Approach," *A Report by the European Think-tank Network on China (ETNC)*, December 2017, https://www.ifri.org/sites/default/files/atoms/files/etnc_reports_2017_final_20dec2017.pdf.

Scheller, Henrik, and Annegret Eppler, 2014, "European Disintegration-Non-existing Phenomenon or a Blind Spot of European Integration Research?: Preliminary Thoughts for a Research Agenda", I*nstitute for European Integration Research, Working Paper*, 02/2014.

Small, Andrew, 2019, "Why Europe is getting tough on China and what it means for Washington," *Foreign Affairs*, 98(2), March/April 2019.

Smith, Julianne, and Torrey Taussig, 2019, "The Old World and the Middle Kingdom Europe Wakes Up to China's Rise," *Foreign Affairs*, 98(5), September/October 2019.

Stanzel, Angela, et al., 2016, "China's Investment in Influence: The Future of 16+1 Cooperation," *European Council on Foreign Relations*, December 2016, http://www.ecfr.eu/page/-/China_Analysis_Sixteen_Plus_One.pdf.

Tonchev, Plamen, 2017, "China's Road: into the Western Balkans," European Union Institute for Security Studies (EUISS), February 2017, https://www.iss.europa.eu/sites/default/files/EUISSFiles/Brief%203%20China%27s%20Silk%20Road.pdf

van der Putten, Frans-Paul and Minke Meijnders, 2015, "China, Europe and the Maritime Silk Road," *Clingendael Report*, March 2015, https://www.clingendael.org/sites/default/files/pdfs/China_Maritime_Silk_Road.pdf.

van der Putten, Frans-Paul, John Seaman, Mikko Huotari, Alice Ekman, Miguel Otero-Iglesias (eds.) 2016, "Europe and China's New Silk Roads," *ETNC Report*, European Think-tank Network on China (ETNC), December 2016, http://www.iai.it/sites/default/files/2016_etnc_report.pdf.

Vollaard, Hans, 2014, "Explaining European Disintegration", *Journal of Common Market Studies*, 52(5).

Watts, Gordon, 2019, "China facing a European Union backlash," *Asia Times*, 2019.09.24.

Webber, Douglas, 2014, "How likely is it that the European Union will disintegrate? A critical analysis of competing theoretical perspectives,"

European Journal of International Relations, 20(2).

Weidenfeld, Jan, 2018, "China's Europe Policy Poses a Challenge to EU Cohesion," *The Diplomat*, 2018.08.16.

Zeneli, Valbona, 2017, "What Has China Accomplished in Central and Eastern Europe?" *The Diplomat*, 2017.11.25.

_____, 2019, "Italy Signs on to Belt and Road Initiative: EU-China Relations at Crossroads?" *The Diplomat,* 2019.04.03.

Zeng, Jinghan, 2017, "Does Europe Matter? The Role of Europe in Chinese Narratives of 'One Belt One Road' and 'New Type of Great Power Relations'," *Journal of Common Marcket Studies,* 55(5).

"China-CEE summit in Budapest-Opening ceremony-UPDATE," *Daily News Hungary*, 2017.11.27.

5장

중국의 부상과 일중관계의 구조적 특징

아오야마 루미(青山瑠妙)
(와세다대학 현대중국연구소장, 와세다대학 아태대학원 교수)

I. 머리말
II. 일중관계의 사실관계 점검
III. 일본의 중국인식과 대중정책
IV. 중국의 대외전략과 대일정책
V. 일중관계의 전망

I. 머리말

개혁개방 이후의 중국은 급속한 경제성장을 이뤄내고 있다. 중국의 부상은 아시아뿐 아니라 세계적 세력균형에도 큰 영향을 미치고 있다. 이러한 가운데 오바마 정권 이후 미국의 대중국 정책이 포용정책에서 억지(抑止)정책으로 크게 기울어지기 시작했다. 미중 무역전쟁, 특히 하이테크 분야를 중심으로 미국과 중국의 국제적 영향력을 둘러싼 경쟁은 격화하는 경향을 보이고 있다.

이렇게 변화하는 국제정세를 배경으로 일중관계도 크게 변모하고 있다. 2012년 9월에 일본 정부는 센카쿠열도(중국명 '댜오위다오', 오키나와현 이시가키시)[1]의 우오쓰리섬, 기타코섬, 미나미코섬 3개의 섬을 토지소유자로부터 구매하여 센카쿠의 3개의 섬을 국유화하였다. 중국은 강하게 반발하였고 이를 계기로 일중관계는 현저하게 악화되었다. 어려운 상황에 처했던 일중관계도 2018년 5월의 리커창 중국 총리의 방일, 2018년 10월의 아베 신조 일본 수상의 방중 등 최근 몇 년간 급속히 개선되고 있다.

이 글은 부상하는 중국과 일중관계를 통해 경제, 정치, 안전보장의 3가지 측면에서 중국의 부상이 가져오는 영향을 검증하고 냉전 종식 후의 일중관계의 특징을 분석한다. 구체적으로 2절에서는 일중관계의 현재에 관한 사실관계를 점검하고 3절과 4절에서는 일중 간 상호인식을 분석한다. 마지막으로 일중관계의 미래를 전망한다.

---

1 센카쿠열도는 5개의 섬과 3개의 암초로 구성되어 있다.

II. 일중관계의 사실관계 점검

냉전 종식 직후에 일중 양국은 '일본이 중국을 원조하는 구도'에서 출발하여 마찰을 억지하고 양호한 양국 관계를 유지하기 위해 노력하였다. 그러나 일미안보 재정의를 계기로 일중 양국 사이의 여러 문제가 한꺼번에 분출되었다. 안정보장상의 상호불신이 증폭되는 가운데 관민 양쪽에 관련된 역사 문제가 발생했고 이는 커다란 외교이슈가 되어, 민간 차원에서의 상호이미지도 악화되었다. 그 결과 일중관계는 '정랭경열'의 형태를 띠게 되었다.

2012년 9월 일본 정부는 센카쿠열도의 우오쓰리섬, 기타코섬, 미나미코섬 3개의 섬을 토지소유자로부터 구매하여 센카쿠의 3개의 섬을 국유화하였다. 이에 대해 중국은 강하게 반발하였고, 중국 각지에서 대규모 반일 데모가 발생하였다. 일본 정부에 의한 센카쿠 국유화 이후 센카쿠 주변 해역에서 중국해경국 공선의 항행이 상시적으로 이루어지게 되었다. 이 때문에 일본 어업자는 센카쿠 주변 어장에 접근하는 것조차 어려워져 분쟁 회피를 위해 어장 변경을 할 수밖에 없었다고 한다.[2] 그리고 2013년에 중국 정부는 센카쿠열도를 포함한 동지나해 상공에 방공식별구역(ADIZ)을 설정했고 이후 공군기에 의한 훈련이나 순찰이 상시화 되었다.

한편 센카쿠열도를 둘러싼 일중 간 대립이 격화되는 가운데 〈표 1〉에서 나타내고 있듯이 일중 경제관계는 계속적으로 양호한 상황을 유지하

---

2 「中國公船の侵入續く 尖閣國有化5年 漁業者苦惱『近づけない』」, 『沖繩タイムス』, https://www.okinawatimes.co.jp/articles/-/140981(검색일 2019. 9. 10).

〈표 1〉 일중무역

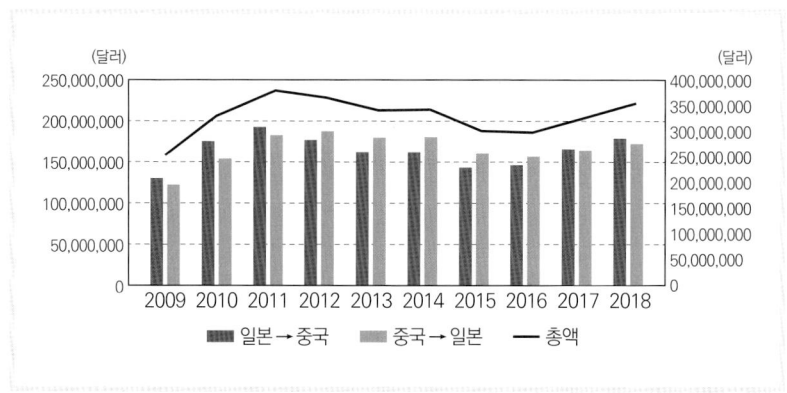

고 있다. JETRO(일본무역진흥기구)의 통계에 의하면 센카쿠 국유화 이듬해인 2013년 일중 무역총액은 전년대비 6.5% 감소한 3,119억 9,518만 달러였으나, 2014년 일중 무역총액은 전년대비 증가한 3,436억 8,209만 달러였다. 그리고 2018년의 일중 무역총액은 3,537억 7,293만 달러에 달했다.

일중 양국의 정치관계는 2014년 이후 서서히 개선되었다. 2014년 11월에 베이징에서 개최된 아시아태평양경제협력회의(APEC)에서 일중 정상회담이 센카쿠열도 국유화 이후 3년 만에 실현되었다. 시진핑 중국 국가주석과 아베 수상의 회담은 제2차 아베 정권 발족 이후 첫 정상회담이기도 했으며, 회담 실현을 위해 약 3개월간의 일중협상을 요했다고 한다. 그리고 회담에 앞서 대화 재개에 있어서의 4가지 합의가 공표되었다. 4가지 합의는 다음과 같다.

① 쌍방은 일중 간의 4가지 기본문서의 모든 원칙과 정신을 존중하고, 일중 전략적 호혜관계를 계속해서 발전시켜 나갈 것을 확인했다.

② 쌍방은 역사를 직시하고 미래를 향해 나아간다는 정신에 따라 양

국 관계에 영향을 미치는 정치적 곤란을 극복할 것에 약간의 인식의 일치를 보았다.

③ 쌍방은 센카쿠열도 등 동지나해 해역에 있어 최근 몇 년간 긴장 상태가 발생하고 있는 점에 대해 상이한 견해를 가지고 있다고 인식하고, 대화와 협의를 통해 정세 악화를 방지함과 함께 위기관리 메커니즘을 구축하여 예기치 못한 사태발생을 회피할 것으로 의견의 일치를 보았다.

④ 쌍방은 여러 다국 간·양국 간 채널을 활용하여 정치, 외교, 안보 대화를 서서히 재개하여 정치적 상호신뢰관계 구축을 위해 노력할 것에 대해 의견의 일치를 보았다.

이리하여 일중 양국은 역사 문제, 센카쿠열도 문제를 보류하고 관계 개선으로 방향을 전환하게 되었다. APEC에서 아베 수상과 시진핑 국가주석의 회담에 있어 일본 측이 특히 중시한 것은 예기치 못한 사태발생을 회피하기 위한 위기관리 메커니즘의 구축이었다. 이러한 점에서 일본 정부는 APEC회담과 사전협상 프로세스 때 중국에 대해 동지나해에서의 예기치 못한 사태에 대비한 '해상연락 메커니즘'의 운영 개시를 강하게 요청하였다.[3]

아베 수상과 시진핑 국가주석의 APEC 합의 이후 2015년 3월에 일중 양국의 외교·국방당국 간부에 의한 안보대화가 4년 만에 도쿄에서 재개되었고 양국은 '해상연락 메커니즘'의 조기운용 개시를 목표로 조정작업을 가속화하는 방침에 합의하였다. 이 안보대화에서 외교·국방관계

---

3 「日中首腦3年ぶり會談, 關係改善へ對話再開, 首相, 『戰略的互惠原点に』」, 『日本經濟新聞』(大阪夕刊) 2014. 11. 10.

자는 특히 다음의 2가지를 중심으로 협의하였다고 한다.⁴ ① 국방당국 간의 통신수단 및 사용 주파수의 설정, ② 핫라인을 설치할 조직 및 간부의 등급.

2017년 5월에 베이징에서 개최된 '일대일로(一帶一路)' 구상 국제포럼에 니카이 도시히로(二階俊博) 일본 자민당 간사장이 출석하였다. 이 포럼에서 니카이 간사장은 '일중 정상의 상호방문을 촉구하는'⁵ 아베 수상의 친서를 시진핑 국가주석에게 직접 건네 일본이 중국 주도의 일대일로 구상에 참가할 의향이 있음을 함께 전달했다.

2018년 4월 일중 양국의 경제각료가 한 자리에 모이는 '일중 고위급 경제대화'가 일본에서 개최되었다. 양국 간 서비스업 상호진출을 위한 정책대화와 기업 간 연계의 중간역할을 수행하기 위해 세코 히로시게(世耕弘成) 일본 경제산업성대신은 중국 중산(種山) 상무부부장과 국가발전개혁위원회 부회장 장융(張勇)에게 '일중 서비스협력 메커니즘'의 설치를 제안하였다.⁶ 중국에서 수요가 커지고 있는 요양보호 및 복지 분야, 그리고 예방의료 및 스포츠 분야 등에서 일본기업의 중국 시장 진출을 가속화하기 위해 일본 정부는 필요한 규제완화와 제도구축 등 중국에서의 안정적인 사업추진을 위한 환경정비에 대한 제안을 실시하였다. 한편 양국은 중국 측의 요청이 있었던 중국기업이 강점을 보유하고 있는 원격교육 및 캐시리스(cashless) 경제에 관한 일본 내 보급책에 대해서도

---

4 「日中, 早期に海空連絡體制, 4年ぶり安保對話 相互不信なお」, 『日本經濟新聞』 2015. 3. 20.

5 「習氏, 訪日「檢討したい」二階氏と會談 首相, 親書で要請」, 『日本經濟新聞』 2017. 5. 16.

6 「介護·福祉などサービス業 日中, 相互進出へ協議 閣僚級對話」, 『日本經濟新聞』 2018. 4. 13.

협의하였다고 한다.[7]

2010년 4월 중국 원자바오 총리의 공식방문 이후 약 8년 만에 리커창 총리가 2018년 5월 일본을 방문하여 일중관계는 센카쿠열도 국유화 이전의 '정상궤도'로 급속히 돌아가고 있는 것으로 보인다. 아베 수상은 도쿄에서의 모든 행사가 종료된 이후 홋카이도까지 리커창 총리와 동행하고 신치토세공항에서 귀국하는 리커창 총리를 배웅하였다.

이렇게 일중 양국 정상의 친밀한 관계를 반영하는 형태로 리커창 총리의 방일은 많은 성과를 만들어 냈다. 일중관계 개선의 상징으로서 중국은 국제보호 조류인 따오기를 니가타현에 제공하였다. 금융협력 분야에서는 중국은 2천억 위안의 적격외국인투자자(RQFII) 한도를 일본에 부여하였고, 또한 양국은 통화스와프협정 재개를 위한 협의 개시에도 합의하였다. 또 2011년 동일본대지진 후쿠시마 제1원전 사고 이후 미야기, 후쿠시마, 도치기, 군마, 사이타마, 치바, 도쿄, 니가타, 나가노의 농림수산물에 부과하고 있는 수입규제를 완화하기 위한 공동전문가그룹 설치도 결정되었다. 나아가 문화 면에서는 일중 양국에 의한 영화공동제작협정이 체결되었다.

또한 경제 분야에서는 상대 국가에 진출하는 기업 주재원의 사회보장 이중가입에 의한 부담을 경감하는 사회보장협정, '제3국에서의 일중 민간경제협력에 관한 각서'가 체결되었다. 이 각서에 의하면 일중 양국은 일중 고위급경제대화의 틀 아래 각 부처 및 관민 합동 '위원회'를 설치하고, 또한 기업경영자 및 관계 각료 등이 참여하는 '포럼'을 개최한다.[8]

---

7 「介護·福祉などサービス業 日中, 相互進出へ協議 閣僚級對話」, 『日本經濟新聞』 2018. 4. 13.
8 「日本國外務省及び經濟産業相と中華人民共和國國家發展改革委員會及び商務部

그리고 무엇보다 중요한 것은 일중 양국 간에 '해공(海空) 연락 메커니즘'에 관한 각서가 조인되었다는 것이다. 이 각서에는 국방 당국 간의 연례회의 및 전문가 회합 개최, 일중 국방 당국 간 핫라인 개설, 자위대와 인민해방군의 함선·항공기 간 연락방법이 포함되어 있다.

이러한 일중관계 개선의 흐름 가운데 아베 수상이 2018년 10월 방중하였다. 일중 양국은 하이테크 및 지적재산권 보호를 협의하는 '일중 이노베이션협력대화' 신설에 합의하였다. 아베 수상의 방중에 맞춰 베이징에서 '일중 제3국시장협력포럼'이 개최되었다. 이 포럼에서 약 50건의 협력안건이 합의되었고 사업자금은 200억 달러에 달했다고 한다.[9]

이상과 같이 냉전 종식 후 일중관계는 '정랭경열'을 기조로 하고 있다. 일본 정부에 의한 센카쿠열도 국유화 이후 일중 양국 관계는 '사상 최악의 상태'에 빠져들었지만 그럼에도 불구하고 일중 양국의 '정랭경열' 기조에는 변화의 조짐이 나타나지 않고 있다.

2014년 이후 일중 양국의 관계는 급속히 개선되었고 특히 '해공 연락 메커니즘'의 운용은 센카쿠열도 주변의 예기치 못한 사태가 군사충돌 또는 정치외교 문제로 발전하는 것을 방지하는 데 있어 중요한 의미를 가진다. 미중 양국의 대립이 격화되는 가운데 중국은 미국과 일본 사이를 갈라놓기 위한 전략을 취하고 있으나[10] 중국 시장의 중요성을 인식하

との間の第三國における日中民間經濟協力に關する覺書」의 전문은 https://www.mofa.go.jp/mofaj/a_o/c_m1/cn/page4_003987.html을 참조.

9 「日中協調, 經濟前面に, 通貨交換協定, 第三國を開拓, 安保は中國が愼重」, 『日本經濟新聞』 2018. 10. 27.
10 Rumi Aoyama, "Japan-China Ties are Tightening", East Asia Forum, https://www.eastasiaforum.org/2018/05/24/japan-china-ties-are-tightening/ (검색일 2019. 9. 10).

고 있는 일본은 중국과의 관계 강화에도 힘을 기울이고 있다.[11] 그럼에도 일중 양국 간에 이러한 정치 및 안전보장 분야에 관한 협의 진전은 일중 양국의 뿌리 깊은 상호불신을 불식하는 데에는 이르지 못하고 있다. 2018년 10월에 방중한 아베 수상은 약 40년에 걸쳐 실시해 온 대중국 정부개발원조(ODA)에 대해 2018년도 신규 안건을 마지막으로 중단할 것을 명확히 하고 중국과 일본 간의 3원칙에 근거하여 대등하며 새로운 관계를 구축할 것을 호소했다. 3원칙이란 ① 경쟁에서 협조로, ② 상호 파트너로서 위협을 가하지 않을 것, ③ 자유롭고 공정한 무역체제 발전이다. 아베 수상은 이 3원칙을 제시하고 '이 원칙을 근거로 지역 및 세계 평화와 안정에 함께 힘을 쏟고자 한다'라는 메시지를 전했다.[12] 그러나 이 3원칙은 결국 중국의 찬동을 얻지 못했다.

일중 양국은 양국의 관계 개선을 강하게 어필하고 있으나 역사 문제, 센카쿠열도 문제 등 일중 간의 현안은 해결될 조짐을 보이고 있지 않다. 시진핑 체제는 '부강한 사회주의 강국'을 목표로 내걸고 '역사 허무주의'를 비판하는 캠페인을 전개하여 '역사교육'에 한층 힘을 쏟고 있다. 또한 2018년 6월에 '해공 연락 메커니즘' 운용이 시작되었으나 센카쿠열도 주변의 상황은 자위대 간부의 발언을 빌리자면 '현장 활동과 부담은 변함없다'고 한다.[13] 〈표 2〉에서 나타내고 있듯이 일중관계 개선의 흐름 속

---

[11] Rumi Aoyama, "Japan's Balancing Act Tours Beijing", East Asia Forum, https://www.eastasiaforum.org/2018/10/25/japans-balancing-act-tours-beijing/ (검색일 2019. 9. 10).

[12] 「日中新時代へ3原則, 首腦會談「競爭から協調」, 習主席, 來年訪日に意欲」, 『日本經濟新聞』 2018. 10. 27.

[13] 「(安倍訪中を讀む: 下)日中『新時代』くすぶる火種 安全保障, 現場と溫度差」, 『朝日新聞』 2018. 10. 29.

〈표 2〉 센카쿠열도 부근에서의 중국 공선(公船) 동향

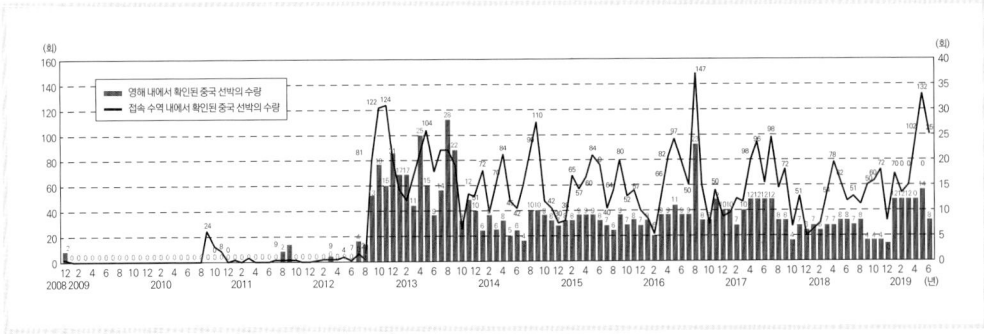

에서도 센카쿠열도 부근 중국 공선(公船)의 활동은 활발한 상황이다. 나아가 일본 정부가 요구하고 있는 동지나해 가스전 개발협의에 관한 협상 재개에는 중국이 아직 응하지 않고 있다.

일중 양국 관계 개선의 상징이 될 중국의 일대일로 구상에 대한 일본의 협력도 어디까지나 민간 중심이다. 2019년 4월에 중국을 방문한 니카이 자민당 간사장은 중국이 주도하는 일대일로 구상에 일본이 협력하는 조건을 명확히 하였다. 즉 '인프라 개방성', '대상국 재정 건전성에 대한 배려', '프로젝트의 투명성과 경제성' 등의 국제적 표준을 충족해야만 일본이 협력하겠다는 것이다.

나아가 〈표 3〉에서 알 수 있듯이 중국에 대해 친근감을 느끼지 않는 일본인이 여전히 80%를 점하고 있고, 일중관계가 아직 좋지 않다고 생각하는 일본인의 비율도 약 80%를 점하고 있다(〈표 4〉). 일중관계의 정치융화 분위기가 반드시 일본 내 대중국 여론을 개선시키고 있다고 볼 수는 없는 것이다.

냉전 종식 후 일중관계의 '정랭경열'은 지속되고 있다. 그러면 이러한 '정랭경열' 현상의 배후에 있는 일중 양국의 상호불신은 왜 발생하고 있

〈표 3〉 중국에 대한 일본인의 친근감

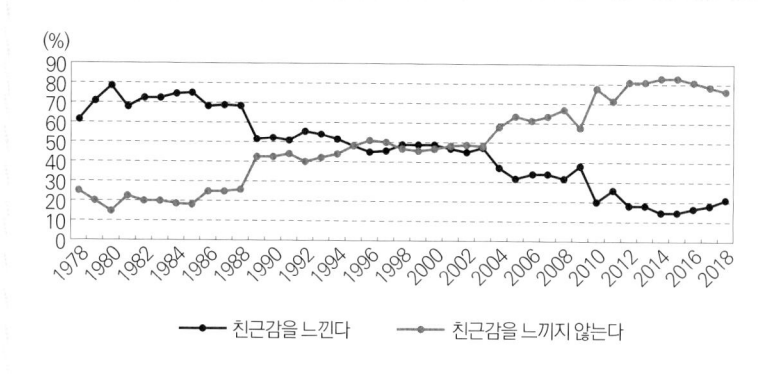

〈표 4〉 일중관계에 관한 일본인의 인식

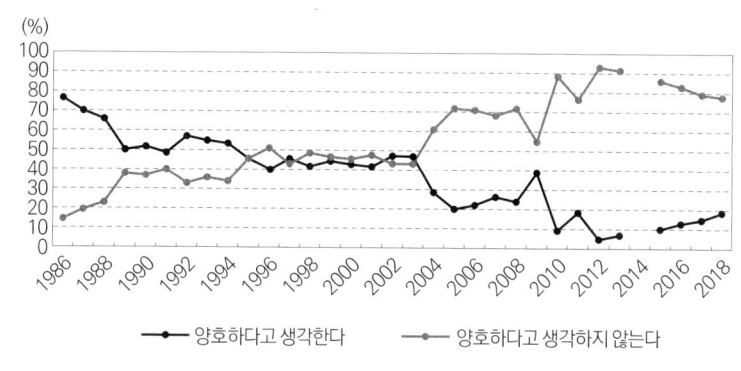

는 것일까. 다음의 3절과 4절에서 그 원인을 찾아보고자 한다.

III. 일본의 중국인식과 대중정책

1. 일본의 안전보장정책

일중관계 개선의 움직임과 연동하여 2019년판 일본 외교청서에서는 일중관계를 '가장 중요한 양국 관계 중 하나'로 설정하고 '대국적 관점에서 중국과의 안정적인 관계 구축은 대단히 중요하다'고 지적했다. 또한 일중관계에 대해 '정상궤도로 돌아와 새로운 발전을 추진하는 단계'라며 일중관계 개선을 높게 평가했다. 한편 이 외교청서는 동지나해에서의 중국의 개발에 대해서 '기존의 해양법 질서상 받아들일 수 없는 독자적인 주장에 근거한 행동 및 힘을 배경으로 한 일방적인 현상 변경을 계속해서 시도하고 있다'고 비판하고 '동지나해의 안정 없이는 일중관계의 진정한 개선은 없다'고 주장했다.

이 2019년판 일본 외교청서에 대해 중국 정부는 센카쿠열도 문제를 둘러싼 일본의 기술에 대해 강하게 반발하면서도 '정치외교'와 '경제무역협력'에 있어서의 긍정적 에너지를 축적해 나감으로써 최종적으로 '전략적 안전'의 부정적 효과가 상쇄될 것[14]에 대한 기대를 표했다.

한편 일중관계 개선의 움직임에도 불구하고 중국의 군사력 확대에 대한 우려가 일본 내에서 높아지고 있다. 2018년판 일본 방위백서에서는 '중국은 투명성이 충분하지 않은 채로 군사력을 강화함과 동시에 동지나해, 남지나해 해공역에서 기존의 국제질서에서 받아들일 수 없는 독자

---

14 「日本の外交靑書,『對中友好』は外交辭令か」, http://m.japanese.china.org.cn/orgdoc/doc_1_76803_1255125.html (검색일 2019. 9. 10).

적인 주장에 따른 힘을 배경으로 한 일방적인 현상 변경 시도를 계속하고 있으며, 우리(일본) 주변 해공역에서의 활동을 일방적으로 강화하고 있다'며 강한 우려를 표명하고 있다. 게다가 '영토와 주권, 경제권익 등을 둘러싸고 유사시도 아닌 순전한 평시에도 소위 그레이존 사태가 증가·장기화되는 경향을 보이고 있다'고 지적하고 있다. 일본 정부는 일본의 '안정보장상의 과제와 불안정 요인은 보다 심각해지고 있다'고[15] 인식하고 있다.

이러한 안전보장 상의 우려를 배경으로 일본 정부는 2018년 12월에 2019~2023년도 방위비 총액을 이전 계획에서 3조 엔 가까이 증액하여 역대 최대인 27조 4700억 엔으로 결정하였다. 중국은 공표 기준으로 일본 방위비의 4배에 가까운 군사예산을 보유하고 있다는 점에서 일본의 난세이제도(南西諸島)의 방위력 강화에 대한 일본 국내의 반대여론은 나타나지 않고 있다.

2018년 12월 18일에 새로운 방위계획대강과 중기방위력정비계획이 각의결정 되었다. 방위대강에서는 우주, 사이버, 전자전(電子戰)이라는 신영역과 육·해·공이라는 종래 영역을 조합한 '다차원 종합 방위력'이 강조되었다. 이지스 어쇼어(Aegis Ashore)에 의한 미사일방어강화, 스텔스전투기 F35B 운용을 가능케 하는 방위함 이즈모(Izumo)의 개보수 관련 내용이 포함되어 있다. 2018년 방위대강에서는 중국의 군사력 강화에 대한 우려가 북한 관련 내용보다 앞부분에 기술되어 있다. 이즈모의 사실상 '항모화(航母化)'는 전수방위와의 정합성이 의문시되고 있으

---

15 『平成30年版防衛白書』, https://www.mod.go.jp/j/publication/wp/wp2018/html/n11100000.html (검색일 2019. 9. 10).

나 방위성은 '항모화는 방위 목적'이라고 설명하고 있다. 난세이제도에서의 전개가 검토되고 있는 이즈모의 개보수는 중국의 해양 진출을 강하게 의식하고 있다는 것을 의미한다. 중국은 태평양 연안에서의 활동을 강화하였고, 2018년 4월 태평양의 랴오닝(遼寧) 항모에서 전투기를 처음으로 이착륙시킨 이래 일본 정부는 특히 경계를 강화하고 있다.[16] 정책연구대학원대학 다나카 아키히코(田中明彦) 학장은 이 방위대강은 전체적으로 중국에 대한 대항을 아주 명확히 하고 있다고 지적한다.[17]

인도태평양전략은 중국의 일대일로 구상에 대항하기 위한 전략이라고 평가되고 있으나 실질적으로는 제1차 아베 정권이었던 2007년 당시 아베 수상은 이미 인도양과 태평양의 '2개의 바다의 교류'에 관한 연설을 하였다. 2016년 8월에 아베 정권은 '자유롭고 열린 인도태평양전략'이라는 대외정책을 발표해 다음의 3가지 축을 중심으로 인도태평양전략을 추진하겠다고 밝혔다. ① 항행의 자유, 법의 지배 등의 기본적 가치의 보급·정착, ② 인프라 정비 등을 통한 청렴결백성의 강화 등에 의한 경제적 번영 추구, ③ 해양법 집행능력 향상 지원 및 방재 등을 포함한 평화와 안정을 위한 협력을 추진한다는 내용이다.[18] 트럼프 미국 대통령이 2017년에 방일 했을 때 일본의 인도태평양전략에 대한 지지를 표명한 것을 계기로 '인도태평양전략'은 본격적으로 추진되기 시작했다.

---

16 「防衛力强化, 米中兩にらみ」, 『日本經濟新聞』 2018. 12. 19.
17 「防衛大綱 日米中の專門家に聞く」, 『日本經濟新聞』 2018. 12. 19.
18 河野太郎, 「2018年日本外交の展望」, 『外交』 Vol.47, Jan./Feb. 2018, 14쪽.

2. 중국에 대한 일본의 안전보장상의 우려

그렇다면, 중국을 염두에 두고 제정된 일본의 안전보장정책의 배후에 있는 대중국 안전보장상의 우려는 구체적으로 어떤 것일까? 본 글에서는 일본의 주요한 싱크탱크가 발표한 보고서를 중심으로 고찰해보도록 하겠다.

방위연구소(防衛研究所)는 2010년부터 매년 중국안전전략보고서(中國安全戰略レポート)를 공표하고 있다. 2010년 처음 공표된 이 보고서에는 '해양·항공 등의 영역에서 확대되고 있는 중국인민해방군의 활동과 역할이 증대되고 있는 군사외교에 대해 분석'하는데, 그 목적은 '일중 양국 간의 안전보장 분야에 있어서의 교류를 진화시키는 계기가 되고, 나아가 안정적인 일중관계 구축에 기여하는 것'[19]이라고 한다.

그리고 이듬해인 2011년 '중국안전보장보고서(中國安全保障レポート)'에서는 중국의 해양전략에 초점을 맞춰 중국의 비타협적인 대외행동을 강하게 비난하였다. 이후 '중국안전보장보고서'는 중국의 문민통제(2012년), 중국의 위기관리체제와 중국의 정책(2013년), 중국의 인민해방군·인민무장경찰부대의 역할(2014년), 확대되는 인민해방군의 활동범위와 그 전략(2016년), 변화하는 중국과 대만의 관계(2017년), 미중관계(2018년), 아시아의 질서(2019년) 등 각 이슈마다 중국을 거론하며 연구성과를 공표하고 있다.

중국의 정책을 상대적으로 객관적으로 분석하고 있는 방위연구소의 중국안전전략보고서이지만 변화하는 중국과 대만 관계를 다룬 2017년

---

19 防衛省防衛研究所編, 2010, 『中國安全保障レポート』, 創刊號.

'중국안전보장보고서'에서는 대만을 '중화민국'이라고 기술하는 부분이 있었고 중국 정부가 외교루트를 통해 이 보고서의 공표를 중지할 것을 요청[20]하는 등 물의를 빚었다.

정책싱크탱크 PHP총연(PHP總研)은 2018년 10월 PHP '신세계질서' 연구회에 의한 『자유주의적 국제질서의 위기와 재생-질서재편기의 나침반을 찾아』라는 제목의 제언보고서를 출판하였다. 이 보고서는 "앞으로의 국제질서는 자유민주주의 국가들과 권위주의 국가가 첨예하게 경쟁하면서 협력을 모색하는 '협경(協競)'적 공존(불쾌한 공존)이 대전제"라고 하면서 '경쟁적 상호 침투형 질서' 형성이 최중요 과제라고 지적한다.[21] 이러한 인식에 근거하여 이 보고서는 '경쟁적 상호 침투형 질서 형성기'에는 오판이 생기기 쉽기 때문에 일미 내지 일미+α 전략으로 자유주의적 국제질서를 지켜야만 하는 선(線)을 명확히 할 필요가 있다고 주장한다. 또한 이 보고서는 일본으로서는 '동남아시아 등의 중요 지역에 장기적인 관여를 실시할 것'도 제안하고 있다.

정책싱크탱크 PHP의 보고서보다 한 발 더 나아간 현상 분석과 정책제언을 제시한 논고가 월간지 『보이스(Voice)』의 특집으로 소개되었다. 정책연구대학원대학 학장인 다나카 아키히코는 "중국이 권위주의 체제를 강화하면서 세계 최첨단 산업경쟁력을 획득하였고, 이를 배경으로 사이버·우주·전자파 등도 포함된 군사력 증강을 지속할 경우 이는 일본에 있어 위협이 될 것이다. 나아가 이러한 모델을 중국이 세계적으로 퍼

---

20 「中國, 日本に『台灣を國扱い』の報告書公表中止を要求」, https://www.sankei.com/world/news/170329/wor1703290039-n1.html (검색일 2019. 9. 10).

21 『自由主義的國際秩序の危機と再生-秩序再編期の羅針盤を求めて』, PHP總研, 2018年10月, 140쪽.

뜨리려고 하는 것은 미국뿐 아니라 일본 및 다른 자유주의 민주주의 국가에 있어서도 위협이기 때문"[22]이라며 권위주의 체제로 일관하는 중국은 군사적, 이데올로기적 위협이 될 수 있다는 인식을 명확히 하였다. 그리고 다나카는 "일본은 안전보장 및 기술에 관한 동맹 연대를 유지하면서 최대 무역상대국인 중국과의 사이에서 적극적인 관계를 구축할 수 있는 영역을 어떻게 찾아나갈 것인가"가 일본에 있어 대단히 어려운 과제가 될 것이라고 서술했다.

이 특집에서 모스크바주재 국제협력은행 고위급 주재원 아비루 다이스케(畔蒜泰助)는 유라시아라는 관점에서 "러시아 대륙에 전략적 중심을 두는 확대 유라시아전략의 대상 공간"과 일본의 "해양에 전략적 중심을 둔 인도태평양전략의 대상 공간이 겹치는 부분"이 있다고 지적하면서 이러한 점에서 일본·러시아·인도가 참가하는 전략적 대화를 제안하였다.[23]

게다가 자위대 제3대 통합 참모총장 오리키 료이치(折木良一)는 2010년 전후부터 안보환경이 크게 변했다고 말한다. 군사력 강화를 배경으로 중국의 공군과 해군은 일본 주변에서 활발한 움직임을 보이고 있으나 오리키에 의하면 "지정학적으로 오가사와라 제도-괌-파푸아뉴기니를 잇는 제2열도선까지 태평양 진출을 기획하고 있는 중국에 있어서 일본열도는 커다란 장애물"[24]인 것이다. 이는 일본의 지정학적 전략가치를 증대시켰고 이와 함께 자위대의 역할도 증대되고 있다. 오리키는

22　中明彦, 2019, 「大戰後の歷史位相と米中新冷戰-冷戰後秩序の動搖で露わになった中國の脅威」, 『Voice』 6月號, 57쪽.
23　畔蒜泰助, 2019, 「擴大ユーラシア戰略がプーチンの狙い-ユーラシアから見た世界秩序再編の行方」, 『Voice』 6月號, 82-83쪽.
24　折木良一, 2019, 「『令和の時代の自衛隊』を創造せよ」, 『Voice』 6月號, 88-89쪽.

새로운 국제질서가 형성되고 있는 가운데 "조선반도, 대만, 남지나해, 센카쿠열도 문제는 단일 문제가 아니며 서로 관련되어 있고, 또한 그레이존 상태 및 '무력행사'로 명확히 인정하기 어려운 하이브리드전의 양상을 포함한 복합성을 내재하고 있다"[25]고 주장한다. 이러한 점에서 2018년 12월에 책정된 「신방위계획대강」을 실시하여 '레이와(令和)시대의 자위대'를 창조해 갈 필요가 있다[26]고 오리키는 말한다.

2018년 9월에는 사사카와평화재단(笹川平和財團) 안전보장사정(事情)그룹에 의한『적극적 평화주의 실현을 위한 제언Ⅰ-일본을 끝까지 지키기 위한 방위체제의 강화』가 간행되었다. 이 제언은 2015년 9월에 성립한 평화안보 체제를 "과도한 법적제재를 제거하고 일본이 효과적인 영역방위와 적극적인 지역안전보장 협력을 행하기 위한 중요한 일보"라고 평가하면서 이 평화안보 체제는 일본을 방위하기에는 아직 불충분하며, 구체적인 정책의 우선순위가 아직 명확하지 않다고 평가한다.[27] 사사카와평화재단 안전보장사정그룹의 전 해상자위대 자위함대사령관인 코다 요지(香田洋二)는 집단적 자위권 행사를 위한 조건으로서 '존립위기사태'에 있어 "UN헌장 51조의 개념에 의거하여 개별 자위권 행사 인정 3요건(옛 요건)과 본질적 변화가 없다"고 주장한다. 코다가 특히 우려를 표하고 있는 점은 새로운 무기행사 3요건 중 제 1조건이다. 새로운 무기행사 3요건 중 제 1조건이란 "우리나라와 밀접한 관계에 있는 타국에 대한 무력 공격이 발생하여 이에 의해 우리나라의 존위가 위협 받고 국

---

[25] 折木良一, 2019, 위의 글, 90-91쪽.

[26] 折木良一, 2019, 위의 글.

[27] 『積極的平和主義實現のための提言Ⅰ-我が國を守り拔く防衛體制の强化』, https://www.spf.org/global-data/20180907165603270.pdf (검색일 2019. 9. 10).

민의 생명, 자유 및 행복추구권이 근본적으로 흔들리는 명백한 위기라고 명확히 인정될 때"이지만 이 조건이 인정될 때 일본 정부가 주저하는 경우가 있다[28]고 코다는 말한다. 만약 정부가 주저한다면 집단적 자위권 행사가 실효성을 발휘하지 못하고 결국 표면적 논의에 그칠 것이라고 코다는 지적했다.

전 육상자위대 서부방면 총감인 반쇼 코이치로(番匠幸一郎)는 사사카와평화재단 안전보장사정그룹이 작성한 이 보고서에서, 일본에서 "군사를 위한 연구나 사업을 기피하는 경향이 있고 국가 전체적인 방위산업 기반 및 군사과학기술 진전을 저해하고 있다"[29]는 문제점을 지적하고 있다.

전 육상자위대 연구본부장이자 사사카와평화재단에 참여하고 있는 야마구치 노보루(山口昇)는 "난세이제도는 동지나해와 서태평양을 나누는 열도선을 형성하고 있어 이 지역의 도서와 도서 주변 해공역을 방위하는 것은 일본의 안전보장전략상 중요한 의미를 지닌다"고 지적한다.[30] 그리고 야마구치는 "서남 지역 본토 전체와 거의 동등한 지리적 면적을 가지고 있다"는 점에서 "위기 시 해상·해공 우세를 획득하면서 필요한 부대를 전개하여 방위체제를 급속히 정비하는 능력이 이 지역을 방위하는 데 있어 열쇠가 된다"고 주장하였다.

전 해상자위대간부학교 주임연구개발관이자 사사카와평화재단 특별연구원인 나가이와 도시미치(長岩俊道)는 "최근 주변국의 항로 활동이

---

28 위의 글.
29 위의 글.
30 위의 글.

의도적인 위압 행동을 포함해 대단히 활발해지면서 한순간도 방심할 수 없는 상황이 되었고 이제 동지나해 상공은 대단히 위험한 공역이 되고 있다"면서, 그럼에도 불구하고 자위대법에 영공침해 대처 시의 권한규정이 없다는 점에 강한 위기의식을 나타냈다. 이에 나가이와는 "자위대의 영공침해 대처에 있어 무기사용 권한을 재검토하고 확실하게 할 필요성이 있다"고 주장했다.

나아가 전 해상자위대 간부학교 주임연구개발관인 나카무라 스스무(中村進)는 일본의 '그레이존 사태'에 대한 대응체제의 문제점을 지적하였다. 방위백서는 '그레이존 사태'를 '순전한 평시도 유사시도 아닌 폭넓은 상황을 단적으로 표현한 것'이라고 설명하고 있다. 나카무라는 센카쿠열도에서 "'그레이존 사태'에서 '유사'로 격화되어 가는 과정에서 적절하고 빈틈없는 대응을 취하기 위한 체제"[31]를 반드시 정비해야 한다고 주장한다.

나카무라는 또 다음과 같이 설명하고 있다.[32] 중국 저장성(浙江省) 저우산시(舟山市)에 세계 최대의 해경함인 중국해경국 '해경2901'이 주둔하고 있다는 것이 확인되었다. 이 '해경2901'은 76밀리 속사포가 탑재되어 있는데 군대가 아닌 중국해경국이 소유하고 있는 순시선이며 센카쿠 주변을 순회하고 있다. 일본의 법령에 따라 행동할 경우, 자위권이 발동되어 해상자위대가 현장에 도착하기까지는 해상보안청이 대처하게 되어 있지만, 현재 해상안보청령 25조에서는 군사적 기능은 금지되어 있다. 이러한 점에서 법개정이 필요하다고 여겨지고 있다.

---

31 『積極的平和主義實現のための提言 I -我が國を守り抜く防衛體制の强化』 https://www.spf.org/global-data/20180907165603270.pdf (검색일 2019. 9. 10)

32 위의 글.

이 보고서에서 호세이(法政)대학 모리 사토루(森聰) 교수는 "일미공동 연구·개발을 위한 체제를 유지해야 한다"[33]고 주장한다.

나카소네 야스히로 세계평화연구소는 2018년 12월 『설립 30주년 기념 정책논집』을 간행했다. 나카소네 야스히로 세계평화연구소 본부장이자 총괄 연구고문인 기타오카 신이치(北岡伸一)는 서두에서 "중국의 발전이 국제관계상의 법의 지배를 존중하지 않고 있으며 자유롭고 열린 국제질서를 위협하고 있다"는 인식하에 일본의 "외교·안보에 있어 최대의 우려는 중국의 팽창이다"[34]라고 지적하고 있다. 일중관계의 개선은 '잠정적인 것이며' 이러한 관계를 더욱 안정화시키기 위해서는 "일본의 방위력을 강화해 두는 것이 바람직하다. 일본의 군사력은 중국에 있어 더 이상 위협이 되지 않는다. 따라서 일본의 방위력 증강에 대한 중국의 비판은 그다지 신경 쓰지 않아도 된다"[35]고 말하고 있다.

기타오카의 비전은 다음과 같다.[36] 안전보장에 있어 일본은 일미동맹을 강화함과 동시에 일본 독자적인 방위력을 강화하는 것이 바람직하다. 이를 위해서는 전수방위(傳受防衛)의 원칙을 재검토할 필요가 있으며 적어도 "일본이 공격받은 경우 상대국에 대해 반격을 가할 능력을 정비해 둘 필요가 있다." 이는 지금까지의 미사일방위에 중점을 둔 방위가 아니라 "통상병기인 장거리미사일 위주로 한 것이며 또한 항상 일미 간 협력 가운데 이루어지는" 것이다. 일본의 대외관계에 대해서는 ASEAN

---

33 위의 글.
34 北岡伸一, 2018. 12, 「新しい開國進取: 自立と挑戰」, 中曾根康弘世界平和硏究所 編, 『設立30周年記念政策論集』, 2쪽.
35 北岡伸一, 2018. 12, 위의 글.
36 北岡伸一, 2018. 12, 위의 글, 2-3쪽.

등의 우호국 및 유럽 국가와의 연계를 심화하는 것이 중요하다. 또한 헌법개정에 에너지를 쏟기보다는 2015년 안전보장 관련법을 한층 더 개정하고 심화시켜 집단적 자위권을 명확히 하는 것이 중요하다.

『논집』의 안전보장그룹은 "해상보안청의 강화를 비롯해 자위대의 속응성(速應性)·기동성 등을 높이기 위한 장비·인원 등을 확보함으로써 안전보장 환경의 변화에 대응한" 자주방위의 강화를 자조노력을 통해 실행할 필요성을 주장하고 일본이 공격받은 경우를 상정하여 "책원지(策原地)에 대한 반격능력을 보유할 권리"를 주장하고 또한 일본의 "반격능력구축은 일미 간의 임무분담에 있어 최적의 체제를 구축하는 가운데 행해져야"하며 안전보장 비용을 늘릴 것을 검토해도 좋다[37]고 말하고 있다.

그리고 나카소네 야스히로 세계평화연구소『논집』에서는 중국의 해양진출에 대응하기 위해서 일미, 일미호인(日美濠印)의 연계 강화와 함께 해양감시능력 강화, 원자력감시선에 의한 대(對)항공모함 억지력 향상, 도서를 둘러싼 전투에 대한 대응능력 향상, 그리고 다른 관계 해양국가의 능력향상과 협력체제 확립 및 중국을 포함한 OMSEA(Organization for maritime Security in East Asia: 동아시아 해양안전보장기구)의 설립 등이 필요하다고 주장한다.[38] 나아가 사이버·우주 등의 새로운 전쟁 형태를 고려하고 "기반이 되는 지리 공간 정보와 사이버 공간의 안전을 확보하기 위해 우주시스템과 사이버 공간의 항감성(抗堪性) 확보"[39]가 급선

---

37 「價値を共有する諸國とのパートナーシップ」, 中曾根康弘世界平和研究所編, 『設立30周年記念政策論集』, 2018. 12, 14쪽.

38 「アジア太平洋地域の海洋安全保障」, 中曾根康弘世界平和研究所編, 『設立30周年記念政策論集』, 2018. 12, 53쪽.

무라고 말한다.

이처럼 일본의 안전보장정책은 중국의 군사적 부상에 대항하려는 의도가 강하다. 일본의 주요 싱크탱크가 발표한 중국 관련 보고서에서 알 수 있듯이 센카쿠열도를 방위하는 데 있어 중국의 전술에 대응하는 법체제의 정비, 일본의 방위력 강화가 필요하다는 인식과 위기의식이 일본 내에서 높아지고 있다. 또한 중국의 해양 진출에 대응하기 위해서 일미관계 강화의 필요성이 강하게 인식되고 있으며 ASEAN 국가 및 서방 선진국을 비롯한 일본 우호국과의 관계 강화의 필요성도 지적되고 있다.

IV. 중국의 대외전략과 대일정책

일본은 법개정을 추진하면서 군사력을 강화하고 일미 군사동맹을 심화시켜 선진국 및 아시아 국가들과의 안전보장 협력을 강화하고 있다. 이러한 일본의 움직임을 주시하고 있는 중국에서는 센카쿠열도의 국유화 이후 일본의 군사력에 대한 안전보장 우려가 현저히 높아지고 있다. 1990년대 후반 중국은 일미안보 재정의와 NATO의 동방 진출을 연관지어 중국 포위망이 형성될 것을 우려하여 일본의 '군사대국화'를 비판해 왔으나, 2010년대에 들어서는 중국 내 '일본위협론'이 확실해졌다.

2015년에 발표된 중국의 군사백서『중국의 군사전략』에서는, 중국은 '생존의 안전', '발전의 안전 문제', '전통적 안전보장 문제', '비전통적 안

---

39 「新しい戰爭の形態(サイバー・宇宙)を見据えた安全保障政策」, 中曾根康弘世界平和研究所編,『設立30周年記念政策論集』, 2018. 12, 43쪽.

전보장 문제' 등 '다원적이며 복잡한 안전 위협'에 직면하고 있다[40]고 말하고 있다. 이러한 안전보장 위협으로 미국의 재균형 전략, 일본의 안전보장정책 변화, 남지나해 문제[역외국(미국, 일본 등을 가리킴)에 의한 간섭, 계쟁국(係爭國)의 행동, 개별 국가에 의한 정찰행동], 한반도 문제, 대만 문제 등이 다뤄지고 있다.

이 군사백서 출판에 앞서 『해방군보(解放軍報)』에서는 국방대학전략교육연구부 주임인 샤오톈량(肖天亮)에 의한 중국 국가안전에 관한 기사가 게재되었다. 이 기사에서도 미국의 재균형 정책 및 일본의 해양정책을 위협으로 인식하고 있다.[41] 바꿔 말하면, 2010년대 이후의 중국에서는 일본이 '안전보장상의 위협'으로 명시되게 된 것이다.

그리고 2019년에 새롭게 발표된 중국 국방백서인 『신시대의 중국국방』은 국제전략 구조가 심각하게 변화하고 있다는 인식을 드러내며, 패권주의, 강권주의, 일극 체제(unilateralism)의 부상과 지속적 지역충돌, 극지전쟁 등에 의해 국제안전체제와 질서는 충격을 받고 있다[42]고 서술하고 있다. 특히 아시아태평양에 관해서 종래의 인도·파키스탄 분쟁, 아프가니스탄 재건 문제에 덧붙여 중국이 특히 지적하고 있는 것은 미국 요인, 사드(THAAD) 문제, 일본, 호주의 군사자세이다. "일본은 군사안전정책을 조정하고 군사투자를 늘려 '전후체제' 돌파를 꾀하고 있으며 군사의 외향성이 높아지고 있다"[43]고 중국은 인식하고 있다.

---

40 「中國的軍事戰略」, http://www.mod.gov.cn/regulatory/2015-05/26/content_4617812_2.htm (검색일 2019. 9. 10).
41 肖天亮, 「淸醒認識和準確判斷國家安全形勢的發展變化」, 『解放軍報』, 2014. 4. 10.
42 『新時代的中國國防』.
43 위의 책.

2019년 『신시대의 중국국방』이 드러내고 있는 일본인식은 기본적으로 2000년에 발표된 『중국의 국방』이라는 군사백서의 인식을 답습하고 있다. 2000년판 백서는 "일본이 적극적으로 전후체제 돌파를 꾀하고 군사안전 정책을 대폭 조정하여 위법 '점거'하고 있는 중국 도서지역에서 군사적 존재감을 강화하고 있다."[44]고 기술하고 있다.

2002년에 발표된 『2002년 중국국방』은 중국에 유기된 화학병기 처리에 관한 중국과 일본의 대응을 부록에서 다루고 있으며[45] 일중 양국의 군사적 협력을 강조하고 있다.

『2004년 중국의 국방』이라는 제목의 중국 군사백서는 일본의 헌법개정과 미사일 방위의 움직임을 문제시하면서 "일본은 개헌 프로세스를 가속화시켜 군사안전 정책을 조정하고 미사일방어 시스템 배치를 결정하여 대외적인 군사활동이 현저히 증가하고 있다."[46]고 기술하고 있다.

『2006년 중국국방』이라는 중국 군사백서에는 일본에 관한 언급이 한 문장밖에 포함되지 않았는데 "일본은 평화헌법의 개정과 집단적 자위권의 행사를 추구하며 군사외향성 추세는 현저하다."[47]고 기술하고 있다.

『2008년 중국의 국방』이라는 제목의 중국 군사백서는 일본에 관한 우려를 표하고 있지 않으며 중국의 주장을 명기하고 있을 뿐이다. 이 백

---

44 『2000年中國的國防』 전문은 http://www.mod.gov.cn/regulatory/2011-01/07/content_4617805.htm을 참조(검색일 2019. 9. 10).
45 『2002年中國的國防』, http://www.mod.gov.cn/regulatory/2011-01/07/content_4617805.htm (검색일 2019. 9. 10).
46 『2004年中國的國防』, http://www.mod.gov.cn/regulatory/2011-01/07/content_4617805.htm (검색일 2019. 9. 10).
47 『2006年中國的國防』의 전문은 http://www.mod.gov.cn/regulatory/2011-01/06/content_4617808.htm (검색일 2019. 9. 10).

서는 2007년 중국의 1인당 국방비 지출은 미국의 4.4%, 일본의 11.3%에 불과하다고 주장하고 있다.[48] 또한 일본과 군사교류, 즉 중국에 유기된 화학병기 처리를 둘러싼 일중의 군사협력을 기록하고 있다.[49]

『2010년 중국의 국방』 백서도 2008년의 논조를 답습하고 있으며 일본과의 군사교류와 중국에 유기된 화학병기의 처리를 둘러싼 일중 협력에 관하여 기술하는 정도에서 멈추고 있다.

시진핑 체제로 접어들어 처음 발표된 중국 군사관련 백서는 『중국무장능력의 다양적 운용』이다. 이 군사백서에서는 센카쿠 문제로 일본을 비판하면서도 많은 내용은 중국의 군사목표인 "국제적 지위에 적합하며 국가의 안전과 발전 이익에 상응하는 강한 군대"를 건설할 것[50]에 관한 설명에 지면을 할애하고 있다.

이상과 같이 중국의 군사백서상의 일본관련 기술은 일중관계의 정치적 분위기에 좌우되며 센카쿠열도 문제, 헌법개정 및 집단적 자위권을 둘러싼 일본의 움직임, 안전보장 면에서의 일본의 '외향성'을 비판하는 시기가 있는가 하면, 일중 양국의 군사교류 및 중국에 유기된 화학병기 처리를 둘러싼 일중 협력을 적극적으로 평가하는 시기도 있다.

그러나 근년 일중 양국의 관계 개선의 움직임에도 불구하고 2019년에 발표된 중국 국방백서인 『신시대의 중국국방』은 오히려 2000년에 발표된 군사백서의 신랄한 대일 논조를 답습하고 있다는 점에 주의할

---

48 『2008年中國的國防』의 전문은 http://www.mod.gov.cn/regulatory/2011-01/06/content_4617809.htm (검색일 2019. 9. 10).

49 『2010年中國的國防』, http://www.mod.gov.cn/regulatory/2011-03/31/content_4617810_3.htm (검색일 2019. 9. 10).

50 『中國武裝力量的多樣化運用』, http://www.mod.gov.cn/regulatory/2013-04/16/content_4617811.htm (검색일 2019. 9. 10).

필요가 있다. 이는 중국의 대일정책은 중국의 대외전략 전체에 의해서 위치 설정이 이루어지고 있음을 의미함과 동시에 일중관계의 진정한 관계 개선의 어려움을 시사하고 있다.

V. 일중관계의 전망

이상과 같이 냉전 종식 이후 일중관계는 일관적으로 '정랭경열'의 경향을 드러내고 있다. 그리고 중국의 부상에 의해 일본에 있어 중국과의 경제관계의 중요성이 더욱 커지는 가운데 부상하는 중국의 군사력 강화와 해양 진출로 인해 일본의 안전보장상의 우려도 증폭되고 있다. 달리 말하면 중국의 부상은 '정랭경열'의 경향을 심각화 하고 있다는 것이다.

2012년 센카쿠 국유화에 의해 악화된 일중관계는 2014년 정상회담 이후 서서히 회복되어 양국 정상의 상호 방문은 정상화되고 있다. 2020년 봄에는 시진핑 국가주석이 국빈으로서 일본을 방문할 예정이었으나 코로나19 장기화로 실현되지 못했지만, '정랭경열'이라 평가되는 일중관계에서 정치도 일정 온도까지는 회복되었다고 할 수 있다.

그러나 본 글에서 검토한 바와 같이 정치 면에서의 상호 신뢰의 기반이라 할 수 있는 안전보장상의 인식에 있어 상대국에 대한 경계 의식은 오히려 높아지고 있으며 정치 분야에 있어서 진정한 관계 개선은 어려운 상황이다. 이러한 의미에서 '정랭경열'은 여전히 계속되고 있다고 볼 수밖에 없다.

현재 하이테크 분야 등에서 미국을 비롯한 선진국의 대중국 정책이 점점 강화되는 가운데 이러한 국제정세가 비교적 양호한 추이를 보여 온 경열(經熱)에도 영향을 미칠 수 있는 국면을 맞이하고 있다. 미중 간의 무역 마찰은 세계경제에 심각한 영향을 미치고 있으며 세계무역·투자, 나아가서 산업 및 자금 흐름에도 큰 변화를 불러일으키고 있다.

지정학적 미중경쟁, 이데올로기 대립, 그리고 지향하는 세계질서에 관한 비전의 상이로 인해 미중양국은 새로운 냉전에 돌입하고 있다고 우려하는 목소리가 커지고 있다.

일본, 미국, 유럽의 입장에서는 자유민주주의 이념을 중시하지 않고 공산당 일당독재 사회주의를 원칙으로 고집하는 중국의 부상은 유럽과 미국 주도의 국제질서에 대한 중대한 도전이 될 수 있다. 다른 선진국에 있어 트럼프 정권의 대외정책에 동조할 수 없는 부분도 많겠지만 중국에 대한 우려는 일본, 미국, 유럽이 공유하고 있다.[51]

이러한 점에서 차세대 고속통신규격인 5G에서 중국을 배세하려는 움직임은 미국뿐 아니라 미국과 군사기밀을 공유하는 파이브 아이즈(미국, 영국, 캐나다, 호주, 뉴질랜드) 및 일본과 독일 사이에서도 확산되고 있다.[52]

파이브 아이즈의 동향에 맞춰 일본 정부는 직접적 언급은 피하면서도 중앙부처 등이 사용하는 제품·서비스 등에서 중국 화웨이와 ZTE 제품을 사실상 배제한다는 방침을 정하고 있다.[53] 이러한 정부방침은 민간기

51　青山瑠妙, 2019. 7,「中國と國際秩序」,『現代中國理解의 要所-今とこれからのために』, 21世紀研究所, 140쪽.

52　「ファーウェイのスマホは『危險』なのか『5G』到來で增す中國の脅威」,『産經新聞』, https://www.sankei.com/economy/news/181129/ecn1811290015-n3.html (검색일 2019. 9. 10).

53　「日本の政府調達からファーウェイとZTEを排除へ=政府筋」, Reuters, https://jp.reuters.com/article/huawei-zte-japan-idJPKBN1O605G (검색일 2019. 9. 10).

업 조달에 적용되고 있지는 않지만 일본의 이동통신 4사[NTT도코모, KDDI(au), 소프트뱅크, 라쿠텐]는 5G 기지국 등에 중국제품을 사용하지 않겠다고 발표하여 정부 방침에 동조하였다. 이미 화웨이와 ZTE와 제휴관계에 있는 소프트뱅크는 현행 4G 통신망부터 중국제 통신기기 사용을 중단하고 근본적인 투자전략 재검토를 실시한다고 공표하였다.

IT시스템, 5G, 클라우드 서비스 등에 관련된 하이테크는 군민양용이라는 특성을 가지고 있다는 점에서 하이테크 냉전이 향후 다른 분야에 침투해 글로벌 차원으로 확대될 가능성도 충분히 있다.

그러나 현재 일본, 미국, 유럽과 중국의 대립은 하이테크 분야에 머무르고 있으며 화웨이 등 중국기업 배제도 서방 선진국의 정부조달 분야에 한정되어 있다. 또한 일본이 추진하고 있는 Mega FTA(다자간 자유무역협정), EU가 주장하는 WTO 개혁의 움직임은 하이테크 냉전에 제동을 거는 중요한 역할을 수행할 수 있다.

세계경제 성장은 계속 둔화되고 있다고 다수의 경제학자들은 예측하고 있으며 다가올 '겨울의 시대'에 일본과 중국의 경제 관계가 양호한 온도를 유지해 나갈 수 있을지를 예상하기는 쉽지 않다. 이러한 의미에서 일중관계는 그야말로 분기점에 놓여 있다. 하이테크 냉전에 제동을 걸고 일중 상호 불신을 억지할 수 있는 지혜가 요구되고 있다.

(번역: 김지훈)

참고문헌

靑山瑠妙, 2019,「中國と國際秩序」,『現代中國理解の要所-今とこれからのために』, 21世紀硏究所.
河野太郎, 2018,「2018年日本外交の展望」,『外交』Vol.47, Jan./Feb.
『自由主義的國際秩序の危機と再生-秩序再編期の羅針盤を求めて』, PHP總硏, 2018年 10月.
中明彦,「大戰後の歷史位相と米中新冷戰-冷戰後秩序の動搖で露わになった中國の脅威」,『Voice』, 2019年 6月號.
畔蒜泰助,「擴大ユーラシア戰略がプーチンの狙い-ユーラシアから見た世界秩序再編の行方」,『Voice』, 2019年 6月號.
折木良一,「『令和の時代の自衛隊』を創造せよ」,『Voice』, 2019年 6月號.
北岡伸一, 2018,「新しい開國進取: 自立と挑戰」, 中曾根康弘世界平和硏究所編,『設立 30周年記念政策論集』.
『新時代的中國國防』.

언론자료

「日中首腦3年ぶり會談, 關係改善へ對話再開, 首相,『戰略的互惠原点に』」,『日本經濟新聞』(大阪夕刊), 2014. 11. 10.
肖天亮,「淸醒認識和準確判斷國家安全形勢的發展變化」,『解放軍報』, 2014. 4. 10.
「日中, 早期に海空連絡體制, 4年ぶり安保對話 相互不信なお」,『日本經濟新聞』, 2015. 3. 20.
「習氏, 訪日「檢討したい」二階氏と會談 首相, 親書で要請」,『日本經濟新聞』, 2017. 5. 16.
「日中協調, 經濟前面に, 通貨交換協定, 第三國を開拓, 安保は中國が愼重」,『日本經濟新聞』, 2018. 10. 27.
「日中新時代へ3原則, 首腦會談「競爭から協調」, 習主席, 來年訪日に意欲」,『日本經濟新聞』, 2018. 10. 27.
「(安倍訪中を讀む:下)日中『新時代』くすぶる火種 安全保障, 現場と溫度差」,『朝日新聞』, 2018. 10. 29.
「防衛力强化, 米中兩にらみ」,『日本經濟新聞』, 2018. 12. 19.

「防衛大綱 日米中の専門家に聞く」,『日本經濟新聞』, 2018. 12. 19.
防衛省防衛研究所編, 2010,『中國安全保障レポート』, 創刊號.

인터넷 자료

일본 외무성: https://www.mofa.go.jp/mofaj/a_o/c_m1/cn/page4_003987.html
Rumi, Aoyama, "Japan-China Ties are Tightening", East Asia Forum, https://www.eastasiaforum.org/2018/05/24/japan-china-ties-are-tightening/
Rumi, Aoyama, "Japan's Balancing Act Tours Beijing", East Asia Forum, https://www.eastasiaforum.org/2018/10/25/japans-balancing-act-tours-beijing/ (검색일 2019).
「日本の外交靑書,『對中友好』は外交辭令か」, http://m.japanese.china.org.cn/orgdoc/doc_1_76803_1255125.html.
『平成30年版防衛白書』.
「中國, 日本に『台灣を國扱い』の報告書公表中止を要求」, https://www.sankei.com/world/news/170329/wor1703290039-n1.html.
『積極的平和主義實現のための提言Ⅰ-我が國を守り拔く防衛體制の强化』, https://www.spf.org/global-data/20180907165603270.pdf.
「中國的軍事戰略」, http://www.mod.gov.cn/regulatory/2015-05/26/content_4617812_2.htm.
『2000年中國的國防』, http://www.mod.gov.cn/regulatory/2011-01/07/content_4617805.htm.
『2002年中國的國防』, http://www.mod.gov.cn/regulatory/2011-01/07/content_4617805.htm.

6장
중국의 국가정체성 변화와 한중 역사갈등

이석우(시청자미디어재단 본부장)

I. 머리말
II. 중국의 부상과 정체성의 변화
III. 중국의 변강역사 편입작업
IV. 언어계통과 언어유형학적, 민족적 이질성
V. 맺음말: 고위험 진행형 '동북공정'

I. 머리말

이 글은 중국의 급부상과 함께 그 정체성의 변화를 첫째, 마오쩌둥의 '폐쇄적 사회주의' 시기의 '원형 사회주의' 추구. 둘째, 덩샤오핑의 '개방적 사회주의' 시기에 추구한 '중국 특색의 사회주의', 셋째, '통일적 다민족국가' 세 가지로 살펴본다.

'신(新)중국'이 이러한 정체성의 변화를 거치면서 중국 정부가 동서남북 사면팔방(四面八方)으로 추진한 '공정(工程)' 가운데 가장 위험하게 진행되는 '동북공정'을 필두로, 위구르자치구의 '서북공정', 티베트자치구의 '서남공정', 북방 몽고와 남방 베트남으로 진행되는 북남방공정을 비롯한 주변의 역사를 중국의 역사로 재편입시키려는 무리한 작업을 통해 빚어지는 변경역사 갈등에 초점을 맞추었다. 구체적으로는 한중(韓中) 역사갈등뿐 아니라, '중국과 위구르(漢維)'의 역사갈등, '중국과 티베트(漢藏)'의 역사갈등, '북방의 몽고'와의 한몽(漢蒙) 역사갈등, 남방의 베트남(漢越) 및 홍콩의 근래 시위사태로 빚어지는 '한강(漢港) 갈등' 등 다방면으로 거시적인 조망을 확보할 것이다. 이 연구를 위해 필자는 '중국 변방지 장기체류자'에 대한 인터뷰와 현지 직접 답사를 실시하였다. 이에 바탕하여 동서남북 공정 중, '동북공정'이 어떠한 연유로 고위험군의 진행형에 속하는지에 의문을 던지고 분석을 시도할 것이다.

또한 중국의 정체성의 변화와 맞물린 주변국과의 역사갈등의 문제를 국제 정치학적 접근에 기반하여 지리적, 언어문화적, 종교문화적으로까지 시야를 확대하여 '중국과 주변국의 문제'를 '중국어와 알타이어의 문제', '중국어의 SVO형과 알타이어의 SOV형 통사구조(Syntax)의 문제'로 논의를 확장할 것이다. 즉, 중화문화권과 전혀 다른 이질적인 언어와 문화적 특성을 지닌 알타이어계의 통사구조를 정면으로 거론하여 언어유형론, 언어계통론의 입장에서 완전 별개의 언어라는 점을 중국의 각종 '공정'에 반박할 수 있는 설득력 있는 대응논리로 제시할 것이다. 특히 중국어와 알타이 제어(諸語)의 현격한 근본적 차이에 근거하여, 중앙아시아 투르크족의 언어인 투르크어로부터 몽고어, 만주어, 한국어에 이르는 SOV형 언어체계의 거대한 알타이 제어의 언어띠 벨트를 중국변경역사갈등과 관련지어 파악해 낸 점은 본 연구가 갖는 창의적 분석논리로 중국변경 문제 분석에 새로운 가치평가 기준을 제시할 것으로 기대된다. 또한 '팍스 로마나(Pax Romana)'에서 '팍스 아메리카나(Pax Americana)'를 거쳐 '팍스 시니카(Pax Sinica)'로 향후 국제질서가 재편될 것인지에 대한 후속연구가 긴요하다.

II. 중국의 부상과 정체성의 변화

1. '폐쇄적 사회주의'의 정체성: '원형 사회주의'

1949년 10월 1일 중화인민공화국 수립은 중국의 기존 역사 및 정체성과의 거대한 단절을 의미하며, 중국에서는 이를 '신(新)중국'이라고 불렀다. 중화인민공화국의 수립은 새로운 체제의 국가, 새로운 정체성을 추구하고 있으며, 과거와는 전혀 다른 신중국을 위한 제도적 기반을 만들어 냈음을 의미한다. 또 마오쩌둥과 중국인들은 중화인민공화국 설립 이전의 중국을 '구(舊)중국'이라고 불렀던 것도 이를 상징적으로 보여 준다.

중화인민공화국 건국 당시, 과거와 다른 가장 큰 차이와 정체성은 사회주의 정치체제에 기반을 둔 공화국이었다는 사실에서 출발한다. 국가수립 직후, 3년 동안 민족주의세력 및 중소지주 및 중소자산가 계급까지 포용한 연립정부 형태의 '신민주주의 시기'도 있었다. 그러나, 결국 중국공산당 1당 주도를 통한 '원형적인 사회주의' 체제 구축을 추구하는 등 국가정체성의 기반은 사회주의란 이념과 제도화의 추구였다.

이 같은 중국의 사회주의의 형식과 내용을 구성하는 주요 요인으로는 국공내전(國共內戰, 1927~1950년)[1] 등 중국공산당 혁명의 역사 및 집단 기억이 작용하고 있다. 이는 중화인민공화국이 옛 소련이나 동구권 사회주의 국가들과는 현저히 다른 '중국식 사회주의' 등 '민족주의' 성향을 띠게 된 요인이기도 하다. 반(半)식민지 상태의 상황에서 태동했고, 항일 투쟁의 역사 등을 통해 형성된 중국공산당과 중국인들의 집단 기억과 인식 등은 향후 중화인민공화국의 노선에서 '민족주의' 성향을 표출하게 된 것과 무관치 않다.

중화인민공화국의 국가정체성 변화는 먼저 중국정치지도자 및 정부의 정치노선의 변화에서 그 핵심사항을 확인할 수 있다. 1950년 6.25 한국전쟁 참전 후 중국인민을 기아상태로 몰고 간 '대약진운동(大躍進運動, 1958~1960년)', '문화대혁명(文化大革命, 1966~1968년)'을 거치며 마오쩌둥의 '폐쇄적 사회주의' 노선에서 '신(新)중국' 초기의 국가정체성[2]

---

[1] 국공내전은 1927년 4월~1950년 5월에 일어난 중국 국민당과 공산당 사이의 내전을 의미한다.

[2] "마오쩌둥 시기 중국의 국가정체성을 정의할 때, '폐쇄적 사회주의'를 '전통적 사회주의'라 설명하며 북한을 '친구'로 한국과 미국을 '적'으로 인식하며, 각각 '협력적 전략'

을 확인할 수 있다. 국제사회에서 중국은 이데올로기 대립이라는 냉전의 첨예한 긴장관계를 거쳤다. 또 '한국전쟁 참전'이라는 전쟁도 겪었다. 문화대혁명의 경우, 대약진운동 등의 책임을 지고 2선으로 물러나 있던 마오쩌둥의 반격, 권력 투쟁의 양상도 띠지만, 더 크게는 '원형사회주의'에서의 후퇴에 대한 반격 및 '원형 사회주의'로의 복귀를 시도한 정치운동이라고 볼 수 있다. 이는 마오쩌둥 시대에서는 모든 것에 우선해 '원형 사회주의'를 내세운 '원형 사회주의'에 대한 고집이었으며, 이를 국가정체성으로 확립한 시기였음을 확인할 수 있다. 또, 후야오방(胡耀邦, 1915~1989년)의 실각(1987년), 자오즈양(趙紫陽, 1919~2005년)의 실각(1989년) 등은 단순한 권력 투쟁을 넘어서 '국가정체성'에 대한 갈등이었다고 할 수 있다.

2. '개방적 사회주의'의 정체성: '중국 특색의 사회주의'

마오쩌둥의 죽음(1893~1976년)으로 시작된 리더십의 교체는 중국의 국가정체성의 변화를 가져왔다. 중국의 국가정체성 변화에서 의미 있는 변곡점으로는 1978년 공산당 '11기 3중전회'에서 시작된 덩샤오핑(鄧小平, 1904~1997년)의 개혁개방 정책, 1991년 소련의 와해, 1992년 '남순

과 '대항적 전략'을 택했다"고 보았다. "중국은 점차 '온건한 사회주의' 국가에서 '혁명성을 강조하는 사회주의' 국가로 정체성을 변화시켰다. 흐루시초프의 대미(對美) 완화전략에 대해 '수정자본주의노선'이라 규정하고 소련이 미국에 대한 항복으로 이해"했다. "민족 부흥의 꿈과 마르크스-레닌주의의 세계관을 가지고 있는 중국공산당은 새로운 정권을 성립해 국가의 사회주의 정체성을 구성해 나갔던 것이다." 곽영초, 2016, 『중국의 한반도전략에 관한 연구: 중국 국가정체성의 변화를 중심으로』, 전남대학교 박사학위논문, 41-58쪽.

강화(南巡講話)' 등을 들 수 있다. 특히, 1978년 이후 지속된 덩의 개혁개방정책은 서구 자본주의 가치 및 시장의 수용 등으로 1949년 국가수립이후 가장 획기적인 국가정체성의 변화를 겪게 했다. 천안문 사태(1989년)를 거치면서 국제적 고립 및 국가정체성의 위기를 맞은 덩은 1992년 선전(深川), 주하이(珠海) 그리고 상하이(上海) 등 남쪽의 개방지역을 돌며 '사회주의 시장경제체제'의 '남순강화'를 주창하였다. '남순강화'는 천안문 사건 이후 경직되었던 국가정체성[3]의 재정립을 위한 새로운 출발점이었다. '천안문 사건'은 사회주의 정체성에 대한 심각한 문제제기였다고 할 수 있고, '남순강화'는 이에 대한 대응이었다. 1992년 '사회주의 시장경제'라는 개념은 이런 우여곡절 속에서 제시한 새로운 국가정체성의 체제 정비의 일환이라고 할 수 있다.

요컨대, 마오의 '폐쇄적 사회주의' 노선에서 덩의 '개방적 사회주의'[4] 노선이라는 이른바 '중국 특색의 사회주의 체제'로의 전환은 중국 국가정체성의 가장 큰 틀에서의 변화를 가져왔다. 물론 이 양자의 변화 속에

---

3   이문기는 "21세기 중화민족주의가 전통적 중화주의 요소, 근대 혁명 시기의 국가주의적 저항 민족주의 요소, 그리고 강대국화 이후의 자긍적·공세적 민족주의 요소가 복합적으로 구성되어 있음을 주장"했다. 하지만 본고는 중국 '국가정체성'의 문제에서 '민족주의'에 지나치게 경도된 이러한 3단 논의를 전면적으로 수용하는 입장은 아니며, '정체성'의 문제에 다양한 견해가 있음을 인정한다. 이문기, 2014, 「중국 민족주의의 세 가지 특성과 국가 정체성: 역사적 제도주의 시각에서」, 『국제정치논총』 Vol.54 No.3, 177-209쪽.

4   "1978년 말 이래 지속 심화된 '개혁개방'은 '중국의 국가정체성'의 변화에 결정적 계기가 되었다. 중국은 개혁개방으로 시장경제의 원리와 제도를 수용하기 시작하였고, …오늘날 우리가 목격하고 있는 중국사회는 더 이상 사회주의 이념을 근간으로 하여 평등주의를 당연시하던 사회라고 말할 수 는 없다. …따라서 오늘날 '중국의 국가정체성'이 현대 자본주의 국가들과 별반 차이가 없는 수준으로 신자유주의적 속성을 갖게 되었다고 보는 해석도 적지 않다." 이홍규, 2016, 「중국식 세계화와 중국의 국가정체성 변화」, 『한중사회과학연구』 Vol.14 No.3, 40쪽.

는 장쩌민의 '3개 대표론',[5] 후진타오[6]의 '화해(和諧, harmony)(2002년)[7]와 화평굴기(和平崛起, peaceful rising)[8]', 시진핑의 '중국의 꿈(中國夢)(2012년)'[9]으로 이어지는 정치 리더십의 변화가 있었지만, 큰 틀에서 보

---

5   장쩌민(江澤民) 주석이 발표한 '3개 대표론'은 중국공산당이 1. 선진 생산력(자본가)의 발전요구, 2. 선진문화 발전(지식인)의 전진방향, 3. 광대한 인민(노동자·농민)의 근본 이익을 대표한다는 것을 지칭하는 이론으로, '민간기업인'의 공산당 입당을 허용하는 혁명적인 조치를 취했다. 이희옥, 2003, 「'3개대표론'과 중국사회주의의 변화」, 『중국학연구』 Vol.26, 5-7쪽.

6   후진타오(胡錦濤) 체제는 장쩌민 시기와 같이 '근대화와 내셔널리즘'이 결합한 정치노선을 가지고 있다고 평가할 수 있다. 이것은 불안전한 후진타오의 권력기반과 무관하지 않다. 후진타오식 학습지침은 장쩌민식의 해석과 크게 다르지 않다. 그러나 물질문명과 정신문명 그리고 정치문명에 대한 강조, 구체적인 정책에서의 균형을 조절하는 문제를 민생 문제와 함께 고려하는 등의 미묘한 강조점의 이동이 나타난다. 특히 "인심(人心)의 향배는 정당과 정권의 성쇠를 결정하는 근본요소이며, …권력의 주체는 인민(人民)이어야 하고(權爲民所用), 인민 사이에는 인정(人情)이 오가야 하며(情爲民所繫), 인민들이 잘사는 나라를 만들자(利爲民所謀)"고 강조했다. 이것은 '후진타오식 민생정치'의 핵심이다. 또 하나는 '민족주의'의 열기를 동원하는 문제이다. 사회주의를 대체할 수 있는 대안의 이념과 정당이 없는 상태에서 민족주의와 사회주의의 결합 그리고 민족주의와 근대화를 결합하고자 하는 유혹이 나타나고 있다. 이런 맥락에서 외부 분석가들은 5천 년 중국의 봉건왕조를 전복한 삼민주의(三民主義, 민족주의·민권주의·민생주의)를 현대의 시대상황에 맞게 내용적으로 복원한 '신(新)삼민주의'로 평가하기도 한다. 이희옥, 2003, 위의 글, 7-8쪽.

7   천위루, 2012, 『중국의 화해세계(和諧世界)론과 외교정책에 관한 연구』, 전북대학교 석사학위논문, 9-13쪽.

8   중앙당교(中央黨校) 부교장인 쩡비지앤(鄭必堅)이 '중국화평굴기의 신도로(中國和平崛起發展的道路)'를 2003년 5월 발표하였다. 이계영, 2012, 『중국 '和平堀起'전략의 추동요인과 제약요인 비교연구』, 한국외국어대학교 국제지역대학원 박사학위논문, 14-15쪽.

9   2012년 11월 29일 시진핑의 '중국의 꿈' 연설: "…나는 굳게 믿습니다. 중국공산당 창당 100주년(2021년)에 소강(小康)사회 완성이라는 목표가 꼭 실현될 것입니다. 중국건국 100주년(2049년)에는 부강하고 민주적이며 문명화된 조화로운(和諧) 사회주의 현대화 국가라는 목표가 실현되어 중화민족의 위대한 중흥의 꿈이 이루어질 것입니다." 시진핑의 '중국의 꿈' 연설은 미국 흑인인권운동가 마틴 루터 킹 목사의 'I have a dream'(1963.8.28.) 연설을 연상시킨다. 링컨의 '국민을 위한, 국민에 의한, 국민의 정부'를 주창한 게티즈버그 연설이 미국 민주주의의 정신을 상징하듯이, 인종

면, 후자 3인은 모두 덩샤오핑을 기점으로 '개방적 사회주의 시장경제' 노선을 견지[10]했고, 이 기간에 점진적인 국가정체성의 변화가 관찰됐다. 이 같은 변화는 중국공산당 당장에 나타난 지도이념의 변화를 통해서도 확인할 수 있다.

특히 1990년대 중반 이후 '중화민족'이란 개념과 함께, '민족주의'에 대한 강조가 두드러지게 표출되었다. 장쩌민 시대인 1997년 제15차 당대회 이후 중국 지도부는 공식 석상에서 '중화민족'이란 개념을 강조하고 있다. 이는 공산주의 이념이 약화되고, 시장경제 및 서구 자본주의 가치관의 유입 속에서, 다민족국가인 중국의 응집력과 일체성을 강화하기 위한 필요성 속에서 나온 시도이지만, 다른 한편으로는 유구한 역사의 지속성을 지닌 문명국가라는 중국인의 자부심 표출과 인식에 대한 반영이기도 하다. 중국의 (강)대국화가 진전되면서, 중국인과 중국사회에서는 역사 및 언어의 지속성, '조공(朝貢)체제'를 유지해 온 동아시아 중심 국가라는 우월의식을 더 강하게 표출해 왔다.

특히 '중국 특색의 사회주의'의 경제적, 외교적 성공 속에서 이 같은 의식은 강화됐다. 서구 자본주의와는 구별되는 국내 체제와 해마다 두 자리 수의 경제성장을 거듭하고 있는 지구상 가장 큰 개발도상국이란 정체성은 2008년 올림픽의 성공적인 개최 속에서 보다 자신감을 강화

차별의 철폐를 감동적으로 호소한 킹 목사의 연설은 미국 인권 운동의 정신을 상징한다. 조영남, 2013, 『중국의 꿈: 시진핑 리더십과 중국의 미래』, 민음사, 21-22쪽.

[10] "시진핑은 취임 후 첫 방문지로 2012년 12월 7일에서 11일까지 광동성 선전시를 방문했다. 선전시는 아버지 시중쉰이 제안하고 덩샤오핑이 승인함으로써 중국 최초의 경제특구가 된 지역이다. 이곳을 최초 방문지로 선택함으로써 시진핑은 '덩의 후계자'이며 '시중쉰의 아들'로서 개혁개방정책을 지속적으로 추진할 것임을 대외에 선언한 셈이다." 조영남, 2013, 앞의 책, 109-110쪽.

한 '강대국'이란 정체성, 지역 및 세계 중심국가의 자리로 회복하고 있는 '중심국가로의 정체성'으로 전환해 왔다. 개혁개방의 진전 속에서 세계화를 수용하고, '원형 사회주의'에 '자본주의' 사상을 혼합한 '중국 특색의 사회주의'에 대한 자신감은 이 체제가 독특한 중국의 실정에 맞는 체제라는 인식에서 국제사회에 통용되는 체제가 될 수 있다는 '보편적 질서'라는 인식으로까지 확장됐다. 중국의 경제적 성공과 국제사회에서의 지위 향상은 '중국적 질서(Pax Sinica)', '중국 특색의 사회주의'가 보편적 타당성을 가졌다는 인식마저 들게 했고, 2008년 서브프라임 모기지 사태로 인한 미국발 금융위기를 거치면서 더욱 강화된 것이다. 2004년 라모(Ramo)[11]가 개념화하고, 2008년 이후 국제사회에서 강화된 '중국모델'의 성공 신화 및 보편적 지위 강화 경향은 제3세계에서 '베이징 컨센서스(Bejing Consensus)'의 확산[12]과 맥을 같이 한다.

덩샤오핑 이후 중국의 국가정체성은 이 같은 변화 속에서, 국력의 급속한 신장에 따라, 보다 '공격적인 민족주의' 및 국가주의의 형태를 드러내면서 변화하고 표출되기 시작했다. 특히, 후진타오를 거쳐 시진핑 시

---

[11] 라모(Joshua Cooper Ramo, 1968~)는 2018년 평창올림픽 생방송 도중 미국 NBC 해설자로 '日 식민지 미화' 망언("Now representing Japan, a country which occupied Korea from 1910 to 1945. But EVERY Korean will tell you that Japan is a cultural and technological and economic example that has been so important to their own transformation")으로 한국역사에 무지함을 드러내 한국인의 격분을 산 바 있다. 라모는 미국 내 최고의 중국·아시아 전문가로 알려져 있으며, 2011년 국제컨설팅 회사인 키신저 어소시에이츠(Kissinger Associates)의 공동 최고경영자이자 부회장에 올랐고, 2015년에는 최고경영자(CEO)가 되었다.

[12] '베이징 컨센서스'는 중국식 '정부 주도의 시장경제 발전모델'(중국모델)로서 각국이 독자적 가치를 유지하면서 세계 경제체제에 편입되어야 한다는 대외정책의 의미를 포괄하고 있다. 2004년 청화대 겸직교수이자 골드만 삭스 고문으로 활동하던 라모(Ramo)가 처음 개념화했다. 천위루, 2012, 앞의 글, 83쪽.

대에 접어들면서, 18차 당대회에서 '해양강국몽(海洋强國夢)'[13]을 천명하고, 명실상부한 '해양국가'로 발돋움하고자 남중국해 문제 등 해양영유권(海洋領有權)을 둘러싼 주변국가 및 미국 등과의 갈등을 노골화시키고 있다. 중국의 외교정책의 변화 및 주변 국가들과의 관계 설정의 변화는 국력의 비약적인 신장 속에서 자신에 대한 인식과 국제사회에 대한 인식이 바뀌고 있음을 보여 준다. 이는 중국 자신의 지위에 대한 인식 변화에 따른 행동의 변화라고 할 수 있다.

3. '통일적 다민족국가'로서의 정체성

'중국식 자본주의' 혹은 '하이브리드 체제'로 설명되기도 하는 '중국 특색의 사회주의' 체제를 기반으로 이루어 낸 급속한 경제발전 및 국력 신장은 내적으로는 '중국 특색의 사회주의' 등 중국공산당의 1당 체제에 대한 자신감과 함께 외적으로는 '지역 중심국가', 나아가서는 '세계 중심국가'로서의 가능성에 대한 자신감 및 의지로 표출되고 있다. 이는 그동안 '미국 주도의 세계체제에 대한 순응'에서 이를 변화시키고 바꾸려는 도전의 양태로 표출되고 있다. 중화인민공화국 수립 이후, 과거에 대한 영광 및 굴욕이라는 이중성이 변방국가의 지위를 떨쳐 내면서 동북아시아 및 지역 중심국가로서의 자신감을 강화시키고 있다.

이러한 자신감은 대외 관계 속에서 중국의 태도와 행동 양식이 자신의 생각과 의지를 주변 국가들에게 투영하는 단계로까지 나아가게 하고 있다. 마오쩌둥 시대의 '불참(不參)'이 덩샤오핑 시대 이후 점진적으로

---

13 조영남, 2013, 앞의 책, 140-141, 311-315쪽.

보다 적극적인 국제체제 속으로의 '참여(參與)'로 변화하게 된 이후, 이런 움직임은 '강대국화'의 여정 속에서 더욱 두드러지고 있다. 국력의 비약적인 발전 및 2008년 미국발 금융위기를 겪으면서 이 같은 '공격적인 민족주의' 양상은 더욱 커졌다.

이런 과정 속에서 56개 다민족국가인 중국은 자신의 위상 변화 및 정체성 변화에 따른 자국 역사의 재정립과 국경을 접한 주변 국가들과의 역사 재정립의 필요를 느끼게 됐다. 이 역사 재정립의 필요성은 특히 통일적 다민족 국가로서의 '중화민족론', '대륙국가론'의 확산 속에서 국내적 통합 강화 및 대외적인 입장 강화, 영토 분쟁 등 제반 갈등 대처를 위해 더욱 강화됐다.

이 같은 상황 속에서 중국의 정치적 의도에서 출발한 자국중심적인 변경의 역사를 재편집하려는 시도는 주변 국가들과의 역사갈등을 일으키기에 이르렀다. 이는 '한중 역사갈등'뿐 아니라, '중국과 위구르'의 역사갈등, '중국과 티베트'의 역사갈등, '북방의 몽고'와의 한몽 역사갈등, 남방의 베트남 및 근래 홍콩의 시위사태(2014년 우산혁명,[14] 2019년 '송환법' 반대시위,[15] 2020년 '보안법' 반대시위[16])로 빚어지는 '한강 갈등' 등 다방

---

14 2014년 홍콩 민주화 시위. 당시 '홍콩 행정장관 선거의 직선제를 요구'하며 9월 하순부터 12월 15일까지 79일간 이어진 민주화시위를 말한다.

15 2017년은 155년간의 영국지배를 종식하고 홍콩을 반환(1997년)한 20주년 기념해로, 영국식의 자본주의와 민주적인 시스템으로 운영되어온 홍콩은 '일국양제(一國兩制)'라는 홍콩시스템의 50년간 유지를 약속한 중국이 약속을 저버리고 '중국말을 듣지 않는 자들은 어떤 명분으로든 합법적으로 중국에 송환시켜 야만적인 방식으로 처리할 수 있는 '송환법'에 반대하여 6월부터 연말까지 진행된 시위를 말한다.

16 2020년 5월 28일 '홍콩에서 중국을 모욕하는 발언이나 행위를 하면 강력하게 처벌하겠다'는 중국보안법 통과 강행 때문에 홍콩에서 '천멸중공(天滅中共)'의 기치로 일어난 '보안법반대'시위를 말한다.

면으로 중국변경의 다민족과의 역사갈등 문제를 일으켰으며 지금도 동서남북 사면팔방으로 상존하는 갈등의 '진행형'이 되고 있다. 근본적으로 잠재적 갈등요인을 안고 있는 변경민족에 대해, 오랜 기간 학계 토론 과정을 거쳐 1990년대에 완성한 '통일적 다민족국가론(中華民族多元一體)'[17]을 여전히 고수하는 중국 정부, 스스로 포기할 수도, 더 전진할 수도 없는 기로에 서 있다고 할 수 있다.

1990년 이후 중국 정부가 주창해 온 '중화민족주의' 고조 속에서 중국 정부는 다민족들을 포괄한 '천하국가론'과 중국식 민족국가 모델 등의 여러 선택과 절충 속에서 고심하고 있다. 이는 중국의 국가정체성이 미국 등 서구 민주주의 국가들과는 달리, 이미 형성된 국가정체성을 갖고 있기보다는, 국가건설(nation building) 과정 속에서 국가정체성 형성이 진행 중인 국가임을 보여 준다. 이 때문에 주변 역사의 재해석 및 재편집의 필요성이 증대하고 있다.

따라서 이 같은 갈등 문제가 한중 간 외교 문제로 비화되면 중국정부는 언제나 '조용하게 처리하고 문제를 확대하지 않는다(冷處理, 不要抄熱)', '쟁점이 되는 것은 남겨 놓고 공동으로 연구하자(擱置爭議, 共同硏究)', '힘을 감추고 때를 기다리되 할 바는 한다(韜光養晦, 有所作爲)', '학술 문제를 정치 문제로 확대하지 않는다'[18]는 원론적인 답변만을 애매모호하게 외교적으로 구사하며, 소극적이고 미봉적인 태도로 일관하고 있다. 위구르족과 티베트족에게 가한 정치탄압에 비해, 동북 지역 조선족

---

17 우실하, 2008, 「통일적 다민족국가론의 전개와 작용」, 『동북공정과 한국학계의 대응논리』, 여유당, 75-154쪽.

18 전성흥·이종화 편, 2008, 『중국의 부상: 동아시아 및 한중관계에의 함의』, 오름, 312-313쪽.

의 고향인 북한과 한국이라는 나라의 뒷배경을 의식한 중국 정부의 행보라 하지 않을 수 없다. 이 같은 태도는 몽고라는 모국(母國)을 가진 중국 내 몽고족에 대한 처우에서도 동일하게 적용된다. 하지만 중국 입장에서 매우 중요한 경제협력 파트너인 한국, 그 뒤로 일본, 태평양 건너 미국이라는 병풍을 지닌 한반도의 지정학적 위치와 순망치한(脣亡齒寒)의 관계를 고려하면, 변방국 가운데 가장 우위에 선 나라가 '한국'인 것임은 두말할 나위가 없다.

먼저 1950년대의 폐쇄된 기아상태의 '낙후된 중국(Humble China)'에서 1970년대 '흑묘백묘론'을 기치로 괄목상대(刮目相對)한 성장을 이루어 지금은 대국굴기(大國崛起)[19]한 중국은 세계인구 1위인 14억과 세계면적 4위의 영토 규모에서 볼 때, 주변의 다양한 소수민족 및 주변 국가들과 오랜 역사를 통해 상호 인식하고 교류해 왔다. 이 가운데 '동북공정'이란 세계 국방비 2위 국가인 중국이 동서남북으로 진행하는 여러 가지 '공정' 중의 하나에 불과하다는 사실을 알게 되면, 중국이 유사(有史) 이래로 얼마나 주변국을 강식(强食)해 왔는지 그 거대한 판도를 조감할 수 있다. 또 이는 한중 역사갈등이 단지 한중 두 나라의 양자 관계 속에서 발생한 문제라기보다는, 중국의 국력 성장과 국제적 지위 및 발언권 향상, 그리도 무엇보다 자신의 지위에 대한 인식 등 국가정체성 변화 및 이에 걸맞는 주변국과의 관계 조정을 위한 시도임을 알 수 있다.

이런 차원에서 동서남북으로 변강역사를 재편입하고 재조직화하는 중국의 움직임을 보다 거시적인 측면에서 살펴보기로 한다. 지정학적으

---

[19] 〈大國崛起(The Rise of the Great Nations)〉: 중국중앙방송(CCTV)이 2006년 11월 13일부터 24일까지 방영한 12부작 역사다큐멘터리물로, 2007년 한국에서도 방영되었다.

로 러시아, 북한, 한국, 일본, 미국 등 강대국의 틈바구니에 있어 항상 긴장관계에 있는 중국은 '동북공정'을 필두로, 서남, 서북의 공정뿐만 아니라 북방의 몽고와 남방의 베트남 역사까지도 편입시키려 하고 있다.

이 중 한중 역사갈등은 고조선 이래 강역(疆域) 문제로 시작해 끊임없이 있어 왔고 21세기의 '동북공정' 등, 갈등의 관점으로 보면 여러 가지를 찾아볼 수 있다. 이 가운데 '고위험군 동북공정'을 중심으로 살펴보겠다. '고위험'이란 수식어는 중국의 동북공정의 의도가 성공할 가능성이 높다는 의미에서 필자가 추가한 것이다. 또한 한민족 차원에서 우리 존재의 뿌리인 고대사의 상실 위기가 얼마나 심각하게 진행되고 있고, 중국 당국이 이를 양자 관계의 측면이 아닌, 국가정체성 확립과 강대국화로 나아가는 과정에서 필요로 하는 것이기 때문에 몇 년 하다가 중단할 작업이 아님을 강조하고 이에 대한 심각성의 경종을 울리기 위해서이다. 2002년에 시작된 동북공정은 5년 동안 진행된 후 2007년 종료되었지만 동북공정식 의도와 시각은 '진행형'으로 중국의 국가적인 역사인식으로 계속되고 있으며 새로운 각종 역사 및 정치 '공정' 속에 녹아들고, 포함되면서 끊임없이 재창출되고 있다.

III. 중국의 변강역사 편입작업

1. '동북공정'의 만주족, 몽고족, 조선족

'동북공정'이란 '동북변강역사여현상계렬연구공정(東北邊疆歷史與現狀系列研究工程)'의 줄임말로 '변강(邊疆)의 역사(歷史)'와 밀접히 관련되어 있다. 즉 중국의 동북 3성 지역[헤이룽장성(黑龍江省), 지린성(吉林省), 랴오닝성(遼寧省)]의 역사와 문화를 체계적으로 연구하겠다는 중국 정부의 연구프로젝트이다. 중국은 한중수교(1992년) 10년이 되는 해인 2002년부터 5년 동안 막대한 자금과 수많은 학자를 동원해 이 프로젝트를 추진했다. 그런데 동북공정에서 가장 문제가 되는 부분은 고구려를 비롯해 고조선, 발해 등 한반도의 고대사와 지리적으로 밀접히 연관되면서 중국 입장에서 우리의 역사를 왜곡하고 있기 때문이다.

이 같은 왜곡과 정치적 개입은 실제로 '동북공정의 시작'으로 알려진 2002년보다 훨씬 더 이른 시기부터 탄탄한 기초 작업이 시작되었다. 그것은 '말살(抹殺: 있는 사물을 뭉개어 아주 없애 버리다)'의 의미로 지명(地名) 바꾸기', '만리장성 늘리기', '글쓰기 작업(기록첨삭과 재편집)'과 '역사 끌어 올리기' 등 여러 가지로 찾아볼 수 있다. 이를 다섯 가지로 요약하면 다음과 같다.

첫째, 1965년 단둥(丹東)으로의 개명(安東 → 丹東)이다. 단둥의 옛 이름은 '안동(安東)'으로, 압록강 하구의 중국과 북한과의 접경지대에 자리 잡은 도시이다. 역사상 당(唐)이 고구려 멸망 직후 설치한 '안동도호부(安東都護府)'[20]의 연장선이라 할 수 있다. 당대(唐代)로부터 '동쪽의 편안함(安東)'을 추구했던 중국이 안(安)을 단(丹)으로 바꾼 것은 동쪽의 '충성스러운 마음(丹心)'인 '丹(dan)'과 해음(諧音, 음을 맞추다는 의미)관계인

---

20 安東都護府: 668년 고구려 멸망 후, 당이 고구려의 옛 땅인 평양(平壤)에 설치한 최고 군정기관(軍政機關)으로, 일명 '평양도호부'라고도 불린다. 당제국의 영역이 사방으로 확대됨에 따라 변경지대에 '도호부'를 두었다. '안동도호부'는 안북(安北)·선우(單于)·안서(安西)·안남(安南)·북정(北庭) 도호부와 함께 6개의 도호부를 구성하였다. 간단히 말해 일제의 '조선총독부'와 똑같은 기관으로, 당제국이 점령지에 관리만이 아닌 군대를 같이 파견하여 무력으로 지배하던 기관이다.

'끊을 斷(duan)'이라는 두 가지 정치적 함의를 지닌다. 즉, '중국을 섬기는 충성스러운 마음을 지니지 않으면 끊어버리겠다'라는 경고성 의미이다. 중국의 변경인 동북의 안정 유지를 위해 최대 확장선인 압록강 신의주(新義州)까지를 경계로 하고 '끊겠다'는 것이다.

둘째, 1929년 선양(瀋陽)으로의 개명(奉天→瀋陽)이다. 요녕성의 성도(省都)이자 동북3성 최대 도시인 선양의 옛 이름은 '봉천(奉天)'으로, '하늘을 받든다'라는 의미로 만주족이 중원을 차지한 후 청 순치제(順治帝, 1643~1661년 재위) 때 만주족의 발흥지로서 이 지역의 신성성을 강화한 '봉천'이란 지명을 1929년 군벌 장학량(張學良, 1898~2001년)이 중국의 팽창 시기인 당대(唐代)의 지명 선양으로 개명한 것이다. 실제 한족 출신 선양시민들은 '봉천'이란 지명에 강한 거부감을 드러내는 데에서도 이 지명(地名)이 갖는 의미의 무게감은 크다. 이미 당대에 사용된 선양(심양)이란 지명에는 '심(瀋, 쥐어짜 즙을 내다)' 자에서 '동북(東北)에서 발흥하는 양(陽)의 기운을 쥐어짜 물속에 수장(水葬)시켜버리겠다'는 의미를 지닌다.

셋째, 1991년 압록강변 호산산성(虎山山城)으로의 개명[고구려성 박작성(泊灼城)→虎山山城]이다. 1997년에 중국 정부는 호산산성을 '성급문물보호단위'로 지정하고 '만리장성의 동단기점(東端起點)'으로 삼았다. 북한의 신의주와 마주하고 중국 단둥 압록강 하구에 있는 이 고구려 유적을 호산산성으로 바꾸어 만리장성의 동쪽 시발점으로 만든 것이다. 실제 만리장성의 동쪽 시발인 허베이성(河北省)의 산하이관(山海關)을 요동성의 고구려 박작성으로 바꿔버린 것이다. 이 새로운 지명인 호산산성은 중국 중화주의 상징체계의 하나로, '숭룡(崇龍), 앙봉(仰鳳), 역호(役虎)'[21]라는 '중화중심주의 관념'의 산물이다. 중국의 전통적인 용(龍)

숭배사상은 황제와 황후를 용과 봉황에 비유한다. 그 사역자(使役者)로서 '호랑이'라는 것이다. 따라서 고구려의 박작성이 호산산성으로 바뀐 것은 중국이라는 용 황제에게 호(虎)라는 신하로 복무하는 형상을 상징하게 된다. 이렇게 중국은 의도적으로 고구려의 박작성을 중국을 섬기는 신하를 상징하는 의미를 갖는 동물 호랑이(虎)로 배치한 것이다.

그런데 아이러니는 중국이 자랑하는 세계문화유산인 이 만리장성의 옛 경계 동쪽 산하이관(허베이성)에서 서쪽 자위관(嘉峪關, 간쑤성)까지가 주변의 변강역사를 편입하려는 중국 정부의 노력에 아주 심각한 걸림돌이 된다는 것이다. 지금은 문제 발생거리인 애물단지로 전락한 만리장성의 옛 경계로 볼 때, 현재 중국의 영토로 편입된 티베트, 위구르, 몽고, 고구려, 발해(기본적으로 '만리장성 경계 밖')는 중국의 한족과는 언어와 문화적으로 전혀 다른 민족이 사는 별개의 영토이다. 따라서 중국은 의도적으로 '만리장성 늘리기'를 주도하고 있으나, 앞으로 그 실효성이 언제까지 지일지는 의문이며, 중국이 '통일적 다민족국가'를 완성하려면 역설적으로 먼저 이 만리장성의 경계부터 다 허물어 버려야 가능한 일일 것이다.

넷째, 1909년 일제에 의한 '청일간도협약'[22] 체결로, 그해 9월 일본은 '남만주철도 부설권'과 '푸순(撫順)·이엔타이(煙台) 탄광 채굴권'을 얻는 대가로 '간도의 영유권(領有權)'을 청에 넘겨주었다. 즉 일본은 만주에서 이권(利權)을 확보하기 위해 간도를 청의 영토로 인정한 것이다. 간도를

21　命名的選擇,也是古人帝王尊崇思想的反映. 按照象征的理念, 龍象征着王, 鳳象征着后, 而虎則爲王與后役使的神物. 呂梁漢畵像石中就有"神人御虎"的刻圖. 這樣就形成龍在前,鳳在后,虎在右, 离石人在中間的神奇富貴華美的場景. https://baike.baidu.com

22　윤병석, 2003, 『간도역사의 연구』, 국학자료원, 13쪽

포함한 만주땅은 한반도의 5배가 넘으며, 현재 14억 중국 인구 중 1억 명 정도가 살고 있는 우리 역사의 북방영토이다. '간도'는 그 이름에 그 역사만큼이나 복잡한 여러 가지 의미를 담고 있다. 첫째, 청과 조선 사이의 DMZ(demilitarized zone, 비무장 지대)라 할 수 있는 '입주부허(入住不許)'의 봉금지역[封禁地域][23]: 이주 금지의 무인 무주지(無人 無主地) 공간지대]'이라는 의미의 '사이 간(間)'을 사용한 간도(間島)이다. 우리말로는 '사이섬'이라 하여 2002년 '사이섬 기념비'를 설립했으나, 중국 정부에 의해 지금은 파괴되어 흔적도 찾을 수 없다. 둘째, 조선 후기 1860년대 초, 우리 농민들이 이 지역을 새로 개간한 땅이라는 뜻에서 '개간할 간(墾)' 자를 사용한 '간도(墾島)', 셋째, 북(北)과 동(東) 사이에 위치한 방향인 간방(艮方)에 있는 땅이라 하여 '간도(艮島)'라고도 한다.[24] 이렇게 여러 가지 의미를 담고 있는 지명만큼이나 복잡한 영유권 문제로 중국과 갈등의 불씨를 내포하고 있으며, 국내에서는 2015년 국회,[25] 2019년 시민단체[26]까지도 '청일간도협약'의 무효[27]운동을 벌이기도 했으며, 이미 학계[28]에서도 조명된 바 있다.

---

23 1658년 청은 중국인과 조선인의 이주를 엄금하는 조치를 시행하였다.
24 육락현, 2013, 「간도 명칭의 유래」, 『간도는 왜 우리땅 인가?』, 백산자료원, 12-17쪽.
25 2015.2.3. 열린우리당 김원웅 의원 등 여야 의원 59명이 서명한 '淸·日간도협약 원천무효 결의안'이 3일 국회에 제출됐다.
26 2019.9.18 시민단체 활빈단(대표 홍정식)은 중국에 만주사변(1931년 9월 18일 일본 관동군이 만주를 병참기지로 만들어 일제 식민지로 만들기 위해 선전포고 없이 만주를 불법 침략한 전쟁) 88주년을 상기해 "청일 간도협약이 무효인만큼 우리 땅 간도를 이젠 반환하라!"고 촉구했다.
27 육락현, 2013, 「청일간도협약 무효」, 『간도는 왜 우리땅 인가?』, 백산자료원, 183-192쪽.
28 노계현, 1996, 「간도조약에 관한 외교사적 고찰」, 『대한국제법학논총』, 제11권 제1호, 158쪽.

다섯째, 1983년 중국사회과학원 산하에 '변경 역사와 지리 연구 센터(邊疆史地硏究中心, borderland history and geography)'를 설립해 이미 지속적인 연구를 중국 정부는 지원해 왔다. 그 연구주제는 '기자(箕子)와 기자조선 연구', '발해사론', '중국동북과 러시아 경제관계사', '중국 동북고(古)민족 발달사', '중한상관성씨족원고론', '역대중국왕조의 동북 치변연구', '국제법과 중국·조선 변경쟁의 문제', '발해 이민의 통치와 귀속연구', '동북변강다민족문화교류와 융합', '고구려민족과 변천', '조선 반도 민족, 국가의 기원과 발전', '고구려 족원과 강역', '동북변강강역문제연구', '고구려 족원과 유민의 거취문제 연구', '발해국의 귀속문제연구', '조선 반도 고문명의 기원' 등[29]이 있으며, 2006년 연구결과물이 일부 출간[30] 되었는데, 한결같이 고조선(기원전 108년까지), 705년의 역사를 지속한 고구려(기원전 37~기원후 668년), 228년 역사의 발해(698~926년)가 중국의 역사라는 주장을 하고 있다.

현재 중국 영토 내 고구려유산으로는 1882년 일본군 스파이가 발견한 지린성의 광개토대왕비(414년), 야산처럼 보이는 광개토대왕릉, 장군총,[31] 무용총[32] 등과 수많은 고구려의 산성이 있다. 고구려성은 중국 역사학계 추산 200여 개가 있지만, 실제 정확한 통계는 알 수 없다. 고구려의 수도로 추정되는 오녀산성(주몽 도읍),[33] 국내성(國內城, 유리왕 천

---

29 박원길, 2008, 「원나라는 몽골의 지배사인가? 중화인민공화국사인가?」, 『동북공정과 한국학계의 대응논리』, 여유당, 1214-1229쪽.
30 SBS 8시뉴스, 2006.9.5.
31 장군총(將軍塚): 중국 지린성 지안시 통거우 룽산(吉林省 集安市 通溝 龍山)에 있는 삼국시대 고구려의 '적석총(돌무지무덤)'으로 장수왕 무덤으로 추정된다.
32 무용총(舞踊塚): 중국 지린성 지안시 통거우에 있는 고구려고분.
33 오녀산성(五女山城): 중국 랴오닝성 번시시 환런현 만족자치현(遼寧省 本溪市 桓仁

도)³⁴과 환도성(丸都城)³⁵을 비롯해 중국 요녕성의 오골성, 박작성, 가물성, 목저성, 남소성, 신성, 현도성, 개모성, 백암성, 요동성, 안시성, 건안성, 선성산성, 오고산성, 득리사산성, 비사성 등 고구려산성이 있으며, 이미 중국에 의해 2004년에 유네스코세계문화유산에 등록되었다. 고구려는 가히 '산성(山城)의 나라'라 불러도 손색이 없을 정도로, 자연지형을 이용한 방어력 높은 산성을 축조³⁶하여 요동 지역을 지켜 내었다. 중국은 이러한 기초작업을 토대로 이제는 현재 동북지방 고구려 문화유산에 대한 대대적인 '관광 비주얼 작업'으로 수많은 사람들을 중국의 논리로 빠져들게 하고 있다.

중국이 추진한 동북공정에 의하면 한반도 최초의 나라인 고조선, 고구려와 백제의 뿌리인 부여, 우리 역사상 가장 강대했고 광활한 영토를 차지했던 고구려, 고구려 뒤를 이은 발해 등은 모두 중국의 역사³⁷가 된

縣 滿族自治縣). 주몽이 고구려를 세우고 도읍을 정한 곳으로 졸본(卒本)의 흘승골성(紇升骨城)으로 추정된다. 해발 800미터, 정상부에 항상 물이 나오는 샘이 있고, 남북 1킬로미터, 동서 300미터의 평탄지가 조성된 천혜의 요새이다.

34 국내성(國內城): 중국 지린성 지안시 통거우(吉林省 集安市 通溝) 위치. 서기 3년 2대 유리왕이 평야지대에 위치한 곳으로 천도하고 두 번째로 세운 성곽도성으로 400년 도읍의 역사를 지속했다.

35 환도성(丸都城): 국내성 보호를 위해 가까운 산에 지은 고구려의 산성으로, 적군이 침입하면 왕은 이곳으로 거처를 옮겼으며, 국내성과 압록강이 내려다보이는 전략적 요충지이다.

36 오골성(烏骨城), 박작성(泊灼城), 가물성(哥勿城), 목저성(木底城), 남소성(南蘇城), '고구려 북도의 지킴이'인 신성(新城), 현도성(玄兎城), '고구려의 전초기지'인 개모성(蓋牟城), 성주(城主)의 배반으로 무너진 백암성(白巖城), 요동성(遼東城), 양만춘 장군의 안시성(安市城), 건안성(建安城), 성산산성(城山山城), 오고산성(吳姑山城), 득리사산성(得利寺山城), 비사성(卑沙城) 등으로 요동 지역을 방어해 냈다. 원종선, 2018, 『요동 고구려 산성을 가다: 73개 고구려 산성 현장답사』, 통나무, 449-485쪽.

37 김지훈, 2008, 「중화인민공화국 역사교과서에 나타난 고구려·발해사 서술」, 『동북공정과 한국학계의 대응논리』, 여유당, 193-232쪽.

다. 한민족의 역사의 중요한 부분이 중국의 입장에서 지방정권에 불과한 소수정권으로 전락할 가능성이 크기 때문에 우리는 긴장하지 않을 수 없다. 하지만 이 '동북공정'은 중화의식(中華意識)이란 커다란 역사인식에서 볼 때 지극히 미세한 '조족지혈(鳥足之血)'에 불과하다. 따라서 보다 시각을 넓혀 거시적인 입장에서 중국 변경지역에 위치한 국가들을 연상하면 중화의식이 점철된 중화패권주의의 실체를 실감할 수 있다. 그런데 중국의 공정에 대해 지나친 논리적 비약이며, 역사왜곡을 통한 한반도에서의 영향력 강화라는 분석을 지나치게 단순 도식화했다는 논거[38]는 중국 동북공정의 논리에 한국학자마저 서서히 함몰되어 가는 매우 위험한 발상이라고 여겨진다. 이렇듯 '통일적 다민족국가'를 완성하려는 중화패권주의는 현재 동서남북 사면팔방으로 진행되고 있다. 다음에서는 서북쪽에 진행되고 있는 '서북공정'을 살펴본다.

2. '서북공정'의 위구르족

서북공정[39]은 동북공정 추진 시기와 같은 2002년에 시작되었다. 중국의 성(省) 중에서 가장 넓은 지역인 '신장위구르자치구'의 민족과 역사 및 영토주권을 중국에 편입시키려는 것으로, 중국의 서북쪽 위구르족 지역이 중화문명권이라 주장하며 '위구르족이 독립하려는 움직임(1997년 2월 대규모폭동 발생, 2007년 우루무치 소요사태, 2009년 7월 5일 유

---

38 이희옥, 2008, 「역사문제와 한중관계」, 『중국의 부상: 동아시아 및 한중관계에의 함의』, 오름, 315-317쪽.
39 허종국, 2012, 「서북공정의 의미와 주요내용」, 『민족연구』 제52호, 35-60쪽.

혈사태⁴⁰ 등)'을 탄압하고 위구르족의 역사를 중국 역사로 만드는 작업이다. 동서교역의 통로에 위치한 투르크(突厥)계 민족의 위구르 지역은 10세기경부터 이슬람교가 전해져 오랜 기간 동안 이슬람권의 영향하에 있었다. 호시탐탐 이를 노리던 청나라는 18세기 강희제(1661~1722년)에 이르러 합병⁴¹되고, 점차 청왕조의 영향력이 느슨해졌다가 1884년 좌종당(左宗棠, 1812~1885년)의 신장 재정복, 1949년 다시 중화인민공화국에 병합되었고, 1955년 '신장위구르자치구'가 되었다. 여기에서 청나라 정부가 새로이 작명한 신장(新疆)이란 의미를 생각하면 그 의미가 더욱 명확해진다. '신장'이란 말은 건륭제(1711~1799년) 때 '새로 얻은 땅'이라는 것에서 유래했으며, 문자 그대로 중국 정부 입장에서 원래 중국 고유의 영토가 아닌 '새로이 개척한 영토(New Territory)'라는 의미이다. 이 '새로이 얻은 영토(新疆)'에 장쩌민은 2000년부터 '서부대개발' 프로젝트를 출범시켜, 철도·도로 건설 등의 인프라 정비나 투자환경의 정비, 과학 교육의 발전 등의 우대 정책을 실시하여, 동서 간 경제, 교육, 문화적 격차를 해소하고자 했다. 하지만, 개혁개방 이후 눈부신 발전을 거듭하고 있는 동부 연안지역에 비하면 서북쪽의 낙후는 비교조차 하기 어렵다.

더욱이 실크로드의 동서교통로로 오래전부터 상업과 무역이 발달한 이 서역(西域) 지역은 744년 '동돌궐(東突厥)'이 통일하여 위구르제국인 '회흘한국(回紇汗國)'⁴²을 건립함으로써 본격적인 위구르족 역사

---

40 2009년 7월 5일 유혈사태로 197명이 사망하고 1,700여 명의 부상자가 발생하였다.
41 1727년 '카흐타조약(청러 간 조약)'에 의해 신장 지역이 분할되면서 신장 위구르족은 중국의 소수민족으로 흡수된 바 있다.
42 9세기 '회흘한국(回紇汗國)' 붕괴 후, '동투르키스탄(東突厥)'인 '회골 고창국(回鶻

의 시작을 알린 바 있다. '신장위구르자치구'의 면적은 164만 킬로미터로 중국 전체의 6분의 1이고, 몽고, 러시아, 카자흐스탄, 키르기스스탄, 타지키스탄, 우즈베키스탄, 투르크메니스탄, 아프가니스탄, 파키스탄 등 9개의 나라와 국경을 접하고 있고 종교 역시 대부분이 이슬람교이다.

이른바 '동투르키스탄(東突厥)'에 해당되는 '신장위구르자치구'를 둘러싸고 '스탄'이란 나라들이 유독 많다. 이 '스탄'은 인도 고대어인 산스크리트어(梵語)에서 '땅, 지방, 나라'를 뜻하는 접미사로, 영어의 'State'에 해당된다. 소련이 와해되며 독립한 신생국들인 '스탄의 나라들로 둘러싸였다'는 것은 언어적으로 '동일문화권'이란 의미이다. 이 중, 인도유럽어족 이란어 계통의 '타지크어'를 제외하고는 주변의 '스탄' 나라들은 모두 알타이어계 투르크어족의 SOV형 언어를 구사하고 있다.

때문에 '신장위구르자치구'는 이웃한 9개국 중 7개국과 종교가 일치하고, 5개국과는 언어와 문화가 완벽하게 일치하는 이슬람문화권임과 동시에 중국으로부터의 지배 역사도 130년으로 가장 짧아 '위구르스탄'[43]이란 국가로 독립할 가능성이 있는, 현재 중국에 가장 위협적인 소

高昌國)'을 건국하였으며, 9세기 중후반에서 13세기 중엽까지 400여 년간 번영한 바 있다. 이후 1209년 칭기스 칸의 몽골제국에 굴복하고 원나라 정치에 관여했다. 필자는 2003년 중앙아시아의 '회골 고창국'의 고성(古城) 및 돈황 유적 등 위구르족의 본향(本鄕)인 실크로드를 답사한 바 있으며, 2019년 알타이 제어와는 계통이 전혀 다른 이란어계의 언어를 사용하는 타지키스탄을 탐방한 바 있다.

43 "19세기 말부터 20세기 초는 유럽을 비롯한 전 세계의 민족주의가 부흥하던 시기였고, 이 과정에서 위구르족 또한 예외일 수 없었다. 위구르족은 '범투르크주의(Pan-Turkism)', '범이슬람주의'에 고무된 '투르크-무슬림(Turkic Muslim)'으로서, 자연스레 그들 고유의 종족-민족의식을 키워나갔다. 이 과정에서 단일한 민족공동체를 향한 그들의 지난한 노력은 분명히 드러나고 있다." 송호림, 2015, 『'위구르스탄' 만들기: 근대 위구르족의 민족운동과 위구르 정체성의 형성』, 전북대학교 석사학위논

수민족이라 할 수 있다. 필자는 본 연구를 위해 '중국 변방지 장기체류자'에 대한 '인터뷰 조사'를 실시하였다. 2020년 8월 18일 인터뷰에 응한 한인(韓人) 김○○(52세, 여)은 '신장위구르자치구'에서 13여 년을 기독교 선교사로 활동하고 한국어교육을 담당한 바 있던 장기체류자이다. 필자의 "한유(漢維) 갈등 지역의 장기체류자로서 제3자의 입장에서 바라볼 때, 위구르족의 독립가능성을 어떻게 바라보는가?"라는 질문에 그녀는 "위구르족은 교육을 중시하지 않으며 춤과 노래 등 유희(遊戲)와 사치를 즐기는 민족성 때문에 '위구르스탄'으로의 독립가능성은 희박하다"고 기술했다. 하지만 필자는 독립가능성의 희박을 단언하기에는 선부른 판단이라 보인다. 중국 정부는 위구르자치구의 토착민족인 위구르족의 반한(反漢)정서와 독립의지를 꺾기 위해 '서북공정'을 더욱 강화하고 '한족(漢族)의 강세이주(현재 인구비율은 위구르족 46%, 한족 39%이다)' 등을 통해 동화시키려 노력하고 있다. 하지만, 이 지역은 분리 움직임이 일어날 가능성이 높다.

3. '서남공정'의 티베트족

서남공정은 1986년 덩샤오핑의 지시로 시작되었으며, 티베트의 역사를 중국 역사로 만드는 작업[44]으로, 중국이 동서남북 사면팔방으로 진행한 공정 가운데 가장 이른 시기(서남 1986년, 서북과 동북 2002년)에 진행

문, 30-39쪽.

[44] 박만준·마민호, 2014, 「종교·국가·사회관계에서 바라본 중국의 티베트문제: 민족주권의 귀속문제와 현 사회적 쟁점들의 역사적 함의를 중심으로」, 『現代中國研究』 Vol.15 No.2, 77-116쪽.

되었다. 2005년에 착공되어 티베트로 연결되는 이른바 '칭짱철로(靑藏鐵路)'는 2006년 7월에 완공되어 티베트로의 접근성이 더욱 강화되고 중국의 지배체제도 공고히 하게 된다. '칭짱철도'는 중화인민공화국 서부의 청해성(靑海省) 서녕시(西寧市)와 티베트자치구 라싸 시를 연결하는 철도이다. 특히 '서녕(西寧)'이란 지명은 '서쪽지방의 안녕'이란 의미이다. 광서자치구의 '남녕(南寧)' 역시 '남쪽지방의 안녕'이란 의미이다. 이렇듯 중국 정부의 영토확장과 동요억제를 위한 염원이 행정구역상의 지명에 그대로 반영되었다 할 수 있다.

하지만 이 티베트 지역 역시 위구르족과 마찬가지로 강한 반한(反漢)정서와 독립의지를 지녔으며, 문화적으로도 중국본토와 이질감이 현격하게 두드러지는 곳이다. 1959년 초 중국의 강경탄압에 티베트불교(라마교)의 종교 지도자 달라이 라마 14세 텐진 가초(丹增嘉措, 1935~)는 10만 명의 티베트인과 함께 인도로의 망명을 선택했고, 지금까지도 국제사회에서 티베트독립을 위한 비폭력활동을 활발히 전개하고 있어, 이 지역 역시 분리움직임의 가능성이 높다.

4. '북방공정'의 몽고와 남방공정 베트남으로의 확대

1911년 중국에서 신해혁명이 일어나자, 외몽고의 지도자들은 이를 청의 지배로부터 벗어날 수 있는 절호의 기회로 파악하고, 러시아의 지원 아래 그해 12월 우르가(지금의 울란바토르)에서 혁명을 일으켜 '몽고의 독립'을 선언하였다. 하지만 지금도 '내몽고자치구'는 중국의 행정구역의 하나로 몽고족이 다수 거주하고 있어 중국 정부 입장에서 이 내몽고와 외몽고의 역사를 중국역사로 편입시키려는 작업은 서남, 서북, 동북에 이어 북방공정의 당연한 수순으로 파악된다. 다만 현재 영토 내에 있는 동북, 서북의 위구르, 서남의 티베트보다는 그 우선순위에서 밀릴 수밖에 없을 것임은 미루어 짐작할 수 있다. 다만 시일의 차이는 있을지언정 중국 정부는 이 내몽고, 외몽고에 대한 역사 편입작업이라는 북방공정[45]은 계속될 것으로 전망된다.

베트남(越南) 역시 인도차이나 반도 동부에 있는 나라이다. 지정학적 특성 때문에 외국의 침략과 지배를 자주 받아 오다가 1884년에 프랑스 식민지가 되어 프랑스령 인도차이나에 편입되었다. 1945년 제2차 세계대전이 끝나자 독립되어 베트민을 중심으로 베트남민주공화국을 발족시켰다. 하지만 베트남은 지리적으로 중국 최남단 변방의 국경을 마주하고 있어 국경분쟁이 끊이지 않고, 냉전이 종식된 20세기 후반인 1979년에는 중월전쟁(中越戰爭)[46]이 발생했다. 보나 흥미로운 점은 '북방공정'의 대상인 몽고가 이 전쟁에서 남단 끝의 베트남을 지원했다는 사실이다. 중월(中越) 국경선으로 볼 때, 그 유입범위도 나팔모양으로 매우 넓어 예로부터 중국문화의 영향이 깊은 곳으로 중국 정부 입장에서 '남방공정'의 대상이다. 베트남은 중국의 '과거제'를 본떠 과거제를 실시한 나라이기도 해 중국 한자가 베트남어에 미친 영향은 한반도만큼이나 지대하다. 이러한 문화적 동질성을 근거로 중국은 베트남에 대해서도 장기플랜을 갖고 있지만, 베트남의 중국에 저항한 역사 역시 한국만큼

---

45 김재기, 2014, 「삼몽통일론(三蒙統一論)과 중국의 북방공정에 관한 연구」, 『민족연구』 Vol.60, 158-179쪽.

46 중월전쟁(中越戰爭): 1979년 2월 17일~1979년 3월 16일에 일어난 '한 달 전쟁'으로, '제3차 인도차이나 전쟁'이라고도 불린다. 전쟁은 '무승부'로 끝나고 그 결과, '중화인민공화국군의 철수', '베트남의 캄보디아 점령', '1990년까지 국경 충돌이 지속' 되었다.

유구(悠久)하여 중국의 오랜 침략의 역사에도 베트남의 민족성과 문화를 유지한 지역이기도 하다.

Ⅳ. 언어계통과 언어유형학적, 민족적 이질성

이러한 이질적 문화와 민족성 이외에도 보다 중요한 것은 언어적으로 중국과는 계통을 완전히 달리한다는 점으로, 이는 동북, 서북, 서남공정에 대응하는 전략적 방안 확립에서 핵심적인 역할을 할 것으로 전망된다.

1. '중국티베트어족'에 속하면서도 SOV형 통사구조인 티베트어

세계의 지붕이라 알려진 티베트고원에 거주하는 티베트족의 언어를 살펴본다. 언어계통적으로 중국티베트어족(漢藏語系)에 속하는 티베트어(藏語)의 어순을 살펴보면, 한국어의 어순인 SOV체계인 '나는 너를 사랑한다'는 기본구조에서 한국어에는 없는 후치수식의 패턴이 발견된다. 이를 간략화하면, 아래와 같이 이루어졌다.

기본형 SOV: 주어+목적어+술어 → 주어+목적어+(수식어+부사)+술어[47]

이를 한국어로 다시 풀면 '나는 너를 아름다운 매우 사랑한다'가 된

---

[47] Michael Hahn 저, 안성두·최성호 역, 2016, 『고전티베트어 문법』, 씨아이알, 47쪽.

다. 이 '후치수식'은 영어('something special')와 중국어(漢語, '長得很漂亮')의 대표적인 특징으로 티베트어가 한국어와 같은 SOV체계임에도 중국어와 함께 중국티베트어족으로 묶인 이유를 설명해 준다. 하지만 이 언어계통적 문제를 떠나 근원적으로 살펴보면 티베트어는 SVO체계인 영어나 중국어와는 태생적으로 다른 SOV체계로 고립어인 중국어와 인도유럽어족인 영어라는 주변언어의 영향을 받아 '후치수식'이라는 특징을 이룬 것으로 보인다. 또한 '후치수식'이라는 특징 역시 문장의 주요 골간(骨幹) 성분으로 없어서는 안 되는 주어, 목적어와 서술어가 아닌 수식어체계라는 점에서 근원적으로 다르다. 따라서 근본적으로 티베트어는 한국어와 같은 SOV형 통사구조라고 설명할 수 있다.

　언어의 계통을 살펴본 결과 중국과는 언어적으로도 동화(同化)가 어려운 티베트족이며 티베트어임을 알 수 있었다. 게다가 SOV형 통사구조라는 알타이어의 언어적 계통뿐 아니라 티베트와 몽고의 문화적 친연성을 고려하면, 이렇게 중국과는 차별화된 이질적 문화와 언어를 지닌 티베트 민족성의 각도에서 보아도 중국의 1986년에 시작된 '서남공정'에 반발할 것이며, 중국의 이 같은 변강역사 편입작업이 장기적으로 복잡다단한 위험과 어려움을 내포하고 문제 발생의 불씨가 상존하고 있는 지역이라 할 수 있다.

2. 중국어와는 전혀 다른 '알타이어계'의 위구르어, 몽고어, 만주어, 조선어(고구려어), 일본어의 SOV형 통사구조

　동북공정의 주요무대인 동북지방에 살았던 민족인 만주족, 몽고족, 고구려인들의 언어체계[48]를 살펴보면 중국어의 체계와 완전히 배치된다. 따라서 중국의 "고구려 민족이 중국 한족(漢族)이란 주장"에 대응하여 반박할 수 있는 가장 중요한 근거는 한족의 언어인 한어(漢語)와 고구려 언어가 언어학적으로나 언어계통론, 언어유형론의 입장에서 볼 때 완전 별개의 언어라는 점이 가장 설득력 있는 대응논리가 될 것이다.

한족의 중국어(漢語)는 구조적으로 앵글로 색슨족이 사용하는 영어의 SVO형 통사구조와 완전 일치한다. 따라서 SVO형에서는 '나는 사랑한다 너를'이라는 언어구조를 갖지만 SOV형은 '나는 너를 사랑한다'라는 언어구조를 갖는다. SOV형 통사구조에 속하는 고구려 언어는 한장어계(漢藏語系)에 속하는 SVO형의 중국어와는 전혀 다르다. 중국측 사서(史書)에 일관되게 부여, 고구려, 옥저(현 함경남도 지역), 동예(현 강원도 지역) 등의 언어가 서로 비슷하고, 숙신(肅愼), 읍루(挹婁), 말갈(靺鞨), 여진(女眞) 등의 언어와는 뚜렷하게 다르다고 기록하고 있다. 전자는 한국어계통이고, 후자는 만주어 등이 포함된 순 퉁구스어족의 계통이어서, 언어체계가 SOV형에서는 양자가 동일하나, 발음상의 차이를 보인다는 것을 알 수 있다. 고구려 언어는 계통적으로 '알타이어(阿爾泰語)'에 속해 중국판도에서 지리적으로 윗벨트를 형성하는 주변국의 언어인 투르크어[49](터키어, 카

---

48 이등룡, 1984, 「알타이 제어(돌궐, 몽고, 만주, 퉁구스 및 한국어)의 서술동사 비교연구」, 『大東文化硏究』 Vol.18, 성균관대학교 대동문화연구원, 5-37쪽.

49 "투르크어계(突厥語)의 위구르어와 위구르문자를 사용하는 '신장위구르자치구'는 인도, 파키스탄, 아프가니스탄, 타지키스탄 등 9개의 나라와 국경을 접하고 있다. 국경을 이웃한 9개국 중 우즈베키스탄, 키르기스스탄, 카자흐스탄, 몽고 등 6개국의 언어가 언어계통적으로 알타이 제어에 속하며 한국어와 어순이 일치하는 SOV형 통사구조이다. 때문에 한국인이 쉽게 배울 수 있다." 金道榮, 2010, 『論阿爾泰語法背景下的漢語把字句偏誤的生成機制與敎學對策』, 北京大 博士論文 12月, 13-15쪽.

자흐어, 우즈베크어, 키르기스어, 위구르어[50] → 몽고어[51] → 만주어[52] → 고구려어 → 한국어 → 일본어)라는 유라시아와 극동(極東)의 일본열도까지 이어지는 '거대한 언어 띠 벨트'를 형성하는데, 이 언어들이 하나같이 한족(漢族)의 한어(漢語)체계(SVO)와는 구조적으로 전혀 다른, 언어체계(SOV)의 어순이 같은 '교착어'라는 점이다.

몽고어는 투르크어, 만주-퉁구스어와 더불어 알타이어계 어족에 속하며 조어법상 음운, 형태, 통사 등 언어의 여러 분야에서 많은 공통점을 지니고 있다.[53] 수많은 알타이 제어의 공통특성 가운데 대표적인 '목적격조사'의 비교를 진행한 연구를 재인용[54]하면 다음과 같다.

〈알타이 제어의 '목적격조사' 비교〉

(위구르어) : S + O /ni + V   ([ni]: 위구르어의 목적격조사)

    Biz   uni   kyl dyrduq.

우리는 그(ni: 목적격) 웃겼다(사동접미사)

(몽고어) : S + O /i + V   ([yi/ki]: 몽고어의 목적격조사)

   a. 主动句: huhəd   gɑr-ijən ü:hija -bɑ。(孩子洗手).

                    S   O   V

---

50 陳世明, 熱紮克, 1991, 『維吾爾語實用語法』, 烏魯木齊: 新疆大學出版社, 170쪽.

51 최기호, 1993, 「한국어와 몽골어의 관계 연구」, 『人文科學硏究』 Vol.1, 상명대학교, 5-29쪽.

52 Liliya M. Gorelova, 2002, *Manchu Grammar*, Leiden; Boston; Brill. pp. 453-459.

53 강신, 2004, 『현대몽골어 연구』, 문예림, 11-12쪽

54 金道榮, 2010, 「淸代帶滿腔滿味的'滿漢語'語言現象」, 『文化遺産』 總第10期 第1期, 134-139쪽.

(만주어)[55] S + O /be + V ([Be]: 만주어의 목적격조사)

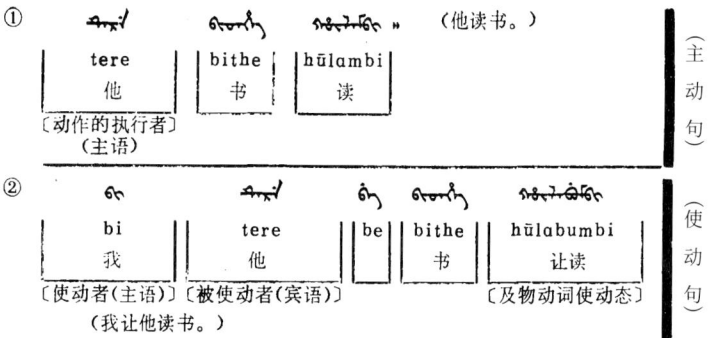

(한국어) S + O /을/를 + V   ([을/를]: 한국어의 목적격조사)

       孩子   饭   吃
a. 主動句: 아이가   밥/을   먹는다.

(일본어)   S + O[wo/を] + V ([を]: 일본어의 목적격조사)

  이상 알타이 제어의 '목적격조사'는 투르크어족인 위구르어의 [ni], 만주-퉁구스어족인 몽고어의 [yi/ki], 만주어의 [be], 한국어의 [을/를], 일본어의 [を]로 정리된다. 이러한 태생적으로 본질적인 유사성은 인간의 DNA처럼 알타이어족의 골수(骨髓)로 전해지며 영원불변하는 SOV형 통사구조를 형성해왔음을 한눈에 알 수 있다.

  미국 인디애나 주립대 벡위드(Beckwith) 교수는 언어학자 이기문과 몽고어 주전공의 러시아 언어학자 니콜라스 포페(Poppe, 1897~1991년)의 견해를 인용하여 "원시 알타이의 갈래"[56]를 구분하였으며, "고구려

---

55 趙盛利, 1989, 「辯析滿語的主動態, 被動態和使動態」, 『滿語研究』 第1期.
56 C. I. 벡위드 저, 정광 역, 2006, 『고구려어: 일본을 대륙과 연결시켜 주는 언어』, 고구

어는 일본을 대륙과 연결시켜 주는 언어로 일본어의 기원으로, 그리고 원시 일본이 고구려어의 본거지이며, 고구려어-일본어의 친족관계 어족설을 주장[57]하였다. 이는 고구려어와 일본어와의 어휘 비교를 통해 음운론적 의미론적 패턴들이 계통적으로 친족관계에 있다는 것에 근거했으며, 백제의 토착어, 한국어를 포함한 신라어와는 구분하여 설명되고 있다.

이상 중국변방을 둘러싼 민족과 그들 언어들의 근본적인 계통을 살펴본 결과, 중국은 지금의 중국땅에 세워졌던 정권이라는 이유로 이 나라들을 중국의 역사로 편입시키고자 한다. 하지만 이 나라들은 인종학적, 민족적, 언어학적으로 매우 이질적인 존재이며, 서로 별개의 계통이란 점을 중국 정부도 잘 알고 있을 것이다. 중국이 '대국굴기(大國崛起)'의 실현을 위해 치밀하게 준비해 온 '동서남북의 공정' 중, 우리 민족의 문화 역사와 밀접한 관련이 있는 '동북공정'의 대형 프로젝트의 진행을 우리는 '지피지기(知彼知己) 백전불태(百戰不殆)'의 자세로 대처해야 하며, 이를 보다 충실히 보강하여 중국 정부의 변강역사 편입작업의 왜곡 및 부당성을 언어학적인 측면에서도 밝혀낼 수 있는 것이다.

V. 맺음말: 고위험 진행형 '동북공정'

중국의 급부상과 함께 한족(漢族) 중심의 중화주의와 패권국가로서의 지위와 인식을 강화시켜 온 정체성의 변화를 거치며 동서남북으로 진행

려연구재단, 59-60쪽.
57 C. I. 벡위드 저, 정광 역, 2006, 위의 책, 410-412쪽.

되는 여러 가지 '공정'의 실체를 파악하면, 중국이 유사 이래로 얼마나 주변국을 강식(强食)해왔는지 그 거대한 판도를 조감할 수 있다. 앞서 동서남북으로 변강역사를 재편입하고 재조직화하는 중국의 움직임을 한중 역사갈등이라는 한 측면이 아닌 영토분쟁의 불씨를 안고 있는 지역을 중심으로 보다 거시적인 측면에서 살펴보았다.

지정학적으로 러시아, 북한, 한국, 일본, 미국 등 강대국의 틈바구니에 있어 항상 긴장관계에 놓여 있는 중국이 진행하는 동북공정, 서남공정, 서북공정 가운데 가장 고위험의 공정은 바로 우리의 상고역사와 맞물린 동북공정이다. 서북공정은 위구르족의 문화와 민족성이 강한 지역에서 진행되고, 서남공정은 티베트의 종교와 문화적 이질감으로 대표되는 공정이다. 그런데 동북공정을 제외한 나머지 서북, 서남공정은 동일 언어와 문화를 차치하더라도, 혈통적으로도 위구르족과 티베트족의 문화에 바탕한 강력한 민족주의의 움직임이 관찰되는 데 반해, 동북공정의 대상지인 동북지방은 몽고족, 만주족, 조선족, 한족이 서로 오랜 세월에 걸쳐 통혼(通婚)하여 혈통적 순수성을 보존하고 있다고 보기 어렵다. 티베트의 티베트족, 위구르자치구의 위구르족이라는 민족적, 문화적 정체성이 존재하지만, 동북3성은 몽고족, 만주족, 조선족 중 어느 민족이 대표적인 자신만의 문화를 유지, 발전시키고 있는지 설명하기 어려울 정도로 한족(漢族)의 문화에 동화되어 그 정체성을 상실한 지 이미 수세대를 거쳤다.

때문에 우리 한국 역사에는 불행하게도 중국의 변강역사 편입 작업 중에서 동북지방은 중국역사로 편입가능성이 가장 높은 고위험군 진행형 지역에 해당된다. 따라서 이미 2007년에 동북공정이 종료되었지만, 변방의 몽고족, 만주족, 조선족 등 소수민족의 분리독립을 우려하는 중국정부 입장에서 이미 한화(漢化)가 진행되어 가장 편입이 용이한 동북지방을 놓칠 수 없으며, 간도(間島)영유권을 미리 확보하고자 하는 노력을 게을리할 리도 만무하다. 동북지방의 대표 소수민족인 만주족의 동화(同化) 정도는 매우 심각하며 이미 만주족 자신의 나라를 갖고 있지 못하며, 한족(漢族)과 만주족의 경계는 무너지고, 만주족의 고유언어인 만주어는 사멸의 위기에 있다. 다음으로 몽고라는 독립된 나라를 가지고 있는 몽고족이다. 이 가운데 가장 민족의식이 강한 소수민족이 바로 북한과 남한이라는 독립된 나라 둘이라는 막강한 뒷배경을 지닌 조선족이다. 따라서 '통일한국' 이후 중국 내 조선족의 이탈과 국경분쟁의 소지가 남아 있어 가장 큰 문젯거리로 대두될 것이다.

2020년은 동북3성 지역의 역사를 자국사(自國史)로 편입해 정비하는 '동북공정'을 추진한 지 18년, 종료한 지 13년이 되는 해다. '동북공정' 자체는 종료됐지만, 중국에서는 2007년부터 2015년까지 양적 질적 수준이 향상된 연구성과[58]가 계속해서 나오고 있다. 이는 결국 소수민족의 역사를 중국사로 편입하기 위한 변강정책의 성격을 지녔으며, 이러한 변강정책은 동북지구 발전전략인 '동북진흥전략', 청대(淸代)의 영토문제와 주변 민족국가와의 관계사가 포함될 '청사(淸史)공정', 문화유산 개발 계획인 '문화공정'[59] 등으로 다양하게 전개되고 있었다는 점에서 중국

---

58 "중국학계의 최근 연구물을 보면, 기본 내용은 '동북공정'식 주장을 변함없이 견지하면서 보완, 심화 단계로 가고 있다. …길림대학과 통화사범대학, 길림성 사회과학원, 동북사지출판사, 흑룡강성 사회과학원 소속 연구자들이 활발하게 고구려 관련 논저를 발표하고 있다." 김현숙, 2016, 「동북공정 종료 후 중국의 고구려사 연구동향과 전망」, 『東北亞歷史論叢』 제53호, 53-56쪽.

59 '하상주단대공정(夏商周斷代工程, 1996~2000)': 청화대 송건 교수의 제안으로 시작되었으며, 기원전 3000년경부터 발달한 이집트문명과 같은 시기로 중국역사를 끌어올리기 프로젝트이다. '고대문명탐원공정(古代文明探源工程, 2003)': 중국 '황하

정부의 다민족국가 체제를 향한 발걸음은 계속될 전망이다. 이러한 잠재적 영토분쟁의 위기 속에서 고위험군 진행형에 해당되는 동북공정에 대해 21세기 '중국몽'을 꿈꾸는 중국 정부는 또 다시 다른 이름의 다양한 편입작업을 전개할 것으로 예상된다. 이에 대한 한국 정부의 철저한 대응과 전략이 절실히 요구된다.

문명'의 시기를 앞당기기 위한 프로젝트이다. 임기환 외, 2012, 『중국의 동북공정과 한국고대사』, 주류성, 18쪽.

참고문헌

강신, 2004, 『현대몽골어 연구』, 문예림.
원종선, 2018, 『요동 고구려 산성을 가다: 73개 고구려 산성 현장답사』, 통나무.
육락현, 2013, 『간도는 왜 우리땅 인가?』, 백산자료원.
윤병석, 2003, 『간도역사의 연구』, 국학자료원.
임기환 외, 2012, 『중국의 동북공정과 한국고대사』, 주류성.
전성흥·이종화 편, 2008, 『중국의 부상: 동아시아 및 한중관계에의 함의』, 오름.
조영남, 2013, 『중국의 꿈: 시진핑 리더십과 중국의 미래』, 민음사.
C. I. 벡위드 저, 정광 역, 2006, 『고구려어: 일본을 대륙과 연결시켜 주는 언어』, 서울: 고구려연구재단.
Lindsay J. Whaley 저, 김기혁 역, 2007, 『언어 유형론: 언어의 통일성과 다양성』, 소통.
Michael Hahn 저, 안성두·최성호 역, 2016, 『고전티베트어 문법』, 씨아이알.

力提甫 托乎提(Litip Tohti), 2004, 『阿爾泰語言的句法結構』, 北京: 中央民族大學出版社.
費孝通 編, 1989, 『中華民族的多元一體格局』, 北京: 中央民族學院出版社.
史習成 編著, 2005, 『蒙古語語法敎程(2)』, 北京大學 外國語學院 蒙古語敎硏室.
王子愉 編著, 2005, 『現代日語語法』, 外語敎學與硏究出版社.
陸洛現 編, 1993, 『間島 領有權關係資料集』, 白山文化.
鄭謙 等著, 2014, 『中國特色社會主義道路』, 廣州: 廣東敎育出版社.
陳保亞, 1996, 『論語言接觸與語言聯盟』, 北京: 語文出版社.
陳世明, 熱紮克, 1991, 『維吾爾語實用語法』, 烏魯木齊: 新疆大學出版社.
淸格爾泰, 1999, 『現代蒙古語語法』, 呼和浩特: 內蒙古人民出版社.

Fairbank, John King, 1968, *The Chinese World Order: Traditional Chinese Foreign Relations*, Cambridge: Harvard University Press.
Gorelova, Liliya M., 2002, *Manchu Grammar*, Leiden; Boston; Brill.

곽영초, 2016, 『중국의 한반도전략에 관한 연구: 중국 국가정체성의 변화를 중심으로』, 전남대학교 대학원 박사학위논문.

송호림, 2015, 『'위구르스탄' 만들기: 근대 위구르족의 민족운동과 위구르 정체성의 형성』, 전북대학교 석사학위논문.
이계영, 2012, 『중국 '和平堀起' 전략의 추동요인과 제약요인 비교연구』, 한국외국어대학교 국제지역대학원 박사학위논문.
천위루, 2012, 『중국의 화해세계(和諧世界)론과 외교정책에 관한 연구』, 전북대학교 석사학위논문.

金道榮, 2010, 『論阿爾泰語法背景下的漢語把字句偏誤的生成機制與敎學對策』, 北京大 博士論文 12月.
李錫遇, 2010, 『中美在朝鮮半島无核化進程中的合作與分歧: 以2001年-2009年爲中心』, 北京大學 國際關係學院 博士論文 12月.

김재기, 2014, 「삼몽통일론(三蒙統一論)과 중국의 북방공정에 관한 연구」, 『민족연구』 Vol. 60.
김태완, 2010, 「중국 국가정체성의 변화: 공산주의에서 민족주의로」, 『국제관계연구』 Vol.15 No.2.
김현숙, 2016, 「동북공정 종료 후 중국의 고구려사 연구동향과 전망」, 『東北亞歷史論叢』 제53호.
노계현, 1996, 「간도조약에 관한 외교사적 고찰」, 『대한국제법학논총』, 제11권 제1호.
박만준·마민호, 2014, 「종교·국가·사회관계에서 바라본 중국의 티베트문제: 민족주권의 귀속문제와 현 사회적 쟁점들의 역사적 함의를 중심으로」, 『現代中國研究』 Vol.15 No.2.
언어 범주와 유형 학회, 2010, 『언어 범주와 유형』 1권 1호(2010. 3).
이등룡, 1984, 「알타이 제어(돌궐, 몽고, 만주, 퉁그스 및 한국어)의 서술동사 비교연구」, 『大東文化研究』 Vol. 18, 성균관대학교 대동문화연구원.
이문기, 2014, 「중국 민족주의의 세 가지 특성과 국가 정체성: 역사적 제도주의 시각에서」, 『국제정치논총』 Vol.54 No.3.
이홍규, 2016, 「중국식 세계화와 중국의 국가정체성 변화」, 『한중사회과학연구』 Vol.14 No.3.
이희옥, 2003, 「'3개대표론'과 중국사회주의의 변화」, 『중국학연구』 Vol. 26.
曹在松, 2004, 「티베트과 몽고의 文化親緣性 연구(西藏與蒙古之文化親緣性研究)」, 『中國學研究』 Vol. 28.

최기호, 1993, 「한국어와 몽골어의 관계 연구」, 『人文科學硏究』 Vol. 1, 상명대학교.
허종국, 2012, 「서북공정의 의미와 주요내용」, 『민족연구』 제52호.

金道榮, 2010, 「淸代帶滿腔滿味的'滿漢語'語言現象」, 『文化遺産』 總第10期 第1期.
王紹光, 2011, 「中國式社會主義3.0: 重慶的探索」, 『公共行政評論』 4(6): 48-78.
劉靑峰, 1999, 「文化革命中的新華夏中心主義」, 『二十一世紀』 總第15期.
趙盛利, 1989, 「辯析滿語的主動態, 被動態和使動態」, 『滿語硏究』 第1期.

Qin, Yaqing, 2010, "Struggle for Identity: A Political Psychology of China's Rise." Brantly Womack. ed. *China's Rise In Historical Perspective*, Rowman & Littlefield Publishers.

찾아보기

ㄱ

간도(墾島)　220
간도(艮島)　220
강대국화　127
개방적 사회주의　208
고위험군 동북공정　216
공동 성명　136
과체계사회(跨體系社會)　12
관계 조정　25
구조적 모순　99
국가자본주의　100
국가정보협의회　90
국가정체성　25
국가주의　37~40, 46, 47, 58, 59, 82, 85
국유화　22, 173
국학열　36, 37
군사대국화　193
군사백서　193
그레이존 사태　183, 190
기술전쟁　102
기타오카 신이치(北岡伸一)　24, 191

ㄴ

나카소네 야스히로 세계평화연구소　191
나카소네평화연구소장　24
나토(NATO)　193
난세이제도(南西諸島)　183
남부 유럽　18
남중국해　19
니카이 도시히로(二階俊博)　23, 176

ㄷ

다극 체제　16, 90, 91
다나카 아키히코(田中明彦)　184
단둥(丹東)　217
대국굴기(大國崛起)　234
대륙국가론　213
대만 문제　194
대일본제국헌법　21
대중국 여론　180
대테러전쟁　14
댜오위다오(釣魚島)　91, 172
덩샤오핑(鄧小平)　32
도광양회　32
독경열　33

동반자관계 131
동북공정 25, 204
따오기 177
뚜웨이밍(杜維明) 43, 44, 46, 47, 51

ㄹ

랴오닝(遼寧) 항모 184
러일전쟁 21
레이와(令和)시대 188
리쩌허우(李澤厚) 50
리커창(李克强) 22, 177

ㅁ

만리장성 늘리기 25, 217
만주사변 21
매트 포팅거 94
메이지유신(明治維新) 21
목적격조사 232
무극(Apolarity) 체제 16
무역전쟁 94, 172
문화보수주의 13, 33, 37, 38, 85
문화열 85
미래담론 34, 35, 37, 38, 40, 48, 50, 77, 82, 84, 85
미소 양극 체제 98
미일동맹 21
미중관계 185
민수주의 13
민족주의 13, 34, 37, 38, 45~47, 58, 59, 62, 71, 72, 74, 76, 77,

82
민주주의 55, 56, 84
민주화 36, 45, 61, 62

ㅂ

반식민지 22
반일 데모 173
반제국주의 10
반중국 연합 101
방위계획대강 183
방위대강 183
방위백서 24, 182
벼락 오바마 92
버지니아급 잠수함 107
베이징 올림픽 33
베이징 컨센서스 99, 211
부강한 사회주의 강국 179
북남방공정 204
브렉시트(Brexit) 125
블라디미르 푸틴 91
비대칭 관계 90
비동조화 94

ㅅ

사드(THAAD) 문제 194
사사카와평화재단 188
사이섬 220
사회주의 현대화 강국 10
서남공정 25, 204
서녕(西寧) 227

서북공정 25, 204
서유럽 18
선양(瀋陽) 218
세계 금융위기 90
세계무역기구 102
세계주의 13
센카쿠열도(尖閣列島) 22, 172
수정주의 세력 16, 93
쉬지린(許紀霖) 13, 44~48, 58~63, 65, 66, 68, 81~85
시진핑(習近平) 91, 174
신냉전 97
신방위계획대강 188
신시대의 중국국방 194, 196
신아시아 상상 13, 37, 46, 69, 70, 72, 77, 81, 82, 84
신중화주의 11, 25
신천하주의 13, 37, 38, 44~47, 58, 59, 62~66, 68, 69, 83, 85
신형국제관계 11
쑨원(孫文) 14, 76

ㅇ

아베 신조(安倍晋三) 21
아베 신조-시진핑 시기 22
아세안(ASEAN) 25, 193
아시아인프라투자은행(AIIB) 15, 100, 144
아시아 태평양 경제협력체(APEC) 92, 174

아시아형 나토 15, 103
아시아 회귀 101
아시아 회귀 전략(Pivot to Asia) 15, 92
안보 네트워크 108
안전보장회의 94
알타이 제어 205
애국주의 37, 39, 60
양해각서(MOU) 1 44
언어적 계통 26, 230
역사교육 179
역사 문제 173
역사 허무주의 24, 179
역호(役虎) 218
열병식 11
영국 136
영유권 19
영일동맹 21
영토분쟁 235
영화공동제작협정 177
오커스(AUKUS) 10
왕도(王道) 12
왕후이(汪暉) 12, 42, 43, 46~48, 69, 71~84
외교청서 182
운명공동체 143
워싱턴 컨센서스 90
원자바오(溫家寶) 177
원형사회주의 207
위구르스탄 225

위구르족 223
위기관리 메커니즘 175
위성국가 18
유라시아 187
유럽연합(EU) 17, 124
유럽외교협회(European Council on Foreign Relations) 19, 156
유럽통합 124
유사 190
유엔해양법 19
인권 문제 19
인도-태평양 전략 94, 103, 184, 187
인도·태평양 지역 20
인류운명공동체 11
인문정신 33, 36, 38, 58
일극 체제 16, 90, 98, 194
일당독재 198
일대일로(一帶一路) 11, 18, 92, 126, 176
일미안보 173
일미안보 재정의 l 93
일미호인(日美濠印) 192
일본 방위성 20
일본 부흥 21
일본위협론 193
일본의 부상 21
일중 고위급 경제대화 23, 176
일중관계 172
일중 이노베이션협력대화 178
일중 제3국시장협력포럼 23, 178

ㅈ

자국중심주의 13
자오팅양(趙汀陽) 11, 48~53, 56, 57, 81~84
자유민주주의 198
잠재적 초강대국 109
잠재적 초강대국 후보국 16
잠재적 패권국 97
잠재적 패권국 후보 97
전략적 경쟁 93
전략적 호혜 관계 23
전수방위 191
전통질서 13
전후체제 194
정랭경열 23, 173, 197
정부개발원조(ODA) 179
정상외교 17
정책방침서 127
정확한 의리관 11
조공외교 10
조공책봉 11
조선반도 188
중국-EU 정상회의 17, 145
중국공산당 대회 22
중국공산당 성립 100주년 10
중국모델 13, 37, 39, 40, 42, 43, 46, 47, 58, 59, 66, 70, 81, 82
중국몽[중국의 꿈(中國夢)] 11, 32, 34, 37, 38, 40, 142, 237
중국식 사회주의 206

중국식 자본주의 212
중국위협론 99, 153
중국-유럽 관계 17, 129
중국의 부상 16
중국인민해방군 185
중국적 질서(Pax Sinica) 211
중국제조 2025 15, 92, 111
중국 특색의 사회주의 25, 28, 40, 204, 207, 208, 210~212
중국해경국 190
중국화 25
중기방위력정비계획 183
중동부 유럽 17, 135
중월전쟁(中越戰爭) 228
중일역사공동연구회 24
중일전쟁 21
중진국 함정 107
중화문명 13
중화민국 186
중화민족 25, 142
중화주의 회귀 10
지구공역통제력 16, 105, 112
지명 바꾸기 25, 217, 218
집단적 자위권 192, 196

ㅊ

차이나 모델 100
책봉체제 10
천안문 11, 32, 99, 208
천하주의 34, 35, 37~40, 44~48, 58, 59, 61~69, 82, 83, 85
천하질서 11
천하체계 11, 48, 49, 52, 53, 56~58, 83, 84
청일전쟁 21
초강대국 16, 105

ㅋ

코로나19 17, 20, 197
쿼드(Quad) 10
퀸 엘리자베스호 20

ㅌ

통일적 다민족국가 25
통일적 다민족국가론 214
투르크어 231
퉁구스어족 231
트라이던트 체계 106
트럼프 정권 198
트럼프 행정부 15

ㅍ

팍스 시니카(Pax Sinica) 15, 112, 205
패권 경쟁국 97
패권국 97
패권적 지위 90
패도(覇道) 12
평화헌법 195
폐쇄적 사회주의 206

포용정책(Engagement policy) 14, 91

ㅎ

하이테크 냉전 199
한반도 문제 194
한영(韓英) 해군 연합훈련 20
한중관계 17
항행의 자유 184
해경2901 190
해공 연락 메커니즘 24, 178
『해방군보(解放軍報)』 194
해상연락 메커니즘 175
해양강국몽 212
헌법9조(일본) 21
헌법개정 192, 195
헤이그 상설중재재판소 19
호산산성(虎山山城) 218
화웨이 18, 198
환태평양경제동반자 협정 92
후치수식 230
흑묘백묘론 25

기타

3국동맹 21
3원칙 179
4가지 합의 174
4항 합의 22
5.4신문화운동 33, 38
5세대(5G) 통신망 18, 198
16+1 17, 135
21개조 요구 21
EU의 분열 19
EU 이사회 130
EU-중국 130
EU-중국 관계 127
EU 집행위원회 127
EU 회원국 131
JETRO(일본무역진흥기구) 174
OMSEA(동아시아 해양안전보장기구) 192
PHP총연 186
SOV형 통사구조 230
UN헌장 51조 188

동북아역사재단 연구총서 98

현대 中國의 世界戰略 Ⅱ
'천하주의'와 대국화, 서구사회의 인식

초판 1쇄 인쇄　2021년 12월 20일
초판 1쇄 발행　2021년 12월 31일

지은이	차재복, 강진석, 김동길, 강수정, 아오야마 루미, 이석우
펴낸이	이영호
펴낸곳	동북아역사재단

등　록	제312-2004-050호(2004년 10월 18일)
주　소	서울시 서대문구 통일로 81 NH농협생명빌딩
전　화	02-2012-6065
팩　스	02-2012-6189
홈페이지	www.nahf.or.kr
제작·인쇄	(주)동국문화

ISBN　978-89-6187-708-4　94910
　　　978-89-6187-515-8　(세트)

- 이 책은 저작권법으로 보호를 받는 저작물이므로 어떤 형태나 어떤 방법으로도 무단전제와 무단복제를 금합니다.
- 책값은 뒤표지에 있습니다. 잘못된 책은 바꾸어 드립니다.